자바따
자격증 바로 따기

ITQ
엑셀 2021
기출유형집

초판 발행일 | 2025년 12월 10일
지은이 | 해람북스 기획팀
발행인 | 최용섭
책임편집 | 이준우
기획진행 | 김미경

㈜**해람북스**
주소 | 서울특별시 용산구 한남대로11길 12, 6층
문의전화 | 02-6337-5419
팩스 | 02-6337-5429
홈페이지 | http://class.edupartnet.co.kr

발행처 | ㈜미래엔에듀파트너
출판등록번호 | 제2020-000101호

ISBN 979-11-6571-248-8 (13000)

이 책은 저작권법에 따라 보호받는 저작물이므로 무단전재와 무단복제를 금지하며,
이 책 내용의 전부 또는 일부를 이용하려면 반드시 저작권자와 ㈜미래엔에듀파트너의 서면동의를 받아야 합니다.

※ 잘못된 책은 바꾸어 드립니다.
※ 책 가격은 뒷면에 있습니다.

정보기술자격(ITQ) 시험 안내

➡ 정보기술자격(ITQ) 시험이란?

정보화 시대의 기업, 기관, 단체 구성원들에 대한 정보기술능력 또는 정보기술 활용능력을 객관적으로 평가하는 시험입니다. 정보기술 관리 및 실무능력 수준을 지수화, 등급화하여 객관성을 높였으며, 과학기술정보통신부에서 공식 인증하는 국가공인자격 시험입니다. 또한, 산업인력의 정보 경쟁력 강화를 통한 국가 정보화 촉진을 목적으로 시행하고 있으며, 초등학생부터 대학생, 직장인, 노년층에 이르기까지 다양한 계층에서 IT 실력을 검증받고 있습니다.

➡ 응시 자격 및 시험 과목

- 정보기술자격(ITQ) 시험은 대한민국 국민 누구나 응시가 가능합니다.
- 동일 회차에 아래한글/MS, 한글엑셀/엑셀, 한글액세스, 한글파워포인트/한쇼, 인터넷의 5개 과목 중 최대 3과목까지 응시가 가능합니다. 단, 한글엑셀/한셀, 한글파워포인트/한쇼, 아래한글/MS 워드는 동일 과목군으로 동일 회차에 응시가 불가능합니다(자격증에는 "한글엑셀(한셀)", "한글파워포인트(한쇼)"로 표기되며, 최상위 등급이 기재됨).

자격 종목(과목)		프로그램 및 버전		등급	시험 방식	시험 시간
		S/W	공식 버전			
ITQ 정보기술자격	아래한글	한컴오피스	2022 / 2020 선택 응시	A등급 B등급 C등급	PBT	60분
	한셀		2022			
	한쇼					
	MS워드	MS오피스	2021			
	한글엑셀					
	한글액세스					
	한글파워포인트					
	인터넷	내장 브라우저 IE8.0 이상				

※ 아래한글 : 2022/2020 중 선택 응시(시험지 2022/2020 공용), 한쇼/한셀 : 2022 단일 응시
※ MS오피스 : 2021 단일 응시(시험지 2021)

➡ 합격 결정 기준

500점 만점을 기준으로 A등급부터 C등급까지 등급별 자격을 부여하며, 낮은 등급을 받은 응시자가 차기 시험에 다시 응시하여 높은 등급을 받으면 등급을 업그레이드 해주는 방법으로 평가를 합니다.

등급	점수	수준
A등급	400점 ~ 500점	주어진 과제의 80%~100%를 정확히 해결할 수 있는 능력
B등급	300점 ~ 399점	주어진 과제의 60%~79%를 정확히 해결할 수 있는 능력
C등급	200점 ~ 299점	주어진 과제의 40%~59%를 정확히 해결할 수 있는 능력
500점 만점이며 200점 미만은 불합격입니다.		

➡ 시험 배점 및 시험 시간

시험 배점	문항 및 시험 방법	시험 시간
과목당 500점	5~10문항 실무 작업형 실기 시험	과목당 60분

➡ 시험 출제 기준(한글엑셀/한셀)

문항	배점	출제 기준
표 작성	100점	출력형태의 표를 작성하고, 조건에 따른 서식 변환 및 함수 사용 능력 평가 • 데이터 입력 및 셀 편집 • 도형을 이용한 제목 작성 및 편집 • 그림으로 복사, 이름 정의, 유효성 검사 등
	140점	• 함수 (*함수 출제 범위 참조)를 이용한 수식 작성 • 조건부 서식
필터, 목표값 찾기, 표 서식	80점	[유형1] 필터 및 서식 기본 데이터를 이용한 데이터 필터 능력과 서식 작성 능력 평가 • 고급 필터 : 정확한 조건과 추출 위치 지정 • 표 서식 : 서식 적용 [유형2] 목표값 찾기 및 필터 원하는 결과값을 구하기 위해 변경되는 값을 구하는 능력과 데이터 필터 능력 평가 • 목표값 찾기 : 정확한 목표값 산출 • 고급 필터 : 정확한 조건과 추출 위치 지정
부분합, 피벗 테이블	80점	부분합 : 기본 데이터를 이용하여 특정 필드에 대한 합계, 평균 등을 구하는 　　　　능력을 평가 • 항목의 종류별 정렬/부분합 조건과 추출 결과 피벗 테이블 : 데이터 자료 중에서 필요한 필드를 추출하여 보기 쉬운 결과물을 　　　　　만드는 능력을 평가 • 항목의 종류별 정렬/부분합 조건과 추출 결과
차트	100점	기본 데이터를 이용하여 보기 쉽게 차트로 표현하는 능력을 평가 • 차트 종류　　• 차트 위치 및 서식　　• 차트 옵션 변경

➡ 기관별 ITQ 시험 활용 분야

구분	활용 분야
기업	의무 취득, 입사 시 우대, 사원교육제도, 승진가점, 경진대회 등
대학교/대학	학점인정, 교양필수, 개설과목적용, 졸업인증제, 정보화능력배양, 신입생특별전형 등
정부부처/지자체	의무 취득, 공무원 채용가점, 공무원 승진가점, 경진대회, 이벤트, 주민정보화교육 등

ITQ 답안 작성 요령

✚ 시험 절차

✚ 수험자 로그인

① 바탕 화면에서 [KOAS 수험자용] 아이콘을 더블 클릭하여 실행한 후 시험 과목(한글엑셀)을 선택합니다.

② [수험자 등록] 대화 상자가 나타나면 수험번호를 입력하고, [확인] 버튼을 클릭합니다.

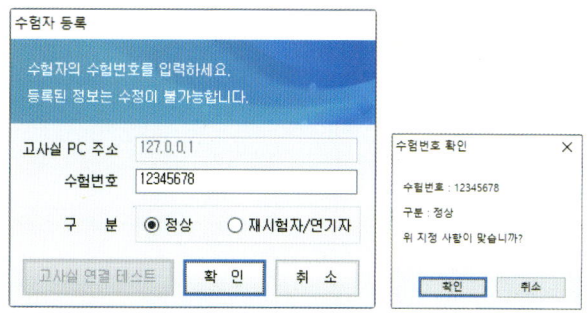

③ [수험자 버전 선택] 대화 상자에서 'MS 오피스 2007 이상'을 선택하고, [확인] 버튼을 클릭합니다.

④ 다시 [수험자 버전 선택] 대화 상자에서 수험자 정보를 확인하고, [확인] 버튼을 클릭합니다(수험자 정보가 다른 경우 [취소] 버튼을 클릭한 후 감독위원에게 문의).

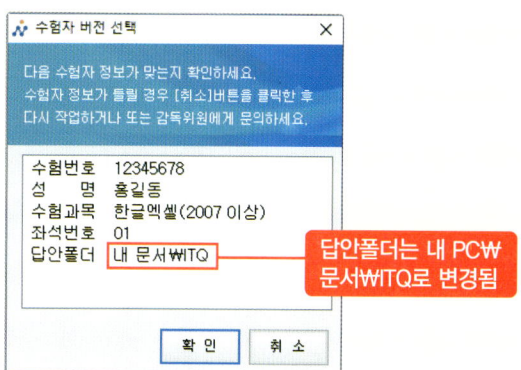

✚ 답안 파일 저장(수험자 PC에 저장)

① Excel 2021을 실행한 후 [파일]-[저장]-[찾아보기]를 선택합니다.

② [다른 이름으로 저장] 대화 상자에서 저장 위치(내 PC₩문서₩ITQ)와 파일 이름(12345678-홍길동)을 지정하고, [저장] 버튼을 클릭합니다.

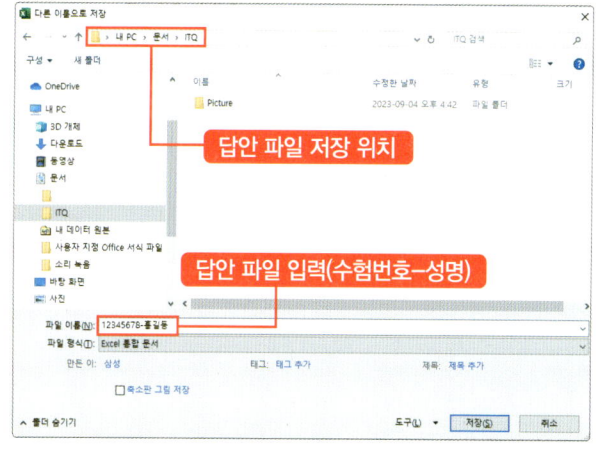

③ 제목 표시줄에서 저장된 파일 이름(수험번호-성명)을 확인합니다.

④ 답안 파일을 작성하는 중간에도 주기적으로 저장(Ctrl+S)합니다.

✚ 답안 파일 전송(감독관 PC로 전송)

❶ 답안 파일을 전송하기 위해 [답안 전송] 버튼을 클릭합니다.

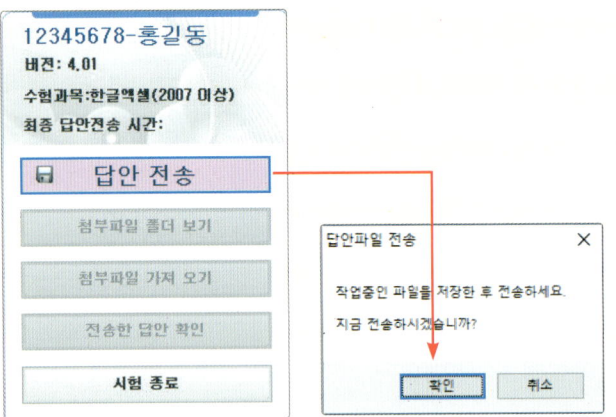

❷ [고사실 PC로 답안 파일 보내기] 대화 상자에서 답안 파일을 확인하고, [답안전송] 버튼을 클릭합니다(이전 파일 용량과 동일하다는 창이 나타나면 파일을 재저장한 후 [전송] 버튼을 클릭).

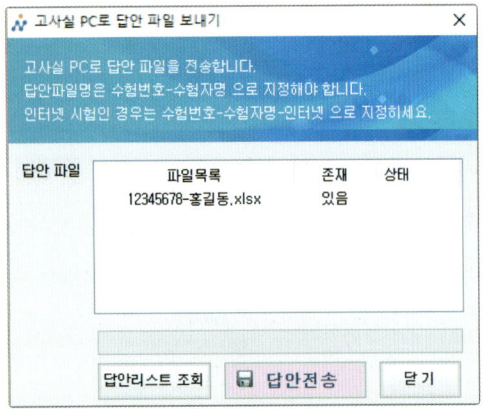

❸ 계속해서 답안 파일의 전송 상태(성공)를 확인하고, [닫기] 버튼을 클릭합니다(전송 상태가 '실패'로 표시될 경우 [답안전송] 버튼을 다시 클릭).

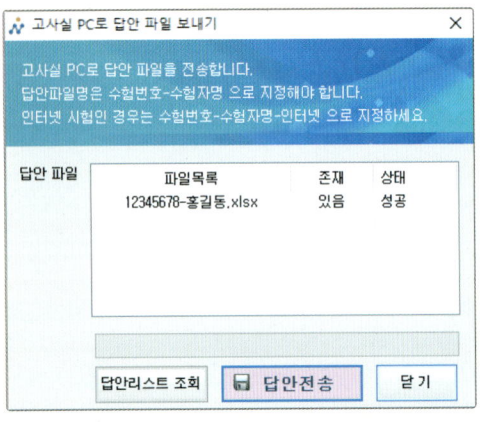

✚ 시험 종료 전 주의사항

- 파일명은 본인의 "수험번호-성명"으로 입력하여 답안 폴더(내 PC₩문서₩ITQ)에 하나의 파일로 저장하고, 답안 문서 파일명이 "수험번호-성명"과 일치하지 않거나 답안 파일을 전송하지 않아 미제출로 처리될 경우 실격 처리합니다(예 : 12345678-홍길동.xlsx).
- 답안 작성을 마치면 파일을 저장하고, [답안전송] 버튼을 클릭하여 감독위원 PC로 답안을 전송하되 수험생 정보와 저장한 파일명이 다를 경우는 전송되지 않습니다.
- 답안 작성 중에도 주기적으로 저장하면서 [답안전송]을 해야 문제 발생을 줄일 수 있으며, 작업한 내용을 저장하지 않고 전송할 경우 이전에 저장된 내용이 전송됩니다.
- 시험을 완료한 수험자는 답안 파일이 전송되었는지를 확인한 후 감독위원의 지시에 따라 문제지를 제출하고 퇴실합니다.

✚ 교재의 [ITQ답안폴더] 설치하기

❶ ITQ 시험에서는 [내 PC₩문서₩ITQ] 폴더가 자동으로 생성되어 있으므로 별도로 폴더를 작성할 필요가 없습니다.

❷ 본 교재에서는 부록으로 제공된 'ITQ답안폴더.exe' 파일을 이용하여 폴더를 생성합니다.

❸ 미래엔에듀파트너(https://class.edupartner.co.kr)의 [자료실]-[IT수험서]에서 'ITQ답안폴더.exe' 파일을 다운로드한 후 파일을 더블 클릭하면 [내 PC₩문서₩ITQ] 폴더가 자동으로 생성됩니다.

✚ 함수 출제 범위

범주	종류
통계 함수	AVERAGE, COUNT, COUNTA, COUNTIF, LARGE, MAX, MEDIAN, MIN, RANK.EQ, COUNTBLANK, MODE, SMALL
수학/삼각 함수	INT, MOD, PRODUCT, ROUND, ROUNDDOWN, ROUNDUP, SUM, SUMPRODUCT, SUMIF, TRUNC, ABS, CEILNG, ODD, PI, POWER, SUBTOTAL, TRIMMEAN
논리 함수	AND, IF, OR, NOT, TRUE, FALSE
텍스트 함수	CONCAT, LEFT, MID, REPLACE, RIGHT, LEN, LOWER, PROPER, VALUE, WON, REPT
날짜/시간 함수	DATE, HOUR, MONTH, TODAY, WEEKDAY, YEAR, DAY, MINUTE, NOW, SECOND, TIME
찾기/참조 함수	CHOOSE, HLOOKUP, VLOOKUP, INDEX, MATCH, ADDRESS, OFFSET, TRANSPOSE
데이터베이스 함수	DAVERAGE, DCOUNT, DGET, DMAX, DMIN, DSUM, DCOUNTA, DVAR, DPRODUCT, DSTDEV

ITQ 엑셀 함수 출제 유형

통계 함수 (색상은 자주 출제되는 함수)

함수명	함수식	설명
AVERAGE	=AVERAGE(인수1, 인수2, …, 인수 30)	인수들의 평균을 구함(인수는 최대 255개까지 가능)
COUNT	=COUNT(인수1, 인수2, …)	인수 목록에서 숫자 데이터가 있는 셀의 개수를 구함
COUNTA	=COUNTA(인수1, 인수2, …)	인수 목록에서 데이터가 입력된 모든 셀의 개수를 구함
COUNTIF	=COUNTIF(셀 범위, 찾을 조건)	지정한 범위 목록에서 찾을 조건과 일치하는 셀의 개수를 구함
COUNTBLANK	=COUNTBLANK(셀 범위)	범위 지정 목록에서 데이터가 입력되지 않은 빈 셀의 개수를 구함
LARGE	=LARGE(셀 범위, k)	지정한 목록에서 k번째로 큰 값을 구함
SMALL	=SMALL(셀 범위, k)	지정한 목록에서 k번째로 작은 값을 구함
MEDIAN	=MEDIAN(셀 범위)	지정한 목록에서 중간값을 구함(목록이 짝수 개이면 가운데 수의 평균)
MAX	=MAX(인수1, 인수2, …)	지정한 목록에서 논리값과 텍스트를 제외하고, 최대값을 구함
MIN	=MIN(인수1, 인수2, …)	지정한 목록에서 논리값과 텍스트를 제외하고, 최소값을 구함
RANK.EQ	=RANK.EQ(인수, 수 목록, 순위 결정)	지정한 목록에서 인수의 순위를 구함 (수 목록은 절대 참조로 지정)
MODE	=MODE(인수1, 인수2, …)	배열이나 데이터 범위에서 가장 빈도수가 높은 값(최빈수)을 구함

수학/삼각 함수 (색상은 자주 출제되는 함수)

함수명	함수식	설명
INT	=INT(인수)	인수의 소수점 아래를 버리고, 가장 가까운 정수로 내림함
MOD	=MOD(인수, 나눌 값)	나눗셈의 나머지 값을 구함
PRODUCT	=PRODUCT(인수1, 인수2, …)	수치나 범위 지정된 인수를 모두 곱한 값을 구함
ROUND	=ROUND(인수, 자릿수)	인수를 지정한 자릿수로 반올림함
ROUNDDOWN	=ROUNDDOWN(인수, 자릿수)	인수를 지정한 자릿수로 내림한 값을 구함
ROUNDUP	=ROUNDUP(인수, 자릿수)	인수를 지정한 자릿수로 올림한 값을 구함
SUM	=SUM(인수1, 인수2, …)	지정한 목록에서 인수의 합계를 구함
SUMPRODUCT	=SUMPRODUCT(배열1, 배열2, …)	배열이나 범위에서 대응되는 값끼리 곱해서 합계를 구함
SUMIF	=SUMIF(셀 범위, 찾을 조건, 합계를 구할 셀 범위)	주어진 조건에 의해 지정된 셀들의 합계를 구함
TRUNC	=TRUNC(인수, 자릿수)	지정한 자릿수만을 소수점 아래에 남기고, 나머지 자리는 버림
ABS	=ABS(인수)	인수에 대한 절댓값을 구함
POWER	=POWER(인수, 제곱값)	인수에 거듭 제곱한 결과를 구함
SUBTOTAL	=SUBTOTAL(함수 번호, 범위)	목록이나 데이터베이스의 부분합을 구함

논리 함수 (색상은 자주 출제되는 함수)

함수명	함수식	설명
IF	=IF(조건식, 참값, 거짓값)	조건식이 참이면 참에 해당하는 값을 구하고, 그렇지 않으면 거짓에 해당하는 값을 구함
AND	=AND(조건1, 조건2)	조건이 참이면 TRUE를 표시하고, 그렇지 않으면 FALSE를 표시
OR	=OR(조건1, 조건2)	조건이 하나라도 참이면 TRUE를 표시하고, 그렇지 않으면 FALSE를 표시
NOT	=NOT(인수)	인수의 반대 값(FALSE → TRUE, TRUE → FALSE)을 표시
TRUE/FALSE	TRUE( )/FALSE( )	논리값 TRUE/FALSE를 구함

텍스트 함수 (색상은 자주 출제되는 함수)

함수명	함수식	설명
LEFT	=LEFT(텍스트, 수치)	텍스트의 왼쪽부터 지정한 개수만큼의 문자를 표시
RIGHT	=RIGHT(텍스트, 수치)	텍스트의 오른쪽부터 지정한 개수만큼의 문자를 표시
MID	=MID(텍스트, 수치1, 수치2)	텍스트의 지정 위치에서 문자를 지정한 개수만큼 구함
CONCAT	=CONCAT(텍스트1, 텍스트2)	여러 텍스트를 하나의 텍스트로 결합하여 표시
REPLACE	=REPLACE(텍스트1, 변경할 위치, 텍스트 수, 텍스트2)	지정한 위치에서 텍스트 수만큼 텍스트1의 일부를 텍스트2로 바꿈
LEN	=LEN(텍스트)	텍스트 내의 문자 개수를 구함
PROPER	=PROPER(텍스트)	텍스트에 있는 각 단어의 첫 글자만 대문자로 변환하고, 나머지는 소문자로 변환
REPT	=REPT(텍스트, 개수)	텍스트를 개수만큼 표시

날짜/시간 함수 (색상은 자주 출제되는 함수)

함수명	함수식	설명
YEAR/MONTH/DAY	=YEAR( )/=MONTH( )/=DAY( )	날짜 일련번호로부터 년 단위(1900년~9999년)/월 단위(1월~12월)/일 단위(1일~31일)를 구함
TODAY	=TODAY( )	시스템(컴퓨터)의 현재 날짜를 표시
DATE	=DATE(년, 월, 일)	지정한 년, 월, 일을 사용하여 특정 날짜를 표시
WEEKDAY	=WEEKDAY(날짜, 반환값)	날짜 일련번호로부터 요일 번호(1부터 7까지)를 구함
NOW	=NOW( )	현재 컴퓨터에 지정된 날짜와 시간을 표시

찾기/참조 함수 (색상은 자주 출제되는 함수)

함수명	함수식	설명
VLOOKUP	=VLOOKUP(찾을 값, 범위, 열 번호, 찾는 방법)	배열 첫 열에서 값을 검색하여 지정한 열의 같은 행에서 데이터를 추출
CHOOSE	=CHOOSE(번호, 인수1, 인수2)	인수 목록 중 번호에 해당하는 인수를 구함
INDEX	=INDEX(배열, 행 번호, 열 번호)	표나 범위에서 지정된 행이나 열에 해당하는 값을 구함
MATCH	=MATCH(검색값, 배열 또는 범위, 검색 방법)	지정한 순서와 조건에 맞는 배열에서 항목의 상대 위치값을 찾음
OFFSET	=OFFSET(영역, 행 수, 열 수, 행 높이, 열 너비)	기본 참조 영역으로부터 지정한 만큼 떨어진 위치의 참조 영역을 구함

데이터베이스 함수 (색상은 자주 출제되는 함수)

함수명	함수식	설명
DSUM	=DSUM(범위, 열 번호, 찾을 조건)	지정한 조건에 맞는 데이터베이스에서 필드(열)의 합계를 구함
DAVERAGE	=DAVERAGE(범위, 열 번호, 찾을 조건)	지정한 조건에 맞는 데이터베이스에서 필드(열)의 평균을 구함
DCOUNT	=DCOUNT(범위, 열 번호, 찾을 조건)	지정한 조건에 맞는 데이터베이스에서 숫자를 포함한 셀의 개수를 구함
DCOUNTA	=DCOUNTA(범위, 열 번호, 찾을 조건)	찾을 조건과 일치하는 데이터베이스 필드 값의 개수를 구함
DMAX	=DMAX(범위, 열 번호, 찾을 조건)	지정한 조건에 맞는 데이터베이스의 필드 값 중에서 가장 큰 값을 구함
DMIN	=DMIN(범위, 열 번호, 찾을 조건)	지정한 조건에 맞는 데이터베이스의 필드 값 중에서 가장 작은 값을 구함

ITQ 엑셀 출제 유형 포인트

제1작업 | 표 서식 작성 및 값 계산(표 작성) 240점

▶ 출제 유형

- 시트 이름과 열 너비
- 서식 지정과 정렬 방식
- 제목 도형 작성과 편집
- 결재란의 그림 복사
- 셀 서식의 표시 형식
- 유효성 검사
- 이름 상자
- 각 셀에 함수 작성
- 조건부 서식

평가 기준

- ≪출력형태≫의 표를 작성하고, 조건에 따른 서식 변환 능력을 평가
- 주어진 조건의 함수 사용과 조건부 서식의 수식 작성 능력을 평가

제2작업 | 목표값 찾기 및 필터/필터 및 서식 80점

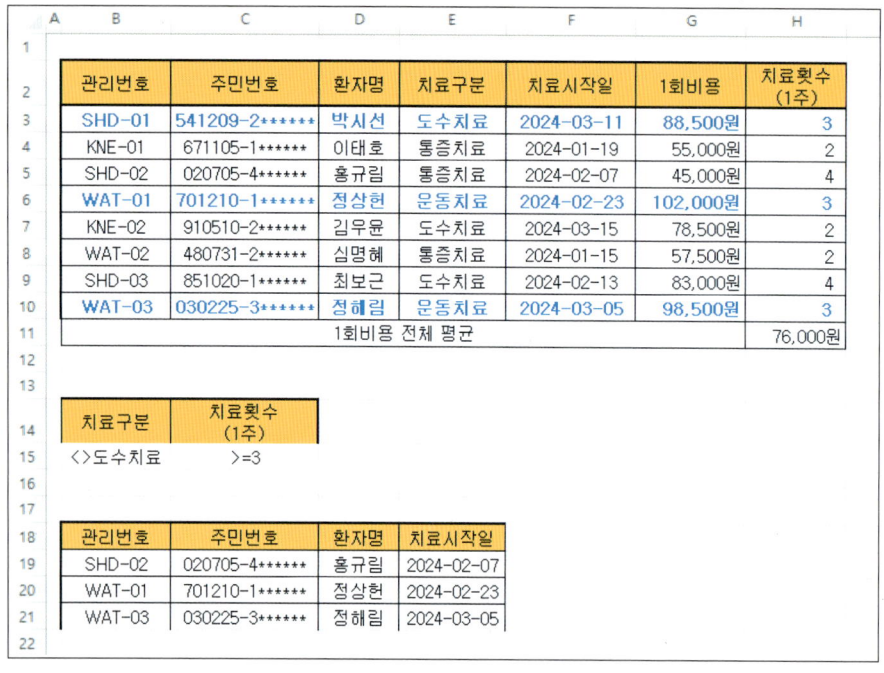

▶ 출제 유형

- 데이터 복사하여 붙여넣기
- 목표값 찾기(정확한 목표값 산출)
- 고급 필터 지정(정확한 조건과 추출 위치 지정)
- 표 서식(표 서식 적용)

평가 기준

- 원하는 결과값을 구하기 위해 변경되는 값을 구하는 능력과 데이터의 고급 필터 능력을 평가
- 기본 데이터를 이용한 데이터의 고급 필터 능력과 표 서식 작성 능력을 평가

| 제3작업 | 정렬 및 부분합/피벗 테이블 80점

▶ 출제 유형

- 데이터 복사하여 붙여넣기
- 데이터 정렬(오름차순/내림차순)
- 부분합 지정
- 개요 지우기

▶ 출제 유형

- 피벗 테이블 작성
- 값 필드 설정과 그룹화
- 피벗 테이블 옵션 설정
- 열 레이블 정렬
- 표시 형식 지정

평가 기준

- 기본 데이터를 이용하여 특정 필드에 대한 합계, 평균 등을 구하는 능력을 평가
- 데이터 중에서 필요한 필드를 추출하여 보기 쉬운 결과물을 만드는 능력을 평가

| 제4작업 | 그래프(차트) 100점

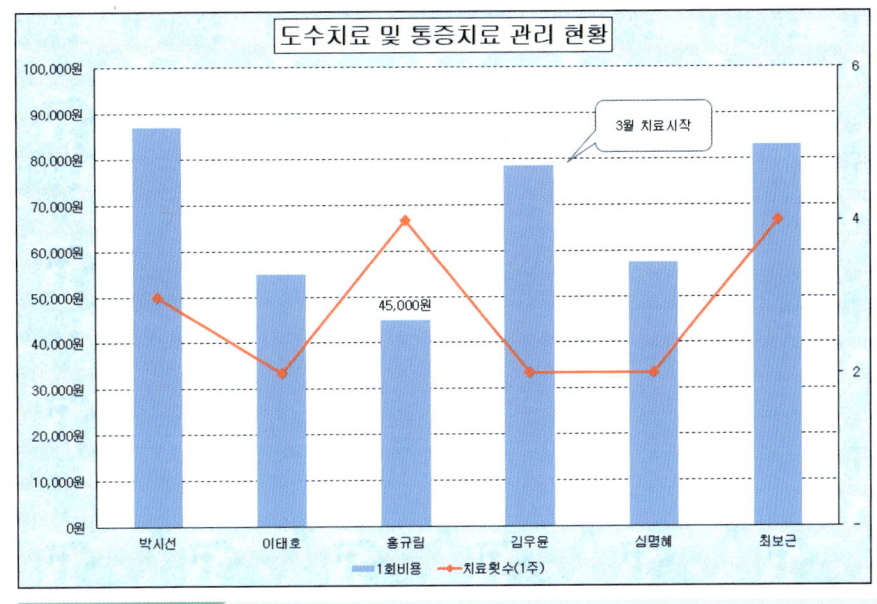

▶ 출제 유형

- 차트 종류 선택
- 데이터 범위 지정
- 차트 위치 지정
- 차트 디자인 설정
- 차트 영역 서식
- 차트 제목 서식
- 차트 서식 지정
- 차트 범례 변경
- 차트에 도형 삽입

평가 기준

- 기본 데이터를 이용하여 보기 쉽게 차트로 표현하는 능력을 평가

CONTENTS · 이 책의 차례

제01회 최신기출유형 ·· **017**

출제 유형 및 분석

[제1작업] : 데이터 서식, 도형 작성과 편집, 그림 복사, 표시 형식, 유효성 검사, 이름 상자, 함수(ROUND, IF, MID, ROUNDDOWN, AVERAGE, DMAX, COUNTIF, VLOOKUP), 조건부 서식/[제2작업] : 목표값 찾기, 고급 필터/[제3작업] : 정렬, 부분합/[제4작업] : 차트 작성 및 편집

제02회 최신기출유형 ·· **021**

출제 유형 및 분석

[제1작업] : 데이터 서식, 도형 작성과 편집, 그림 복사, 표시 형식, 유효성 검사, 이름 상자, 함수(RANK.EQ, IF, MID, ROUNDDOWN, AVERAGE, SUMIF, MAX, VLOOKUP), 조건부 서식/[제2작업] : 고급 필터, 표 서식/[제3작업] : 피벗 테이블/[제4작업] : 차트 작성 및 편집

제03회 최신기출유형 ·· **025**

출제 유형 및 분석

[제1작업] : 데이터 서식, 도형 작성과 편집, 그림 복사, 표시 형식, 유효성 검사, 이름 상자, 함수(CHOOSE, RIGHT, IF, SUMIF, COUNTIF, MAX, DCOUNTA, VLOOKUP), 조건부 서식/[제2작업] : 목표값 찾기, 고급필터/[제3작업] : 정렬, 부분합/[제4작업] : 차트 작성 및 편집

제04회 최신기출유형 ·· **029**

출제 유형 및 분석

[제1작업] : 데이터 서식, 도형 작성과 편집, 그림 복사, 표시 형식, 유효성 검사, 이름 상자, 함수(IF, RANK.EQ, CHOOSE, RIGHT, SUMIF, DAVERAGE, MIN, VLOOKUP), 조건부 서식/[제2작업] : 고급 필터, 표서식/[제3작업] : 피벗 테이블/[제4작업] : 차트 작성 및 편집

제05회 최신기출유형 ·· **033**

출제 유형 및 분석

[제1작업] : 데이터 서식, 도형 작성과 편집, 그림 복사, 표시 형식, 유효성 검사, 이름 상자, 함수(IF, LEFT, YEAR, ROUNDUP, AVERAGE, MAX, SUMIF, VLOOKUP), 조건부 서식/[제2작업] : 목표값 찾기, 고급 필터/[제3작업] : 정렬, 부분합/[제4작업] : 차트 작성 및 편집

제06회 최신기출유형 ·· **037**

출제 유형 및 분석

[제1작업] : 데이터 서식, 도형 작성과 편집, 그림 복사, 표시 형식, 유효성 검사, 이름 상자, 함수(IF, LEFT, MONTH, COUNTIF, MAX, ROUNDUP, DAVERAGE, VLOOKUP), 조건부 서식/[제2작업] : 고급 필터, 표 서식/[제3작업] : 피벗 테이블/[제4작업] : 차트 작성 및 편집

제07회 최신기출유형 ·· **041**

출제 유형 및 분석
[제1작업] : 데이터 서식, 도형 작성과 편집, 그림 복사, 표시 형식, 유효성 검사, 이름 상자, 함수(RANK.EQ, CHOOSE, RIGHT, COUNTIF, ROUND, DAVERAGE, MAX, VLOOKUP), 조건부 서식/[제2작업] : 목표값 찾기, 고급 필터/[제3작업] : 정렬, 부분합/[제4작업] : 차트 작성 및 편집

제08회 최신기출유형 ·· **045**

출제 유형 및 분석
[제1작업] : 데이터 서식, 도형 작성과 편집, 그림 복사, 표시 형식, 유효성 검사, 이름 상자, 함수(RANK.EQ, IF, RIGHT, DCOUNTA, SUMIF, COUNTIF, MAX, VLOOKUP), 조건부 서식/[제2작업] : 고급 필터, 표 서식/[제3작업] : 피벗 테이블/[제4작업] : 차트 작성 및 편집

제09회 최신기출유형 ·· **049**

출제 유형 및 분석
[제1작업] : 데이터 서식, 도형 작성과 편집, 그림 복사, 표시 형식, 유효성 검사, 이름 상자, 함수(RIGHT, IF, RANK.EQ, DAVERAGE, SUMIF, COUNTIF, MAX, VLOOKUP), 조건부 서식/[제2작업] : 목표값 찾기, 고급 필터/[제3작업] : 정렬, 부분합/[제4작업] : 차트 작성 및 편집

제10회 최신기출유형 ·· **053**

출제 유형 및 분석
[제1작업] : 데이터 서식, 도형 작성과 편집, 그림 복사, 표시 형식, 유효성 검사, 이름 상자, 함수(CHOOSE, RIGHT, IF, MIN, SUMIF, ROUND, DAVERAGE, VLOOKUP), 조건부 서식/[제2작업] : 고급 필터, 표 서식/[제3작업] : 피벗 테이블/[제4작업] : 차트 작성 및 편집

제11회 최신기출유형 ·· **057**

출제 유형 및 분석
[제1작업] : 데이터 서식, 도형 작성과 편집, 그림 복사, 표시 형식, 유효성 검사, 이름 상자, 함수(RIGHT, IF, RANK.EQ, DCOUNTA, SUMIF, COUNTIF, MIN, VLOOKUP), 조건부 서식/[제2작업] : 목표값 찾기, 고급 필터/[제3작업] : 정렬, 부분합/[제4작업] : 차트 작성 및 편집

제12회 최신기출유형 ·· **061**

출제 유형 및 분석
[제1작업] : 데이터 서식, 도형 작성과 편집, 그림 복사, 표시 형식, 유효성 검사, 이름 상자, 함수(CHOOSE, RIGHT, RANK.EQ, SUMIF, COUNTIF, DSUM, MAX, VLOOKUP), 조건부 서식/[제2작업] : 고급 필터, 표 서식/[제3작업] : 피벗 테이블/[제4작업] : 차트 작성 및 편집

제13회 최신기출유형 ·· **065**

출제 유형 및 분석
[제1작업] : 데이터 서식, 도형 작성과 편집, 그림 복사, 표시 형식, 유효성 검사, 이름 상자, 함수(IF, RIGHT, RANK.EQ, DCOUNTA, SUMIF, COUNTIF, LARGE, VLOOKUP), 조건부 서식/[제2작업] : 목표값 찾기, 고급 필터/[제3작업] : 정렬, 부분합/[제4작업] : 차트 작성 및 편집

제14회 최신기출유형 ········· 069
출제 유형 및 분석
[제1작업] : 데이터 서식, 도형 작성과 편집, 그림 복사, 표시 형식, 유효성 검사, 이름 상자, 함수(RANK.EQ, IF, AND, COUNTIF, ROUND, DAVERAGE, MAX, VLOOKUP), 조건부 서식/[제2작업] : 고급 필터, 표 서식/[제3작업] : 피벗 테이블/[제4작업] : 차트 작성 및 편집

제15회 최신기출유형 ········· 073
출제 유형 및 분석
[제1작업] : 데이터 서식, 도형 작성과 편집, 그림 복사, 표시 형식, 유효성 검사, 이름 상자, 함수(CHOOSE, WEEKDAY, RANK.EQ, DSUM, COUNTIF, SUMIF, MAX, VLOOKUP), 조건부 서식/[제2작업] : 목표값 찾기, 고급 필터/[제3작업] : 정렬, 부분합/[제4작업] : 차트 작성 및 편집

제16회 최신기출유형 ········· 077
출제 유형 및 분석
[제1작업] : 데이터 서식, 도형 작성과 편집, 그림 복사, 표시 형식, 유효성 검사, 이름 상자, 함수(CHOOSE, RIGHT, RANK.EQ, ROUND, DAVERAGE, COUNTIF, MAX, VLOOKUP), 조건부 서식/[제2작업] : 고급 필터, 표 서식/[제3작업] : 피벗 테이블/[제4작업] : 차트 작성 및 편집

제17회 최신기출유형 ········· 081
출제 유형 및 분석
[제1작업] : 데이터 서식, 도형 작성과 편집, 그림 복사, 표시 형식, 유효성 검사, 이름 상자, 함수(CHOOSE, RIGHT, IF, RANK.EQ, DSUM, COUNTIF, MAX, VLOOKUP), 조건부 서식/[제2작업] : 목표값 찾기, 고급 필터/[제3작업] : 정렬, 부분합/[제4작업] : 차트 작성 및 편집

제18회 최신기출유형 ········· 085
출제 유형 및 분석
[제1작업] : 데이터 서식, 도형 작성과 편집, 그림 복사, 표시 형식, 유효성 검사, 이름 상자, 함수(RANK.EQ, CHOOSE, RIGHT, ROUND, DAVERAGE, MIN, COUNTIF, VLOOKUP), 조건부 서식/[제2작업] : 고급 필터, 표 서식/[제3작업] : 피벗 테이블/[제4작업] : 차트 작성 및 편집

제19회 최신기출유형 ········· 089
출제 유형 및 분석
[제1작업] : 데이터 서식, 도형 작성과 편집, 그림 복사, 표시 형식, 유효성 검사, 이름 상자, 함수(RANK.EQ, IF, MID, DAVERAGE, ROUND, SUMPRODUCT, COUNTIF, VLOOKUP), 조건부 서식/[제2작업] : 목표값 찾기, 고급 필터/[제3작업] : 정렬, 부분합/[제4작업] : 차트 작성 및 편집

제20회 최신기출유형 ········· 093
출제 유형 및 분석
[제1작업] : 데이터 서식, 도형 작성과 편집, 그림 복사, 표시 형식, 유효성 검사, 이름 상자, 함수(CHOOSE, MID, RANK.EQ, DCOUNTA, SUMIF, COUNTIF, MAX, VLOOKUP), 조건부 서식/[제2작업] : 고급 필터, 표서식/[제3작업] : 피벗 테이블/[제4작업] : 차트 작성 및 편집

제21회 최신기출유형 ·· **097**

출제 유형 및 분석

[제1작업] : 데이터 서식, 도형 작성과 편집, 그림 복사, 표시 형식, 유효성 검사, 이름 상자, 함수(ROUNDDOWN, IF, RIGHT, ROUNDUP, DAVERAGE, COUNTIF, MAX, VLOOKUP), 조건부 서식/[제2작업] : 목표값 찾기, 고급 필터/[제3작업] : 정렬, 부분합/[제4작업] : 차트 작성 및 편집

제22회 최신기출유형 ·· **101**

출제 유형 및 분석

[제1작업] : 데이터 서식, 도형 작성과 편집, 그림 복사, 표시 형식, 유효성 검사, 이름 상자, 함수(CHOOSE, MID, MONTH, ROUND, DAVERAGE, SUMIF, MAX, VLOOKUP), 조건부 서식/[제2작업] : 고급 필터, 표 서식/[제3작업] : 피벗 테이블/[제4작업] : 차트 작성 및 편집

제23회 최신기출유형 ·· **105**

출제 유형 및 분석

[제1작업] : 데이터 서식, 도형 작성과 편집, 그림 복사, 표시 형식, 유효성 검사, 이름 상자, 함수(CHOOSE, WEEKDAY, IF, RANK.EQ, COUNTIF, DAVERAGE, MAX, VLOOKUP), 조건부 서식/[제2작업] : 목표값 찾기, 고급 필터/[제3작업] : 정렬, 부분합/[제4작업] : 차트 작성 및 편집

제24회 최신기출유형 ·· **109**

출제 유형 및 분석

[제1작업] : 데이터 서식, 도형 작성과 편집, 그림 복사, 표시 형식, 유효성 검사, 이름 상자, 함수(CHOOSE, MID, RANK.EQ, COUNTIF, MAX, ROUNDUP, DAVERAGE, VLOOKUP), 조건부 서식/[제2작업] : 고급 필터, 표 서식/[제3작업] : 피벗 테이블/[제4작업] : 차트 작성 및 편집

제25회 최신기출유형 ·· **113**

출제 유형 및 분석

[제1작업] : 데이터 서식, 도형 작성과 편집, 그림 복사, 표시 형식, 유효성 검사, 이름 상자, 함수(IF, MID, RANK.EQ, ROUND, DAVERAGE, MAX, COUNTIF, VLOOKUP), 조건부 서식/[제2작업] : 목표값 찾기, 고급 필터/[제3작업] : 정렬, 부분합/[제4작업] : 차트 작성 및 편집

제26회 최신기출유형 ·· **117**

출제 유형 및 분석

[제1작업] : 데이터 서식, 도형 작성과 편집, 그림 복사, 표시 형식, 유효성 검사, 이름 상자, 함수(RANK.EQ, IF, LEFT, ROUNDDOWN, AVERAGE, SUMIF, DSUM, VLOOKUP), 조건부 서식/[제2작업] : 고급 필터, 표 서식/[제3작업] : 피벗 테이블/[제4작업] : 차트 작성 및 편집

제27회 최신기출유형 ·· **121**

출제 유형 및 분석

[제1작업] : 데이터 서식, 도형 작성과 편집, 그림 복사, 표시 형식, 유효성 검사, 이름 상자, 함수(RANK.EQ, CHOOSE, RIGHT, COUNTIF, ROUND, DAVERAGE, MAX, VLOOKUP), 조건부 서식/[제2작업] : 목표값 찾기, 고급 필터/[제3작업] : 정렬, 부분합/[제4작업] : 차트 작성 및 편집

제28회 최신기출유형 ········· 125

출제 유형 및 분석
[제1작업] : 데이터 서식, 도형 작성과 편집, 그림 복사, 표시 형식, 유효성 검사, 이름 상자, 함수(CHOOSE, MID, RANK.EQ, COUNTIF, ROUND, DAVERAGE, MAX, VLOOKUP), 조건부 서식/[제2작업] : 고급 필터, 표 서식/[제3작업] : 피벗 테이블/[제4작업] : 차트 작성 및 편집

제29회 최신기출유형 ········· 129

출제 유형 및 분석
[제1작업] : 데이터 서식, 도형 작성과 편집, 그림 복사, 표시 형식, 유효성 검사, 이름 상자, 함수(IF, RANK.EQ, YEAR, MAX, ROUND, DAVERAGE, SUMIF, VLOOKUP), 조건부 서식/[제2작업] : 목표값 찾기, 고급 필터/[제3작업] : 정렬, 부분합/[제4작업] : 차트 작성 및 편집

제30회 최신기출유형 ········· 133

출제 유형 및 분석
[제1작업] : 데이터 서식, 도형 작성과 편집, 그림 복사, 표시 형식, 유효성 검사, 이름 상자, 함수(CHOOSE, MID, RANK.EQ, SUMIF, COUNTIF, DSUM, MIN, VLOOKUP), 조건부 서식/[제2작업] : 고급 필터, 표 서식/[제3작업] : 피벗 테이블/[제4작업] : 차트 작성 및 편집

제31회 최신기출유형 ········· 137

출제 유형 및 분석
[제1작업] : 데이터 서식, 도형 작성과 편집, 그림 복사, 표시 형식, 유효성 검사, 이름 상자, 함수(RANK.EQ, IF, AND, DSUM, SUMIF, COUNTIF, MAX, VLOOKUP), 조건부 서식/[제2작업] : 목표값 찾기, 고급 필터/[제3작업] : 정렬, 부분합/[제4작업] : 차트 작성 및 편집

제32회 최신기출유형 ········· 141

출제 유형 및 분석
[제1작업] : 데이터 서식, 도형 작성과 편집, 그림 복사, 표시 형식, 유효성 검사, 이름 상자, 함수(IF, RANK.EQ, CHOOSE, MID, DCOUNTA, SUMIF, LARGE, VLOOKUP), 조건부 서식/[제2작업] : 고급 필터, 표 서식/[제3작업] : 피벗 테이블/[제4작업] : 차트 작성 및 편집

제33회 최신기출유형 ········· 145

출제 유형 및 분석
[제1작업] : 데이터 서식, 도형 작성과 편집, 그림 복사, 표시 형식, 유효성 검사, 이름 상자, 함수(RANK.EQ, CHOOSE, RIGHT, COUNTIF, MAX, ROUND, DAVERAGE, VLOOKUP), 조건부 서식/[제2작업] : 목표값 찾기, 고급 필터/[제3작업] : 정렬, 부분합/[제4작업] : 차트 작성 및 편집

제34회 최신기출유형 ········· 149

출제 유형 및 분석
[제1작업] : 데이터 서식, 도형 작성과 편집, 그림 복사, 표시 형식, 유효성 검사, 이름 상자, 함수(IF, RANK.EQ, YEAR, ROUND, DAVERAGE, MAX, SUMIF, VLOOKUP), 조건부 서식/[제2작업] : 고급 필터, 표 서식/[제3작업] : 피벗 테이블/[제4작업] : 차트 작성 및 편집

제35회 최신기출유형 ········· 153

출제 유형 및 분석
[제1작업] : 데이터 서식, 도형 작성과 편집, 그림 복사, 표시 형식, 유효성 검사, 이름 상자, 함수(CHOOSE, RIGHT, RANK.EQ, DSUM, SUMIF, COUNTIF, MAX, VLOOKUP), 조건부 서식/[제2작업] : 목표값 찾기, 고급 필터/[제3작업] : 정렬, 부분합/[제4작업] : 차트 작성 및 편집

제01회 최신기출유형 MS오피스

과 목	코드	문제유형	시험시간	수험번호	성 명
한글엑셀	1122	A	60분		

수험자 유의사항

- 수험자는 문제지를 받는 즉시 문제지와 **수험표상의 시험과목(프로그램)이 동일한지 반드시 확인**하여야 합니다.
- 파일명은 본인의 "수험번호-성명"으로 입력하여 답안폴더(내 PC/문서/ITQ)에 하나의 파일로 저장해야하며, 답안문서 파일명이 "수험번호-성명"과 일치하지 않거나, 답안파일을 전송하지 않아 미제출로 처리될 경우 실격 처리합니다(예:12345678-홍길동.xlsx).
- 답안 작성을 마치면 파일을 저장하고, '답안 전송' 버튼을 선택하여 감독위원 PC로 답안을 전송하십시오. 수험생 정보와 저장한 파일명이 다를 경우 전송되지 않으므로 주의하시기 바랍니다.
- **답안 작성 중에도 주기적으로 저장하고, '답안 전송'**하여야 문제 발생을 줄일 수 있습니다. 작업한 내용을 저장하지 않고 전송할 경우 이전에 저장된 내용이 전송되오니 이점 유의하시기 바랍니다.
- 답안문서는 지정된 경로 외의 다른 보조기억장치에 저장하는 경우, 지정된 시험 시간 외에 작성된 파일을 활용할 경우, 기타 통신수단(이메일, 메신저, 네트워크 등)을 이용하여 타인에게 전달 또는 외부 반출하는 경우는 부정 처리합니다.
- 시험 중 부주의 또는 고의로 시스템을 파손한 경우는 수험자가 변상해야 하며, 〈수험자 유의사항〉에 기재된 방법대로 이행하지 않아 생기는 불이익은 수험생 당사자의 책임임을 알려 드립니다.
- 문제의 조건은 MS오피스 2021 버전으로 설정되어 있으니 유의하시기 바랍니다.
- 시험을 완료한 수험자는 답안파일이 전송되었는지 확인한 후 감독위원의 지시에 따라 문제지를 제출하고 퇴실합니다.

답안 작성요령

- 온라인 답안 작성 절차
  수험자 등록 ⇒ 시험 시작 ⇒ 답안파일 저장 ⇒ 답안 전송 ⇒ 시험 종료
- 문제는 총 4단계, 즉 제1작업부터 제4작업까지 구성되어 있으며 반드시 제1작업부터 순서대로 작성하고 조건대로 작업하시오.
- 모든 작업시트의 A열은 열 너비 '1'로, 나머지 열은 적당하게 조절하시오.
- 모든 작업시트의 테두리는 《출력형태》와 같이 작업하시오.
- 해당 작업란에서는 각각 제시된 조건에 따라 《출력형태》와 같이 작업하시오.
- 답안 시트 이름은 "제1작업", "제2작업", "제3작업", "제4작업"이어야 하며 답안 시트 이외의 것은 감점 처리됩니다.
- 각 시트를 파일로 나누어 작업해서 저장할 경우 실격 처리됩니다.

[제1작업] 표 서식 작성 및 값 계산(240점)

☞ 다음은 '음식물 처리기 회원가 현황'에 대한 자료이다. 자료를 입력하고 조건에 맞도록 작업하시오.

≪출력형태≫

제품코드	제품명	처리방식	등록일	소비전력(W)	무게(kg)	온라인 최저가	회원구매가	대리점
KC-182	키친슬리핏	분쇄건조형	2025-02-01	550	7.6	316,000	(1)	(2)
TS-301	싱크에스엠	싱크대내장형	2023-12-01	200	8.2	899,000	(1)	(2)
KJ-265	스마트블레드	분쇄건조형	2024-05-01	1,000	18.5	995,000	(1)	(2)
EK-177	이롭더그레블	미생물분해형	2024-10-01	60	18.0	839,000	(1)	(2)
TC-265	리쿡알이케이	분쇄건조형	2024-11-01	550	7.6	330,000	(1)	(2)
ES-120	젠풀코리아	싱크대내장형	2024-03-01	30	3.2	1,100,000	(1)	(2)
TS-320	쿠쿠씨에프디	미생물분해형	2023-07-01	130	13.5	549,900	(1)	(2)
KC-103	린클그래비티	미생물분해형	2025-01-01	95	11.3	798,000	(1)	(2)
온라인 최저가 평균			(3)			무게가 10kg 이하인 제품 개수		(5)
분쇄건조형 최대 소비전력(W)			(4)			제품명	키친슬리핏	무게(kg)	(6)

결재란: MD / 팀장 / 본부장

≪조건≫

○ 모든 데이터의 서식에는 글꼴(굴림, 11pt), 정렬은 숫자 및 회계 서식은 오른쪽 정렬, 나머지 서식은 가운데 정렬로 작성하며 예외적인 것은 ≪출력형태≫를 참조하시오.

○ 제 목 ⇒ 도형(사다리꼴)과 그림자(오프셋 오른쪽)를 이용하여 작성하고
"음식물 처리기 회원가 현황"을 입력한 후 다음 서식을 적용하시오
(글꼴-굴림, 24pt, 검정, 굵게, 채우기-노랑).

○ 임의의 셀에 결재란을 작성하여 그림으로 복사 기능을 이용하여 붙이기 하시오(단, 원본 삭제).

○ 「B4:J4, G14, I14」 영역은 '주황'으로 채우기 하시오.

○ 유효성 검사를 이용하여 「H14」 셀에 제품명(「C5:C12」 영역)이 선택 표시되도록 하시오.

○ 셀 서식 ⇒ 「H5:H12」 영역에 셀 서식을 이용하여 숫자 뒤에 '원'을 표시하시오(예 : 316,000원).

○ 「G5:G12」 영역에 대해 '무게'로 이름정의를 하시오.

☞ (1)~(6) 셀은 반드시 **주어진 함수를 이용**하여 값을 구하시오(결과값을 직접 입력하면 해당 셀은 0점 처리됨).

(1) 회원구매가 ⇒ 「온라인 최저가 × 0.95」를 계산하고, 반올림하여 천원 단위까지 구하시오
(ROUND 함수)(예 : 323,600 → 324,000).

(2) 대리점 ⇒ 제품코드 두 번째 글자가 S이면 '수도권', C이면 '중부권', 그 외에는 '기타'로 구하시오
(IF, MID 함수).

(3) 온라인 최저가 평균 ⇒ 내림하여 백원 단위까지 구하시오
(ROUNDDOWN, AVERAGE 함수)(예 : 728,362.5 → 728,300).

(4) 분쇄건조형 최대 소비전력(W) ⇒ 조건은 입력데이터를 이용하시오(DMAX 함수).

(5) 무게가 10kg 이하인 제품 개수 ⇒ 정의된 이름(무게)을 이용하여 구한 결과값에 '개'를 붙이시오
(COUNTIF 함수, & 연산자)(예 : 1개).

(6) 무게(kg) ⇒ 「H14」 셀에서 선택한 제품명에 대한 무게(kg)를 구하시오(VLOOKUP 함수).

(7) 조건부 서식의 수식을 이용하여 무게(kg)가 '10' 이상인 행 전체에 다음의 서식을 적용하시오
(글꼴 : 파랑, 굵게).

[제2작업] 목표값 찾기 및 필터(80점)

☞ "제1작업" 시트의 「B4:H12」 영역을 복사하여 "제2작업" 시트의 「B2」 셀부터 모두 붙여넣기를 한 후 다음의 조건과 같이 작업하시오.

≪조건≫

(1) 목표값 찾기 - 「B11:G11」 셀을 병합하고, 가운데 맞춤한 후 "분쇄건조형 제품 무게(kg) 평균"을 입력하고, 「H11」 셀에 분쇄건조형 제품 무게(kg) 평균을 구하시오. 단, 조건은 입력데이터를 이용하시오
(DAVERAGE 함수, 테두리).
- '분쇄건조형 제품 무게(kg) 평균'이 '10'이 되려면 키친슬리핏의 무게(kg)가 얼마가 되어야 하는지 목표값을 구하시오.

(2) 고급필터 - 처리방식이 '분쇄건조형'이 아니면서 온라인 최저가가 '800,000' 이하인 자료의 제품명, 등록일, 소비전력(W), 온라인 최저가 데이터만 추출하시오.
- 조건 범위 : 「B14」 셀부터 입력하시오.
- 복사 위치 : 「B18」 셀부터 나타나도록 하시오.

[제3작업] 정렬 및 부분합(80점)

☞ "제1작업" 시트의 「B4:H12」 영역을 복사하여 "제3작업" 시트의 「B2」 셀부터 모두 붙여넣기를 한 후 다음의 조건과 같이 작업하시오.

≪조건≫

(1) 부분합 - ≪출력형태≫처럼 정렬하고, 제품명의 개수와 온라인 최저가의 평균을 구하시오.
(2) 개요 - 지우시오.
(3) 나머지 사항은 ≪출력형태≫에 맞게 작성하시오.

≪출력형태≫

	A	B	C	D	E	F	G	H
1								
2		제품코드	제품명	처리방식	등록일	소비전력(W)	무게(kg)	온라인 최저가
3		TS-301	싱크에스엠	싱크대내장형	2023-12-01	200	8.2	899,000원
4		ES-120	젠풀코리아	싱크대내장형	2024-03-01	30	3.2	1,100,000원
5				싱크대내장형 평균				999,500원
6			2	싱크대내장형 개수				
7		KC-182	키친슬리핏	분쇄건조형	2025-02-01	550	7.6	316,000원
8		KJ-265	스마트블레드	분쇄건조형	2024-05-01	1,000	18.5	995,000원
9		TC-265	리쿡알이케이	분쇄건조형	2024-11-01	550	7.6	330,000원
10				분쇄건조형 평균				547,000원
11			3	분쇄건조형 개수				
12		EK-177	이롭더그레블	미생물분해형	2024-10-01	60	18.0	839,000원
13		TS-320	쿠쿠씨에프디	미생물분해형	2023-07-01	130	13.5	549,900원
14		KC-103	린클그래비티	미생물분해형	2025-01-01	95	11.3	798,000원
15				미생물분해형 평균				728,967원
16			3	미생물분해형 개수				
17				전체 평균				728,363원
18			8	전체 개수				
19								

[제4작업] 그래프(100점)

☞ "**제1작업**" 시트를 이용하여 조건에 따라 《출력형태》와 같이 작업하시오.

≪조건≫

(1) 차트 종류 ⇒ 〈묶은 세로 막대형〉으로 작업하시오.
(2) 데이터 범위 ⇒ "제1작업" 시트의 내용을 이용하여 작업하시오.
(3) 위치 ⇒ "새 시트"로 이동하고, "제4작업"으로 시트 이름을 바꾸시오.
(4) 차트 디자인 도구 ⇒ 레이아웃 3, 스타일 1을 선택하여 ≪출력형태≫에 맞게 작업하시오.
(5) 영역 서식 ⇒ 차트 : 글꼴(굴림, 11pt), 채우기 효과(질감-분홍 박엽지)
　　　　　　　　그림 : 채우기(흰색, 배경1)
(6) 제목 서식 ⇒ 차트 제목 : 글꼴(굴림, 굵게, 20pt), 채우기(흰색, 배경1), 테두리
(7) 서식 ⇒ 온라인 최저가 계열의 차트 종류를 〈표식이 있는 꺾은선형〉으로 변경한 후 보조 축으로
　　　　　지정하시오.
　　　　　계열 : ≪출력형태≫를 참조하여 표식(세모, 크기 10)과 레이블 값을 표시하시오.
　　　　　눈금선 : 선 스타일-파선
　　　　　축 : ≪출력형태≫를 참조하시오.
(8) 범례 ⇒ 범례명을 변경하고 ≪출력형태≫를 참조하시오.
(9) 도형 ⇒ '말풍선: 모서리가 둥근 사각형 설명선'을 삽입한 후 ≪출력형태≫와 같이 내용을 입력하시오.
(10) 나머지 사항은 ≪출력형태≫에 맞게 작성하시오.

≪출력형태≫

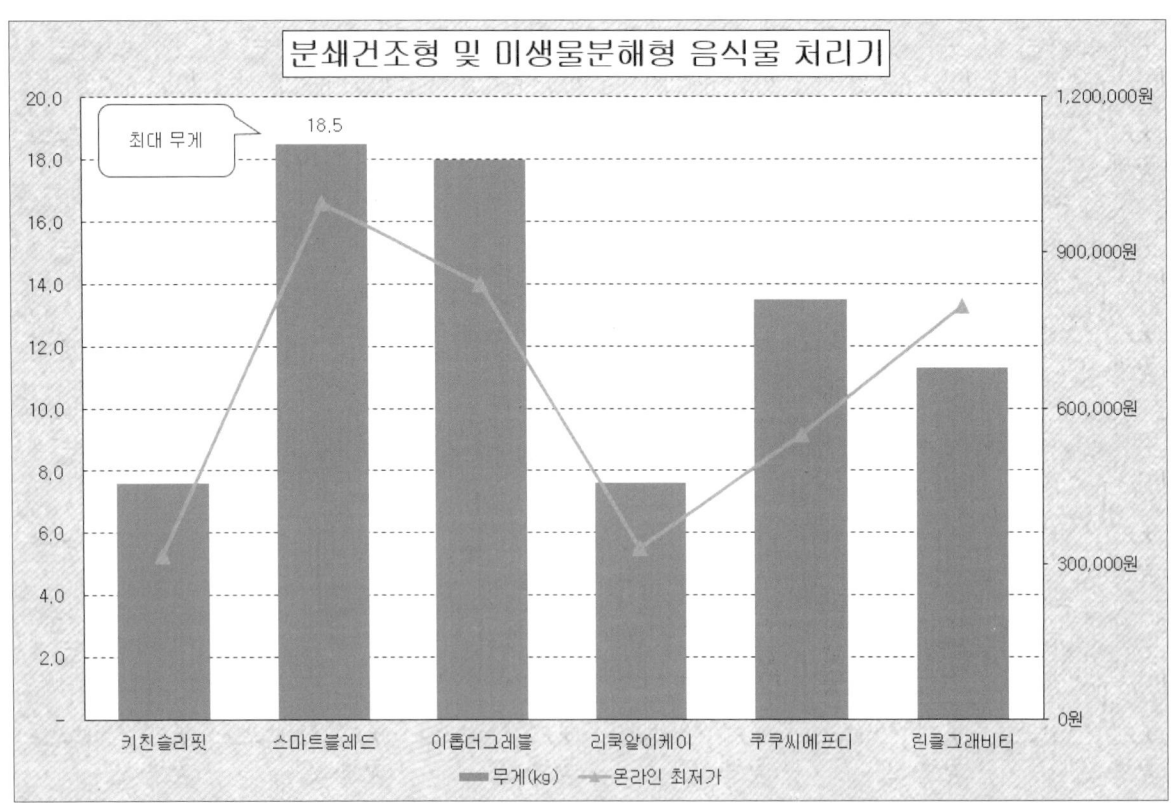

주의 ☞ 시트명 순서가 차례대로 "제1작업", "제2작업", "제3작업", "제4작업"이 되도록 할 것

제02회 최신기출유형 　MS오피스

과 목	코드	문제유형	시험시간	수험번호	성 명
한글엑셀	1122	B	60분		

수험자 유의사항

- 수험자는 문제지를 받는 즉시 문제지와 **수험표상의 시험과목(프로그램)이 동일한지 반드시 확인**하여야 합니다.
- 파일명은 본인의 "수험번호-성명"으로 입력하여 답안폴더(내 PC₩문서₩ITQ)에 하나의 파일로 저장해야하며, 답안문서 파일명이 "수험번호-성명"과 일치하지 않거나, 답안파일을 전송하지 않아 미제출로 처리될 경우 실격 처리합니다(예:12345678-홍길동.xlsx).
- 답안 작성을 마치면 파일을 저장하고, '답안 전송' 버튼을 선택하여 감독위원 PC로 답안을 전송하십시오. 수험생 정보와 저장한 파일명이 다를 경우 전송되지 않으므로 주의하시기 바랍니다.
- 답안 작성 중에도 **주기적으로 저장하고, '답안 전송'**하여야 문제 발생을 줄일 수 있습니다. 작업한 내용을 저장하지 않고 전송할 경우 이전에 저장된 내용이 전송되오니 이점 유의하시기 바랍니다.
- 답안문서는 지정된 경로 외의 다른 보조기억장치에 저장하는 경우, 지정된 시험 시간 외에 작성된 파일을 활용할 경우, 기타 통신수단(이메일, 메신저, 네트워크 등)을 이용하여 타인에게 전달 또는 외부 반출하는 경우는 부정 처리합니다.
- 시험 중 부주의 또는 고의로 시스템을 파손한 경우는 수험자가 변상해야 하며, 〈수험자 유의사항〉에 기재된 방법대로 이행하지 않아 생기는 불이익은 수험생 당사자의 책임임을 알려 드립니다.
- 문제의 조건은 MS오피스 2021 버전으로 설정되어 있으니 유의하시기 바랍니다.
- 시험을 완료한 수험자는 답안파일이 전송되었는지 확인한 후 감독위원의 지시에 따라 문제지를 제출하고 퇴실합니다.

답안 작성요령

- 온라인 답안 작성 절차
  수험자 등록 ⇒ 시험 시작 ⇒ 답안파일 저장 ⇒ 답안 전송 ⇒ 시험 종료
- 문제는 총 4단계, 즉 제1작업부터 제4작업까지 구성되어 있으며 반드시 제1작업부터 순서대로 작성하고 조건대로 작업하시오.
- 모든 작업시트의 A열은 열 너비 '1'로, 나머지 열은 적당하게 조절하시오.
- 모든 작업시트의 테두리는 《출력형태》와 같이 작업하시오.
- 해당 작업란에서는 각각 제시된 조건에 따라 《출력형태》와 같이 작업하시오.
- 답안 시트 이름은 "제1작업", "제2작업", "제3작업", "제4작업"이어야 하며 답안 시트 이외의 것은 감점 처리됩니다.
- 각 시트를 파일로 나누어 작업해서 저장할 경우 실격 처리됩니다.

[제1작업] 표 서식 작성 및 값 계산(240점)

☞ 다음은 '2025 게임 판매 현황'에 대한 자료이다. 자료를 입력하고 조건에 맞도록 작업하시오.

≪출력형태≫

	제품코드	게임명	장르	판매일자	단가	판매수량 (단위:개)	전년 판매수량	판매순위	제작사
				2025 게임 판매 현황			결재	담당 / 팀장 / 부장	
	BM-001	어새신	액션	2025-02-25	80,000	45	50	(1)	(2)
	EM-002	배틀플레이	FPS	2025-01-09	100,000	35	30	(1)	(2)
	DM-003	콜 오브 필드	FPS	2025-01-23	60,000	10	20	(1)	(2)
	BM-004	문화 VI	액션	2025-01-22	70,000	3	20	(1)	(2)
	DM-005	스타타이쿤	액션	2025-03-01	90,000	8	10	(1)	(2)
	EM-006	리그오브	레이싱	2025-02-23	85,000	50	45	(1)	(2)
	BM-007	마리오 전설	레이싱	2025-02-08	80,000	25	25	(1)	(2)
	DM-008	젤다 카트	레이싱	2025-03-08	75,000	20	15	(1)	(2)
	단가 전체평균			(3)			최다 판매수량(단위:개)		(5)
	FPS 전년 판매수량 합계			(4)		제품코드	BM-001	판매일자	(6)

≪조건≫

○ 모든 데이터의 서식에는 글꼴(굴림, 11pt), 정렬은 숫자 및 회계 서식은 오른쪽 정렬, 나머지 서식은 가운데 정렬로 작성하며 예외적인 것은 ≪출력형태≫를 참조하시오.

○ 제 목 ⇒ 도형(육각형)과 그림자(오프셋 오른쪽)를 이용하여 작성하고
"2025 게임 판매 현황"을 입력한 후 다음 서식을 적용하시오
(글꼴-굴림, 24pt, 검정, 굵게, 채우기-노랑).

○ 임의의 셀에 결재란을 작성하여 그림으로 복사 기능을 이용하여 붙이기 하시오(단, 원본 삭제).

○ 「B4:J4, G14, I14」 영역은 '주황'으로 채우기 하시오.

○ 유효성 검사를 이용하여 「H14」 셀에 제품코드(「B5:B12」 영역)가 선택 표시되도록 하시오.

○ 셀 서식 ⇒ 「F5:F12」 영역에 셀 서식을 이용하여 숫자 뒤에 '원'을 표시하시오(예 : 80,000원).

○ 「H5:H12」 영역에 대해 '전년판매수량'으로 이름정의를 하시오.

☞ (1)~(6) 셀은 반드시 **주어진 함수를 이용**하여 값을 구하시오(결과값을 직접 입력하면 해당 셀은 0점 처리됨).

(1) 판매순위 ⇒ 판매수량(단위:개)의 내림차순 순위를 구한 결과값에 '위'를 붙이시오
(RANK.EQ 함수, & 연산자)(예 : 1위).

(2) 제작사 ⇒ 제품코드 첫 번째 글자가 B이면 '블레이드', D이면 '드림', 그 외에는 '이든'으로 구하시오
(IF, MID 함수).

(3) 단가 전체평균 ⇒ 내림하여 천원 단위까지 구하시오
(ROUNDDOWN, AVERAGE 함수)(예 : 87,500 → 87,000).

(4) FPS 전년 판매수량 합계 ⇒ 정의된 이름(전년판매수량)을 이용하여 구하시오(SUMIF 함수).

(5) 최다 판매수량(단위:개) ⇒ (MAX 함수)

(6) 판매일자 ⇒ 「H14」 셀에서 선택한 제품코드에 대한 판매일자를 구하시오.
(VLOOKUP 함수)(예 : 2025-01-01).

(7) 조건부 서식의 수식을 이용하여 전년 판매수량이 '30' 이상인 행 전체에 다음의 서식을 적용하시오
(글꼴 : 파랑, 굵게).

[제2작업] 필터 및 서식(80점)

☞ **"제1작업"** 시트의 「B4:H12」 영역을 복사하여 **"제2작업"** 시트의 「B2」 셀부터 모두 붙여넣기를 한 후 다음의 조건과 같이 작업하시오.

≪조건≫

(1) 고급 필터 – 장르가 'FPS'이거나, 판매수량(단위:개)이 '40' 이상인 자료의 '제품코드, 게임명, 판매일자, 판매수량(단위:개)' 데이터만 추출하시오.
 – 조건 범위 : 「B14」 셀부터 입력하시오.
 – 복사 위치 : 「B18」 셀부터 나타나도록 하시오.

(2) 표 서식 – 고급필터의 결과셀을 채우기 없음으로 설정한 후 '표 스타일 보통 6'의 서식을 적용하시오.
 – 머리글 행, 줄무늬 행을 적용하시오.

[제3작업] 피벗테이블(80점)

☞ **"제1작업"** 시트를 이용하여 **"제3작업"** 시트에 조건에 따라 ≪출력형태≫와 같이 작업하시오.

≪조건≫

(1) 단가 및 장르별 게임명의 개수와 판매수량(단위:개)의 평균을 구하시오.
(2) 단가를 그룹화하고, 장르를 ≪출력형태≫와 같이 정렬하시오.
(3) 레이블이 있는 셀 병합 및 가운데 맞춤 적용 및 빈 셀은 '**'로 표시하시오.
(4) 행의 총합계는 지우고, 나머지 사항은 ≪출력형태≫에 맞게 작성하시오.

≪출력형태≫

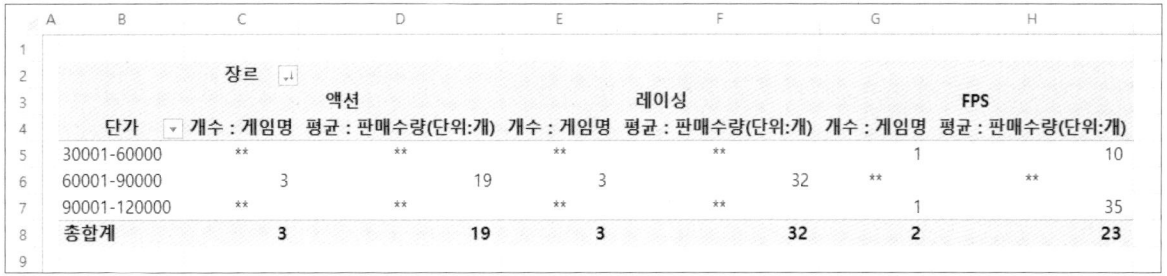

단가	액션		레이싱		FPS	
	개수 : 게임명	평균 : 판매수량(단위:개)	개수 : 게임명	평균 : 판매수량(단위:개)	개수 : 게임명	평균 : 판매수량(단위:개)
30001-60000	**	**	**	**	1	10
60001-90000	3	19	3	32	**	**
90001-120000	**	**	**	**	1	35
총합계	3	19	3	32	2	23

[제4작업] 그래프 (100점)

☞ **"제1작업"** 시트를 이용하여 조건에 따라 《출력형태》와 같이 작업하시오.

≪조건≫

(1) 차트 종류 ⇒ 〈묶은 세로 막대형〉으로 작업하시오.
(2) 데이터 범위 ⇒ "제1작업" 시트의 내용을 이용하여 작업하시오.
(3) 위치 ⇒ "새 시트"로 이동하고, "제4작업"으로 시트 이름을 바꾸시오.
(4) 차트 디자인 도구 ⇒ 레이아웃 3, 스타일 1을 선택하여 《출력형태》에 맞게 작업하시오.
(5) 영역 서식 ⇒ 차트 : 글꼴(굴림, 11pt), 채우기 효과(질감-파랑 박엽지)
　　　　　　　그림 : 채우기(흰색, 배경1)
(6) 제목 서식 ⇒ 차트 제목 : 글꼴(굴림, 굵게, 20pt), 채우기(흰색, 배경1), 테두리
(7) 서식 ⇒ 판매수량(단위:개) 계열의 차트 종류를 〈표식이 있는 꺾은선형〉으로 변경한 후
　　　　　보조 축으로 지정하시오.
　　　　　계열 : 《출력형태》를 참조하여 표식(마름모, 크기 10)과 레이블 값을 표시하시오.
　　　　　눈금선 : 선 스타일-파선
　　　　　축 : 《출력형태》를 참조하시오.
(8) 범례 ⇒ 범례명을 변경하고 《출력형태》를 참조하시오.
(9) 도형 ⇒ '말풍선: 모서리가 둥근 사각형 설명선'을 삽입한 후 《출력형태》와 같이 내용을 입력하시오.
(10) 나머지 사항은 《출력형태》에 맞게 작성하시오.

≪출력형태≫

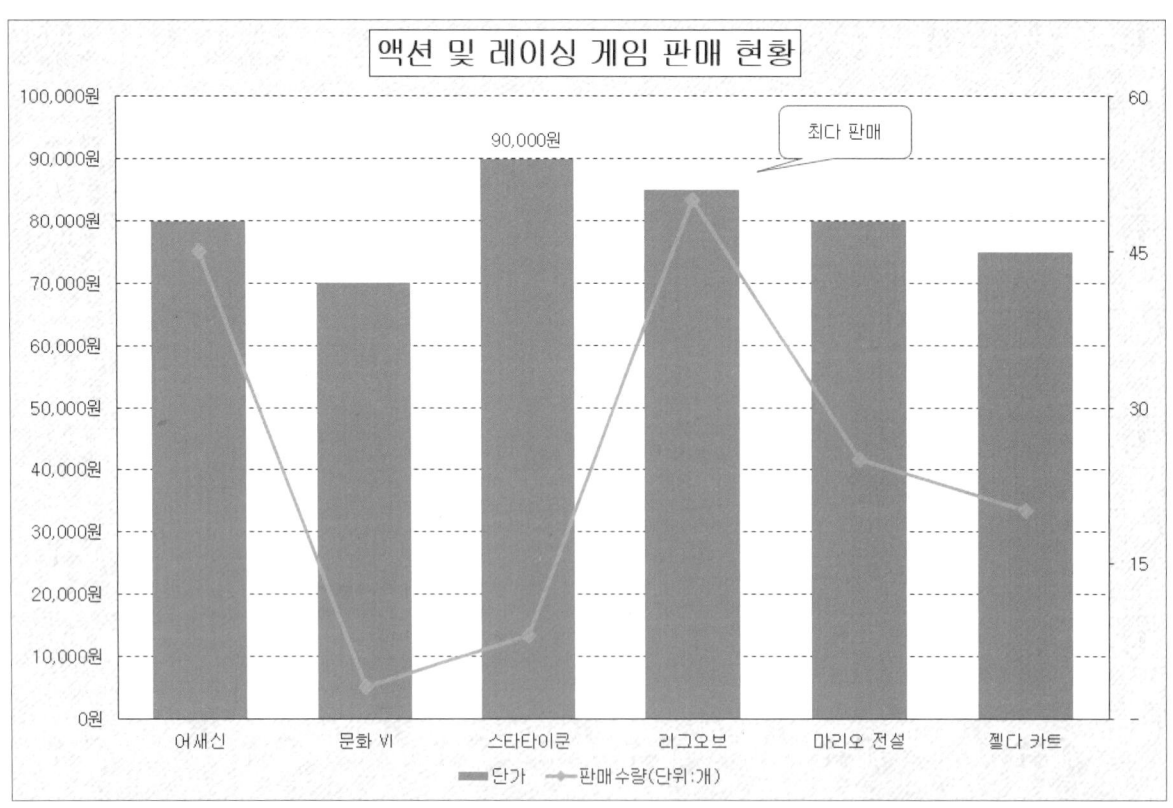

주의 ☞ 시트명 순서가 차례대로 "제1작업", "제2작업", "제3작업", "제4작업"이 되도록 할 것

제03회 최신기출유형 MS오피스

과 목	코드	문제유형	시험시간	수험번호	성 명
한글엑셀	1122	C	60분		

수험자 유의사항

- 수험자는 문제지를 받는 즉시 문제지와 **수험표상의 시험과목(프로그램)이 동일한지 반드시 확인**하여야 합니다.
- 파일명은 본인의 "수험번호-성명"으로 입력하여 답안폴더(내 PC/문서/ITQ)에 하나의 파일로 저장해야하며, 답안문서 파일명이 "수험번호-성명"과 일치하지 않거나, 답안파일을 전송하지 않아 미제출로 처리될 경우 실격 처리합니다(예:12345678-홍길동.xlsx).
- 답안 작성을 마치면 파일을 저장하고, '답안 전송' 버튼을 선택하여 감독위원 PC로 답안을 전송하십시오. 수험생 정보와 저장한 파일명이 다를 경우 전송되지 않으므로 주의하시기 바랍니다.
- 답안 작성 중에도 **주기적으로 저장하고, '답안 전송'**하여야 문제 발생을 줄일 수 있습니다. 작업한 내용을 저장하지 않고 전송할 경우 이전에 저장된 내용이 전송되오니 이점 유의하시기 바랍니다.
- 답안문서는 지정된 경로 외의 다른 보조기억장치에 저장하는 경우, 지정된 시험 시간 외에 작성된 파일을 활용할 경우, 기타 통신수단(이메일, 메신저, 네트워크 등)을 이용하여 타인에게 전달 또는 외부 반출하는 경우는 부정 처리합니다.
- 시험 중 부주의 또는 고의로 시스템을 파손한 경우는 수험자가 변상해야 하며, 〈수험자 유의사항〉에 기재된 방법대로 이행하지 않아 생기는 불이익은 수험생 당사자의 책임임을 알려 드립니다.
- 문제의 조건은 MS오피스 2021 버전으로 설정되어 있으니 유의하시기 바랍니다.
- 시험을 완료한 수험자는 답안파일이 전송되었는지 확인한 후 감독위원의 지시에 따라 문제지를 제출하고 퇴실합니다.

답안 작성요령

- 온라인 답안 작성 절차
  수험자 등록 ⇒ 시험 시작 ⇒ 답안파일 저장 ⇒ 답안 전송 ⇒ 시험 종료
- 문제는 총 4단계, 즉 제1작업부터 제4작업까지 구성되어 있으며 반드시 제1작업부터 순서대로 작성하고 조건대로 작업하시오.
- 모든 작업시트의 A열은 열 너비 '1'로, 나머지 열은 적당하게 조절하시오.
- 모든 작업시트의 테두리는 《출력형태》와 같이 작업하시오.
- 해당 작업란에서는 각각 제시된 조건에 따라 《출력형태》와 같이 작업하시오.
- 답안 시트 이름은 "제1작업", "제2작업", "제3작업", "제4작업"이어야 하며 답안 시트 이외의 것은 감점 처리됩니다.
- 각 시트를 파일로 나누어 작업해서 저장할 경우 실격 처리됩니다.

[제1작업] 표 서식 작성 및 값 계산(240점)

☞ 다음은 '서준기업 연말정산 현황'에 대한 자료이다. 자료를 입력하고 조건에 맞도록 작업하시오.

≪출력형태≫

사원코드	사원명	부서	주민번호	소득금액	카드사용료 (단위:천원)	현금영수증 (단위:천원)	성별	소득세
AE-121	김가은	연구개발	691110-2	67,500	20,835	1,021	(1)	(2)
AC-201	신민영	연구개발	750811-2	68,500	12,500	4,500	(1)	(2)
SA-103	박성재	생산관리	770701-1	45,000	10,321	7,230	(1)	(2)
ME-103	손재석	생산관리	810910-1	38,500	10,000	5,800	(1)	(2)
AS-113	최지희	해외영업	810212-2	39,800	10,680	3,850	(1)	(2)
SA-232	유동원	연구개발	641210-1	72,500	20,320	1,500	(1)	(2)
SE-211	전영희	해외영업	780909-2	48,500	10,250	3,900	(1)	(2)
ME-102	정예원	해외영업	840512-2	35,000	7,855	5,500	(1)	(2)
해외영업부 사원 소득금액 평균			(3)		연구개발부 사원 수			(5)
최대 카드사용료(단위:천원)			(4)		사원명	김가은	부서	(6)

결재 / 사원 / 팀장 / 사장

≪조건≫

○ 모든 데이터의 서식에는 글꼴(굴림, 11pt), 정렬은 숫자 및 회계 서식은 오른쪽 정렬, 나머지 서식은 가운데 정렬로 작성하며 예외적인 것은 ≪출력형태≫를 참조하시오.

○ 제 목 ⇒ 도형(사다리꼴)과 그림자(오프셋 오른쪽)를 이용하여 작성하고
"서준기업 연말정산 현황"을 입력한 후 다음 서식을 적용하시오
(글꼴-굴림, 24pt, 검정, 굵게, 채우기-노랑).

○ 임의의 셀에 결재란을 작성하여 그림으로 복사 기능을 이용하여 붙이기 하시오(단, 원본 삭제).

○ 「B4:J4, G14, I14」 영역은 '주황'으로 채우기 하시오.

○ 유효성 검사를 이용하여 「H14」 셀에 사원명(「C5:C12」 영역)이 선택 표시되도록 하시오.

○ 셀 서식 ⇒ 「F5:F12」 영역에 셀 서식을 이용하여 숫자 뒤에 '천원'을 표시하시오(예 : 67,500천원).

○ 「F5:F12」 영역에 대해 '소득금액'으로 이름정의를 하시오.

☞ (1)~(6) 셀은 반드시 **주어진 함수를 이용**하여 값을 구하시오(결과값을 직접 입력하면 해당 셀은 0점 처리됨).

(1) 성별 ⇒ 주민번호의 마지막 글자가 1이면 '남자', 2이면 '여자'로 구하시오
 (CHOOSE, RIGHT 함수).

(2) 소득세 ⇒ 소득금액이 46,000 이상이면 소득금액의 24%, 그 외에는 소득금액의 15%로 구하시오
 (IF 함수).

(3) 해외영업부 사원 소득금액 평균 ⇒ 정의된 이름(소득금액)을 이용하여 구하시오
 (SUMIF, COUNTIF 함수).

(4) 최대 카드사용료(단위:천원) ⇒ (MAX 함수)

(5) 연구개발부 사원 수 ⇒ 결과값에 '명'을 붙이시오. 단, 조건은 입력데이터를 이용하시오
 (DCOUNTA 함수, & 연산자)(예 : 1명).

(6) 부서 ⇒ 「H14」 셀에서 선택한 사원명에 대한 부서를 구하시오(VLOOKUP 함수).

(7) 조건부 서식의 수식을 이용하여 소득금액이 '40,000' 이하인 행 전체에 다음의 서식을 적용하시오
 (글꼴 : 파랑, 굵게).

[제2작업] 목표값 찾기 및 필터 (80점)

☞ **"제1작업"** 시트의 「B4:H12」 영역을 복사하여 **"제2작업"** 시트의 「B2」 셀부터 모두 붙여넣기를 한 후 다음의 조건과 같이 작업하시오.

≪조건≫

(1) 목표값 찾기 - 「B11:G11」 셀을 병합하고, 가운데 맞춤한 후 "연구개발부 사원 소득금액 평균"을 입력하고, 「H11」 셀에 연구개발부 사원 소득금액 평균을 구하시오. 단, 조건은 입력데이터를 이용하시오
(DAVERAGE 함수, 테두리).
- '연구개발부 사원 소득금액 평균'이 '70,000'이 되려면 김가은의 소득금액이 얼마가 되어야 하는지 목표값을 구하시오.

(2) 고급필터 - 부서가 '연구개발'이 아니면서 현금영수증(단위:천원)이 '7,000' 이하인 자료의 사원코드, 사원명, 소득금액, 현금영수증(단위:천원) 데이터만 추출하시오.
- 조건 범위 : 「B14」 셀부터 입력하시오.
- 복사 위치 : 「B18」 셀부터 나타나도록 하시오.

[제3작업] 정렬 및 부분합 (80점)

☞ **"제1작업"** 시트의 「B4:H12」 영역을 복사하여 **"제3작업"** 시트의 「B2」 셀부터 모두 붙여넣기를 한 후 다음의 조건과 같이 작업하시오.

≪조건≫

(1) 부분합 - ≪출력형태≫처럼 정렬하고, 사원명의 개수와 카드사용료(단위:천원)의 평균을 구하시오.
(2) 개요 - 지우시오.
(3) 나머지 사항은 ≪출력형태≫에 맞게 작성하시오.

≪출력형태≫

	사원코드	사원명	부서	주민번호	소득금액	카드사용료 (단위:천원)	현금영수증 (단위:천원)
	AS-113	최지희	해외영업	810212-2	39,800천원	10,680	3,850
	SE-211	전영희	해외영업	780909-2	48,500천원	10,250	3,900
	ME-102	정예원	해외영업	840512-2	35,000천원	7,855	5,500
			해외영업 평균			9,595	
		3	해외영업 개수				
	AE-121	김가은	연구개발	691110-2	67,500천원	20,835	1,021
	AC-201	신민영	연구개발	750811-2	68,500천원	12,500	4,500
	SA-232	유동원	연구개발	641210-1	72,500천원	20,320	1,500
			연구개발 평균			17,885	
		3	연구개발 개수				
	SA-103	박성재	생산관리	770701-1	45,000천원	10,321	7,230
	ME-103	손재석	생산관리	810910-1	38,500천원	10,000	5,800
			생산관리 평균			10,161	
		2	생산관리 개수				
			전체 평균			12,845	
		8	전체 개수				

[제4작업] 그래프(100점)

☞ "**제1작업**" 시트를 이용하여 조건에 따라 ≪출력형태≫와 같이 작업하시오.

≪조건≫

(1) 차트 종류 ⇒ 〈묶은 세로 막대형〉으로 작업하시오.
(2) 데이터 범위 ⇒ "제1작업" 시트의 내용을 이용하여 작업하시오.
(3) 위치 ⇒ "새 시트"로 이동하고, "제4작업"으로 시트 이름을 바꾸시오.
(4) 차트 디자인 도구 ⇒ 레이아웃 3, 스타일 1을 선택하여 ≪출력형태≫에 맞게 작업하시오.
(5) 영역 서식 ⇒ 차트 : 글꼴(굴림, 11pt), 채우기 효과(질감-분홍 박엽지)
　　　　　　 그림 : 채우기(흰색, 배경1)
(6) 제목 서식 ⇒ 차트 제목 : 글꼴(굴림, 굵게, 20pt), 채우기(흰색, 배경1), 테두리
(7) 서식 ⇒ 카드사용료(단위:천원) 계열의 차트 종류를 〈표식이 있는 꺾은선형〉으로 변경한 후
　　　　　 보조 축으로 지정하시오.
　　　　　 계열 : ≪출력형태≫를 참조하여 표식(세모, 크기 10)과 레이블 값을 표시하시오.
　　　　　 눈금선 : 선 스타일-파선
　　　　　 축 : ≪출력형태≫를 참조하시오.
(8) 범례 ⇒ 범례명을 변경하고 ≪출력형태≫를 참조하시오.
(9) 도형 ⇒ '말풍선: 모서리가 둥근 사각형 설명선'을 삽입한 후 ≪출력형태≫와 같이 내용을 입력하시오.
(10) 나머지 사항은 ≪출력형태≫에 맞게 작성하시오.

≪출력형태≫

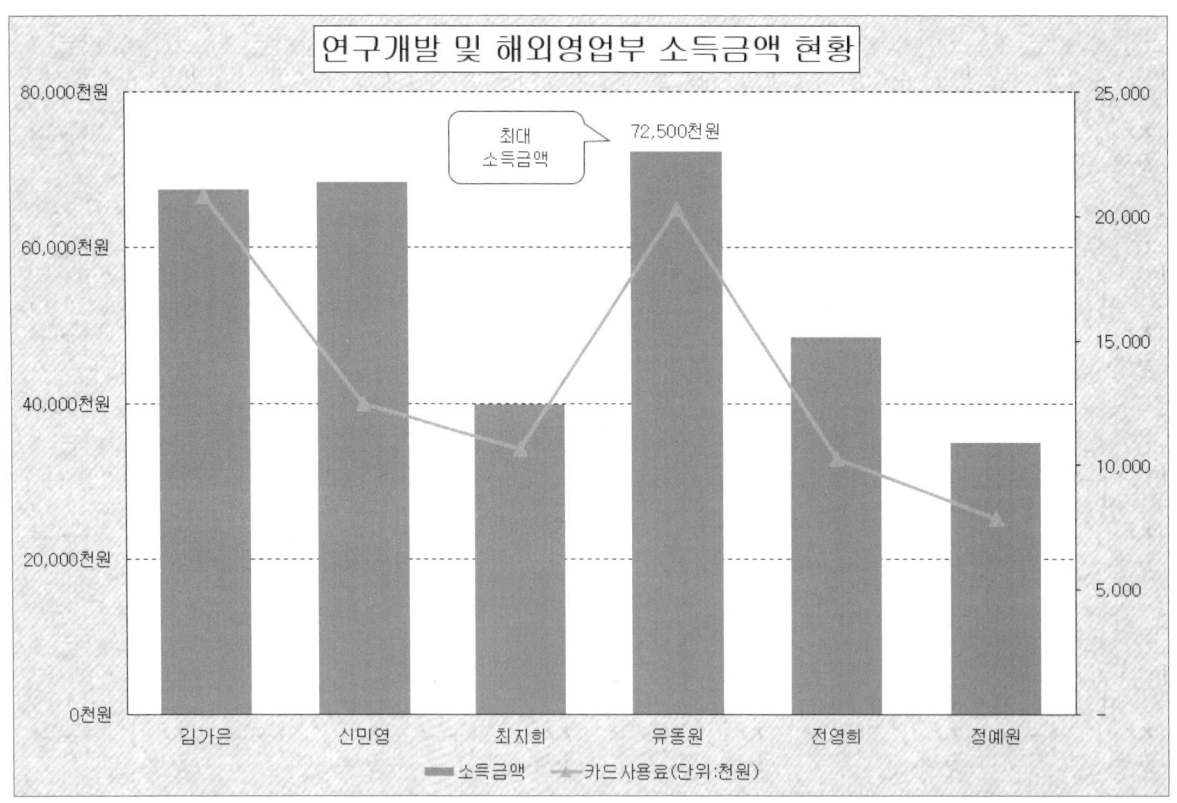

주의 ☞ 시트명 순서가 차례대로 "제1작업", "제2작업", "제3작업", "제4작업"이 되도록 할 것

제04회 최신기출유형 MS오피스

과 목	코드	문제유형	시험시간	수험번호	성 명
한글엑셀	1122	D	60분		

수험자 유의사항

- 수험자는 문제지를 받는 즉시 문제지와 **수험표상의 시험과목(프로그램)이 동일한지 반드시 확인**하여야 합니다.
- 파일명은 본인의 "수험번호-성명"으로 입력하여 답안폴더(내 PC/문서/ITQ)에 하나의 파일로 저장해야하며, 답안문서 파일명이 "수험번호-성명"과 일치하지 않거나, 답안파일을 전송하지 않아 미제출로 처리될 경우 실격 처리합니다(예:12345678-홍길동.xlsx).
- 답안 작성을 마치면 파일을 저장하고, '답안 전송' 버튼을 선택하여 감독위원 PC로 답안을 전송하십시오. 수험생 정보와 저장한 파일명이 다를 경우 전송되지 않으므로 주의하시기 바랍니다.
- 답안 작성 중에도 **주기적으로 저장하고, '답안 전송'**하여야 문제 발생을 줄일 수 있습니다. 작업한 내용을 저장하지 않고 전송할 경우 이전에 저장된 내용이 전송되오니 이점 유의하시기 바랍니다.
- 답안문서는 지정된 경로 외의 다른 보조기억장치에 저장하는 경우, 지정된 시험 시간 외에 작성된 파일을 활용할 경우, 기타 통신수단(이메일, 메신저, 네트워크 등)을 이용하여 타인에게 전달 또는 외부 반출하는 경우는 부정 처리합니다.
- 시험 중 부주의 또는 고의로 시스템을 파손한 경우는 수험자가 변상해야 하며, 〈수험자 유의사항〉에 기재된 방법대로 이행하지 않아 생기는 불이익은 수험생 당사자의 책임임을 알려 드립니다.
- 문제의 조건은 MS오피스 2021 버전으로 설정되어 있으니 유의하시기 바랍니다.
- 시험을 완료한 수험자는 답안파일이 전송되었는지 확인한 후 감독위원의 지시에 따라 문제지를 제출하고 퇴실합니다.

답안 작성요령

- 온라인 답안 작성 절차
  수험자 등록 ⇒ 시험 시작 ⇒ 답안파일 저장 ⇒ 답안 전송 ⇒ 시험 종료
- 문제는 총 4단계, 즉 제1작업부터 제4작업까지 구성되어 있으며 반드시 제1작업부터 순서대로 작성하고 조건대로 작업하시오.
- 모든 작업시트의 A열은 열 너비 '1'로, 나머지 열은 적당하게 조절하시오.
- 모든 작업시트의 테두리는 《출력형태》와 같이 작업하시오.
- 해당 작업란에서는 각각 제시된 조건에 따라 《출력형태》와 같이 작업하시오.
- 답안 시트 이름은 "제1작업", "제2작업", "제3작업", "제4작업"이어야 하며 답안 시트 이외의 것은 감점 처리됩니다.
- 각 시트를 파일로 나누어 작업해서 저장할 경우 실격 처리됩니다.

[제1작업] 표 서식 작성 및 값 계산(240점)

☞ 다음은 '사무실 비품 현황'에 대한 자료이다. 자료를 입력하고 조건에 맞도록 작업하시오.

≪출력형태≫

비품코드	비품명	비품종류	최종점검일	취득가(단위:원)	보유수량	잔존가(단위:원)	순위	비고
CU-122	LCD모니터	컴퓨터	2025-07-21	2,957,000	26	630,000	(1)	(2)
CA-252	복합기	컴퓨터	2025-07-30	780,000	5	154,000	(1)	(2)
EA-633	소형냉장고	기타비품	2025-05-23	814,000	2	95,600	(1)	(2)
CP-162	프린터	컴퓨터	2025-07-22	1,056,000	6	200,000	(1)	(2)
BT-851	4단파일장	가구류	2025-06-24	893,000	7	72,900	(1)	(2)
BL-511	사무용의자	가구류	2025-06-09	874,000	22	49,700	(1)	(2)
BE-631	PC용책상	가구류	2025-06-18	896,000	20	230,000	(1)	(2)
EG-413	정수기	기타비품	2025-05-20	1,540,000	4	226,800	(1)	(2)
가구류 보유수량 합계			(3)			최저 취득가(단위:원)		(5)
컴퓨터의 잔존가(단위:원) 평균			(4)			비품코드	CU-122	최종점검일	(6)

≪조건≫

○ 모든 데이터의 서식에는 글꼴(굴림, 11pt), 정렬은 숫자 및 회계 서식은 오른쪽 정렬, 나머지 서식은 가운데 정렬로 작성하며 예외적인 것은 ≪출력형태≫를 참조하시오.

○ 제 목 ⇒ 도형(육각형)과 그림자(오프셋 오른쪽)를 이용하여 작성하고
"사무실 비품 현황"을 입력한 후 다음 서식을 적용하시오
(글꼴-굴림, 24pt, 검정, 굵게, 채우기-노랑).

○ 임의의 셀에 결재란을 작성하여 그림으로 복사 기능을 이용하여 붙이기 하시오(단, 원본 삭제).

○ 「B4:J4, G14, I14」 영역은 '주황'으로 채우기 하시오.

○ 유효성 검사를 이용하여 「H14」 셀에 비품코드(「B5:B12」 영역)가 선택 표시되도록 하시오.

○ 셀 서식 ⇒ 「G5:G12」 영역에 셀 서식을 이용하여 숫자 뒤에 '개'를 표시하시오(예 : 26개).

○ 「F5:F12」 영역에 대해 '취득가'로 이름정의를 하시오.

☞ (1)~(6) 셀은 반드시 **주어진 함수를 이용**하여 값을 구하시오(결과값을 직접 입력하면 해당 셀은 0점 처리됨).

(1) 순위 ⇒ 잔존가(단위:원)의 내림차순 순위를 1~3까지 구한 결과값에 '위'를 붙이고, 그 외에는 공백으로 구하시오(IF, RANK.EQ 함수, & 연산자)(예 : 1위).

(2) 비고 ⇒ 비품코드의 마지막 글자가 '1'이면 '구매필요', '2'이면 '재점검', '3'이면 공백으로 구하시오 (CHOOSE, RIGHT 함수).

(3) 가구류 보유수량 합계 ⇒ (SUMIF 함수)

(4) 컴퓨터의 잔존가(단위:원) 평균 ⇒ 조건은 입력데이터를 이용하시오(DAVERAGE 함수).

(5) 최저 취득가(단위:원) ⇒ 정의된 이름(취득가)을 이용하여 구하시오(MIN 함수).

(6) 최종점검일 ⇒ 「H14」 셀에서 선택한 비품코드에 대한 최종점검일을 구하시오
(VLOOKUP 함수)(예 : 2025-01-01).

(7) 조건부 서식의 수식을 이용하여 보유수량이 '20' 이상인 행 전체에 다음의 서식을 적용하시오 (글꼴 : 파랑, 굵게).

[제2작업] 필터 및 서식 (80점)

☞ **"제1작업"** 시트의 「B4:H12」 영역을 복사하여 **"제2작업"** 시트의 「B2」 셀부터 모두 붙여넣기를 한 후 다음의 조건과 같이 작업하시오.

≪조건≫

(1) 고급 필터 - 비품종류가 '기타비품'이거나, 잔존가(단위:원)가 '100,000' 이하인 자료의 '비품코드, 비품명, 최종점검일, 보유수량' 데이터만 추출하시오.
  - 조건 범위 : 「B14」 셀부터 입력하시오.
  - 복사 위치 : 「B18」 셀부터 나타나도록 하시오.

(2) 표 서식 - 고급필터의 결과셀을 채우기 없음으로 설정한 후 '표 스타일 보통 6'의 서식을 적용하시오.
  - 머리글 행, 줄무늬 행을 적용하시오.

[제3작업] 피벗테이블 (80점)

☞ **"제1작업"** 시트를 이용하여 **"제3작업"** 시트에 조건에 따라 ≪출력형태≫와 같이 작업하시오.

≪조건≫

(1) 취득가(단위:원) 및 비품종류별 비품명의 개수와 잔존가(단위:원)의 평균을 구하시오.
(2) 취득가(단위:원)를 그룹화하고, 비품종류를 ≪출력형태≫와 같이 정렬하시오.
(3) 레이블이 있는 셀 병합 및 가운데 맞춤 적용 및 빈 셀은 '**'로 표시하시오.
(4) 행의 총합계는 지우고, 나머지 사항은 ≪출력형태≫에 맞게 작성하시오.

≪출력형태≫

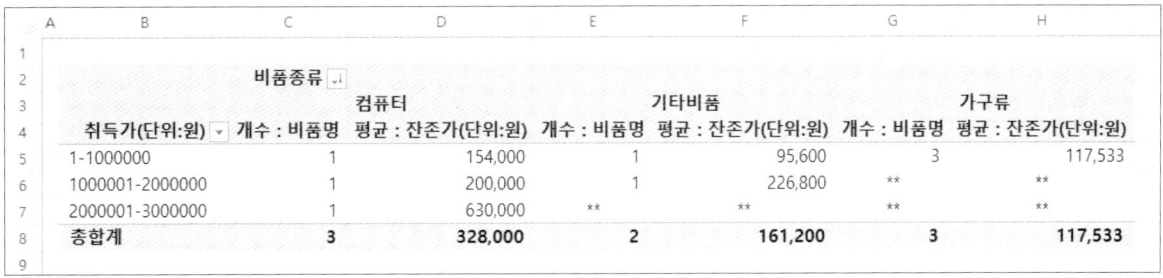

[제4작업] 그래프(100점)

☞ "**제1작업**" 시트를 이용하여 조건에 따라《출력형태》와 같이 작업하시오.

≪조건≫

(1) 차트 종류 ⇒ 〈묶은 세로 막대형〉으로 작업하시오.
(2) 데이터 범위 ⇒ "제1작업" 시트의 내용을 이용하여 작업하시오.
(3) 위치 ⇒ "새 시트"로 이동하고, "제4작업"으로 시트 이름을 바꾸시오.
(4) 차트 디자인 도구 ⇒ 레이아웃 3, 스타일 1을 선택하여 ≪출력형태≫에 맞게 작업하시오.
(5) 영역 서식 ⇒ 차트 : 글꼴(굴림, 11pt), 채우기 효과(질감-파랑 박엽지)
  그림 : 채우기(흰색, 배경1)
(6) 제목 서식 ⇒ 차트 제목 : 글꼴(굴림, 굵게, 20pt), 채우기(흰색, 배경1), 테두리
(7) 서식 ⇒ 잔존가(단위:원) 계열의 차트 종류를 〈표식이 있는 꺾은선형〉으로 변경한 후 보조 축으로 지정하시오.
  계열 : ≪출력형태≫를 참조하여 표식(마름모, 크기 10)과 레이블 값을 표시하시오.
  눈금선 : 선 스타일-파선
  축 : ≪출력형태≫를 참조하시오.
(8) 범례 ⇒ 범례명을 변경하고 ≪출력형태≫를 참조하시오.
(9) 도형 ⇒ '말풍선: 모서리가 둥근 사각형 설명선'을 삽입한 후 ≪출력형태≫와 같이 내용을 입력하시오.
(10) 나머지 사항은 ≪출력형태≫에 맞게 작성하시오.

≪출력형태≫

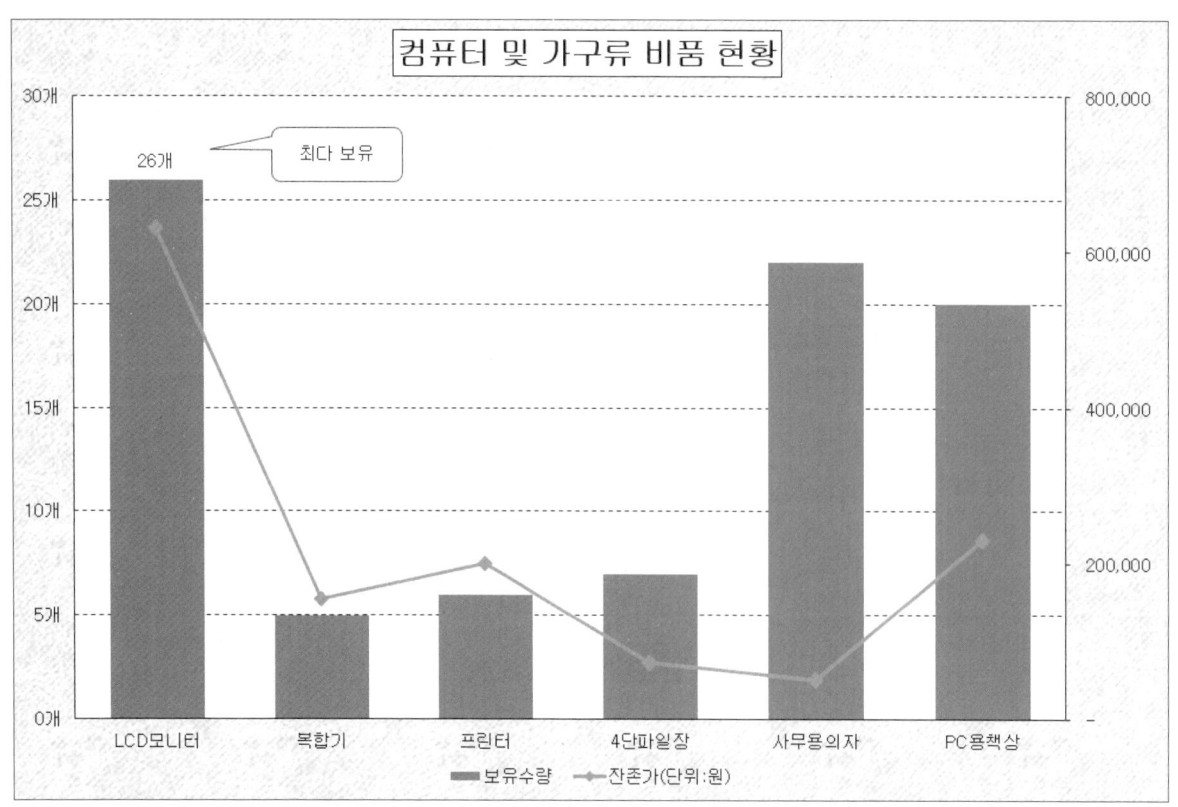

주의 ☞ 시트명 순서가 차례대로 "제1작업", "제2작업", "제3작업", "제4작업"이 되도록 할 것

제05회 최신기출유형 　MS오피스

과목	코드	문제유형	시험시간	수험번호	성명
한글엑셀	1122	E	60분		

수험자 유의사항

- 수험자는 문제지를 받는 즉시 문제지와 **수험표상의 시험과목(프로그램)이 동일한지 반드시 확인**하여야 합니다.
- 파일명은 본인의 "수험번호-성명"으로 입력하여 답안폴더(내 PC/문서/ITQ)에 하나의 파일로 저장해야하며, 답안문서 파일명이 "수험번호-성명"과 일치하지 않거나, 답안파일을 전송하지 않아 미제출로 처리될 경우 실격 처리합니다(예:12345678-홍길동.xlsx).
- 답안 작성을 마치면 파일을 저장하고, '답안 전송' 버튼을 선택하여 감독위원 PC로 답안을 전송하십시오. 수험생 정보와 저장한 파일명이 다를 경우 전송되지 않으므로 주의하시기 바랍니다.
- 답안 작성 중에도 **주기적으로 저장하고, '답안 전송'**하여야 문제 발생을 줄일 수 있습니다. 작업한 내용을 저장하지 않고 전송할 경우 이전에 저장된 내용이 전송되오니 이점 유의하시기 바랍니다.
- 답안문서는 지정된 경로 외의 다른 보조기억장치에 저장하는 경우, 지정된 시험 시간 외에 작성된 파일을 활용할 경우, 기타 통신수단(이메일, 메신저, 네트워크 등)을 이용하여 타인에게 전달 또는 외부 반출하는 경우는 부정 처리합니다.
- 시험 중 부주의 또는 고의로 시스템을 파손한 경우는 수험자가 변상해야 하며, 〈수험자 유의사항〉에 기재된 방법대로 이행하지 않아 생기는 불이익은 수험생 당사자의 책임임을 알려 드립니다.
- 문제의 조건은 MS오피스 2021 버전으로 설정되어 있으니 유의하시기 바랍니다.
- 시험을 완료한 수험자는 답안파일이 전송되었는지 확인한 후 감독위원의 지시에 따라 문제지를 제출하고 퇴실합니다.

답안 작성요령

- 온라인 답안 작성 절차
  수험자 등록 ⇒ 시험 시작 ⇒ 답안파일 저장 ⇒ 답안 전송 ⇒ 시험 종료
- 문제는 총 4단계, 즉 제1작업부터 제4작업까지 구성되어 있으며 반드시 제1작업부터 순서대로 작성하고 조건대로 작업하시오.
- 모든 작업시트의 A열은 열 너비 '1'로, 나머지 열은 적당하게 조절하시오.
- 모든 작업시트의 테두리는 《출력형태》와 같이 작업하시오.
- 해당 작업란에서는 각각 제시된 조건에 따라 《출력형태》와 같이 작업하시오.
- 답안 시트 이름은 "제1작업", "제2작업", "제3작업", "제4작업"이어야 하며 답안 시트 이외의 것은 감점 처리됩니다.
- 각 시트를 파일로 나누어 작업해서 저장할 경우 실격 처리됩니다.

[제1작업] 표 서식 작성 및 값 계산(240점)

☞ 다음은 '2025년 급여 현황'에 대한 자료이다. 자료를 입력하고 조건에 맞도록 작업하시오.

≪출력형태≫

사원코드	사원명	부서	생년월일	기본급	상여금 (단위:만원)	직무수당 (단위:만원)	지역	나이
BG-193	강태영	관리	1978-05-24	3,965	1,981	140	(1)	(2)
SR-282	전수혁	개발	1981-11-12	3,980	750	90	(1)	(2)
SA-201	차은상	생산	1985-05-16	2,566	946	140	(1)	(2)
BN-989	지은희	개발	1972-10-23	2,534	1,599	200	(1)	(2)
BC-253	한기자	생산	1995-05-07	1,990	590	90	(1)	(2)
SR-223	김탄희	관리	1990-10-28	2,563	737	140	(1)	(2)
ST-206	유한양	개발	1992-01-03	1,860	558	120	(1)	(2)
BA-156	예선우	관리	1975-09-19	3,565	1,870	200	(1)	(2)
상여금(단위:만원) 평균			(3)		개발부 상여금(단위:만원) 합계			(5)
최대 직무수당(단위:만원)			(4)		사원명	강태영	기본급	(6)

결재: 담당 / 팀장 / 본부장

≪조건≫

○ 모든 데이터의 서식에는 글꼴(굴림, 11pt), 정렬은 숫자 및 회계 서식은 오른쪽 정렬, 나머지 서식은 가운데 정렬로 작성하며 예외적인 것은 ≪출력형태≫를 참조하시오.
○ 제 목 ⇒ 도형(사다리꼴)과 그림자(오프셋 오른쪽)를 이용하여 작성하고
　　　　　"2025년 급여 현황"을 입력한 후 다음 서식을 적용하시오
　　　　　(글꼴-굴림, 24pt, 검정, 굵게, 채우기-노랑).
○ 임의의 셀에 결재란을 작성하여 그림으로 복사 기능을 이용하여 붙이기 하시오(단, 원본 삭제).
○ 「B4:J4, G14, I14」 영역은 '주황'으로 채우기 하시오.
○ 유효성 검사를 이용하여 「H14」 셀에 사원명(「C5:C12」 영역)이 선택 표시되도록 하시오.
○ 셀 서식 ⇒ 「F5:F12」 영역에 셀 서식을 이용하여 숫자 뒤에 '만원'을 표시하시오(예 : 3,965만원).
○ 「H5:H12」 영역에 대해 '직무수당'으로 이름정의를 하시오.

☞ (1)~(6) 셀은 반드시 **주어진 함수를 이용**하여 값을 구하시오(결과값을 직접 입력하면 해당 셀은 0점 처리됨).

(1) 지역 ⇒ 사원코드의 첫 글자가 S이면 '서울', 그 외에는 '부산'으로 구하시오(IF, LEFT 함수).
(2) 나이 ⇒ 「2025-생년월일의 연도」로 구한 결과값에 '세'를 붙이시오
　　　　　(YEAR 함수, & 연산자)(예 :21세).
(3) 상여금(단위:만원) 평균 ⇒ 올림하여 예와 같이 구하시오
　　　　　　　　　(ROUNDUP, AVERAGE 함수)(예 : 1,234.5 → 1,300).
(4) 최대 직무수당(단위:만원) ⇒ 정의된 이름(직무수당)을 이용하여 구하시오(MAX 함수).
(5) 개발부 상여금(단위:만원) 합계 ⇒ (SUMIF 함수)
(6) 기본급 ⇒ 「H14」 셀에서 선택한 사원명에 대한 기본급을 구하시오(VLOOKUP 함수).
(7) 조건부 서식의 수식을 이용하여 기본급이 '3,000' 이상인 행 전체에 다음의 서식을 적용하시오
　　　(글꼴 : 파랑, 굵게).

[제2작업] 목표값 찾기 및 필터 (80점)

☞ **"제1작업"** 시트의 「B4:H12」 영역을 복사하여 **"제2작업"** 시트의 「B2」 셀부터 모두 붙여넣기를 한 후 다음의 조건과 같이 작업하시오.

≪조건≫

(1) 목표값 찾기 - 「B11:G11」 셀을 병합하고, 가운데 맞춤한 후 "관리부 사원 기본급 평균"을 입력하고, 「H11」 셀에 관리부 사원 기본급 평균을 구하시오. 단, 조건은 입력데이터를 이용하시오. (DAVERAGE 함수, 테두리).
 - '관리부 사원 기본급 평균'이 '3,400'이 되려면 강태영의 기본급이 얼마가 되어야하는지 목표값을 구하시오.

(2) 고급필터 - 부서가 '관리'가 아니면서 상여금(단위:만원)이 '700' 이상인 자료의 사원코드, 사원명, 기본급, 직무수당(단위:만원) 데이터만 추출하시오.
 - 조건 범위 : 「B14」 셀부터 입력하시오.
 - 복사 위치 : 「B18」 셀부터 나타나도록 하시오.

[제3작업] 정렬 및 부분합 (80점)

☞ **"제1작업"** 시트의 「B4:H12」 영역을 복사하여 **"제3작업"** 시트의 「B2」 셀부터 모두 붙여넣기를 한 후 다음의 조건과 같이 작업하시오.

≪조건≫

(1) 부분합 - ≪출력형태≫처럼 정렬하고, 사원명의 개수와 기본급의 평균을 구하시오.
(2) 개요 - 지우시오.
(3) 나머지 사항은 ≪출력형태≫에 맞게 작성하시오.

≪출력형태≫

	A	B	C	D	E	F	G	H
1								
2		사원코드	사원명	부서	생년월일	기본급	상여금(단위:만원)	직무수당(단위:만원)
3		SA-201	차은상	생산	1985-05-16	2,566만원	946	140
4		BC-253	한기자	생산	1995-05-07	1,990만원	590	90
5				생산 평균		2,278만원		
6			2	생산 개수				
7		BG-193	강태영	관리	1978-05-24	3,965만원	1,981	140
8		SR-223	김탄희	관리	1990-10-28	2,563만원	737	140
9		BA-156	예선우	관리	1975-09-19	3,565만원	1,870	200
10				관리 평균		3,364만원		
11			3	관리 개수				
12		SR-282	전수혁	개발	1981-11-12	3,980만원	750	90
13		BN-989	지은희	개발	1972-10-23	2,534만원	1,599	200
14		ST-206	유한양	개발	1992-01-03	1,860만원	558	120
15				개발 평균		2,791만원		
16			3	개발 개수				
17				전체 평균		2,878만원		
18			8	전체 개수				
19								

[제4작업] 그래프(100점)

☞ "**제1작업**" 시트를 이용하여 조건에 따라 《출력형태》와 같이 작업하시오.

≪조건≫

(1) 차트 종류 ⇒ 〈묶은 세로 막대형〉으로 작업하시오.
(2) 데이터 범위 ⇒ "제1작업" 시트의 내용을 이용하여 작업하시오.
(3) 위치 ⇒ "새 시트"로 이동하고, "제4작업"으로 시트 이름을 바꾸시오.
(4) 차트 디자인 도구 ⇒ 레이아웃 3, 스타일 1을 선택하여 ≪출력형태≫에 맞게 작업하시오.
(5) 영역 서식 ⇒ 차트 : 글꼴(굴림, 11pt), 채우기 효과(질감-분홍 박엽지)
   그림 : 채우기(흰색, 배경1)
(6) 제목 서식 ⇒ 차트 제목 : 글꼴(굴림, 굵게, 20pt), 채우기(흰색, 배경1), 테두리
(7) 서식 ⇒ 상여금(단위:만원) 계열의 차트 종류를 〈표식이 있는 꺾은선형〉으로 변경한 후 보조 축으로 지정하시오.
   계열 : ≪출력형태≫를 참조하여 표식(세모, 크기 10)과 레이블 값을 표시하시오.
   눈금선 : 선 스타일-파선
   축 : ≪출력형태≫를 참조하시오.
(8) 범례 ⇒ 범례명을 변경하고 ≪출력형태≫를 참조하시오.
(9) 도형 ⇒ '말풍선: 모서리가 둥근 사각형 설명선'을 삽입한 후 ≪출력형태≫와 같이 내용을 입력하시오.
(10) 나머지 사항은 ≪출력형태≫에 맞게 작성하시오.

≪출력형태≫

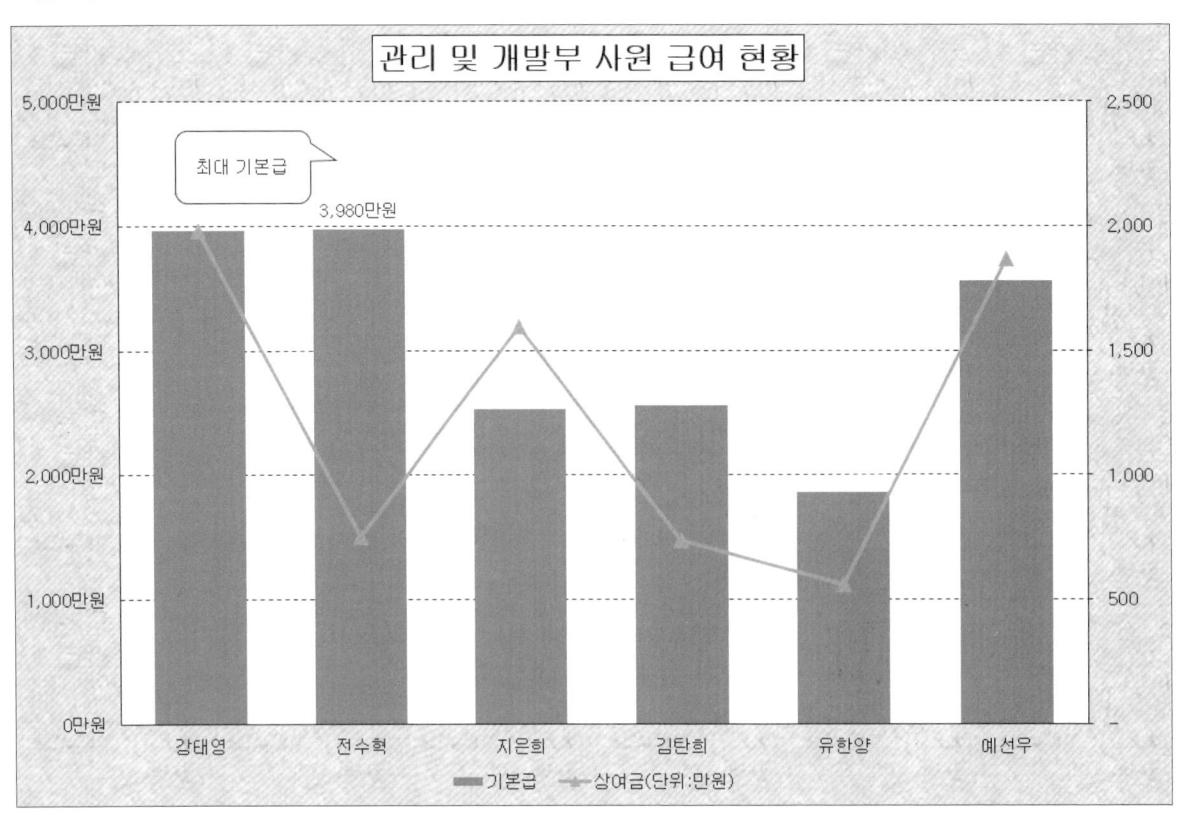

주의 ☞ 시트명 순서가 차례대로 "제1작업", "제2작업", "제3작업", "제4작업"이 되도록 할 것

제06회 최신기출유형 　MS오피스

과목	코드	문제유형	시험시간	수험번호	성명
한글엑셀	1122	A	60분		

수험자 유의사항

- 수험자는 문제지를 받는 즉시 문제지와 **수험표상의 시험과목(프로그램)이 동일한지 반드시 확인**하여야 합니다.
- 파일명은 본인의 "수험번호-성명"으로 입력하여 답안폴더(내 PC/문서/ITQ)에 하나의 파일로 저장해야하며, 답안문서 파일명이 "수험번호-성명"과 일치하지 않거나, 답안파일을 전송하지 않아 미제출로 처리될 경우 실격 처리합니다(예:12345678-홍길동.xlsx).
- 답안 작성을 마치면 파일을 저장하고, '답안 전송' 버튼을 선택하여 감독위원 PC로 답안을 전송하십시오. 수험생 정보와 저장한 파일명이 다를 경우 전송되지 않으므로 주의하시기 바랍니다.
- 답안 작성 중에도 **주기적으로 저장하고, '답안 전송'**하여야 문제 발생을 줄일 수 있습니다. 작업한 내용을 저장하지 않고 전송할 경우 이전에 저장된 내용이 전송되오니 이점 유의하시기 바랍니다.
- 답안문서는 지정된 경로 외의 다른 보조기억장치에 저장하는 경우, 지정된 시험 시간 외에 작성된 파일을 활용할 경우, 기타 통신수단(이메일, 메신저, 네트워크 등)을 이용하여 타인에게 전달 또는 외부 반출하는 경우는 부정 처리합니다.
- 시험 중 부주의 또는 고의로 시스템을 파손한 경우는 수험자가 변상해야 하며, 〈수험자 유의사항〉에 기재된 방법대로 이행하지 않아 생기는 불이익은 수험생 당사자의 책임임을 알려 드립니다.
- 문제의 조건은 MS오피스 2021 버전으로 설정되어 있으니 유의하시기 바랍니다.
- 시험을 완료한 수험자는 답안파일이 전송되었는지 확인한 후 감독위원의 지시에 따라 문제지를 제출하고 퇴실합니다.

답안 작성요령

- 온라인 답안 작성 절차
  수험자 등록 ⇒ 시험 시작 ⇒ 답안파일 저장 ⇒ 답안 전송 ⇒ 시험 종료
- 문제는 총 4단계, 즉 제1작업부터 제4작업까지 구성되어 있으며 반드시 제1작업부터 순서대로 작성하고 조건대로 작업하시오.
- 모든 작업시트의 A열은 열 너비 '1'로, 나머지 열은 적당하게 조절하시오.
- 모든 작업시트의 테두리는 《출력형태》와 같이 작업하시오.
- 해당 작업란에서는 각각 제시된 조건에 따라 《출력형태》와 같이 작업하시오.
- 답안 시트 이름은 "제1작업", "제2작업", "제3작업", "제4작업"이어야 하며 답안 시트 이외의 것은 감점 처리됩니다.
- 각 시트를 파일로 나누어 작업해서 저장할 경우 실격 처리됩니다.

[제1작업] 표 서식 작성 및 값 계산(240점)

☞ 다음은 '2025년 헬스 등록회원 현황'에 대한 자료이다. 자료를 입력하고 조건에 맞도록 작업하시오.

≪출력형태≫

회원코드	회원명	등록경로	등록일	나이	등록비 (단위:원)	등록횟수	운동 종류	등록월
HP-832	유미행	전단지	2025-06-03	51	80,000	22	(1)	(2)
PH-517	강지우	지인소개	2025-05-14	48	140,000	19	(1)	(2)
HK-296	김현성	인터넷검색	2025-03-05	33	50,000	7	(1)	(2)
YF-626	주민재	전단지	2025-03-07	37	230,000	16	(1)	(2)
YK-725	나경훈	전단지	2025-04-25	21	160,000	5	(1)	(2)
HM-519	박정우	지인소개	2025-05-16	53	218,000	12	(1)	(2)
PA-248	박지산	인터넷검색	2025-05-26	26	308,000	3	(1)	(2)
PD-227	채수영	지인소개	2025-07-16	29	77,000	12	(1)	(2)
40세 이상 회원 수			(3)		전단지를 통해 등록한 회원의 등록횟수 평균			(5)
최대 등록비(단위:원)			(4)		회원코드	HP-832	등록일	(6)

결재: 담당 / 대리 / 팀장

≪조건≫

○ 모든 데이터의 서식에는 글꼴(굴림, 11pt), 정렬은 숫자 및 회계 서식은 오른쪽 정렬, 나머지 서식은 가운데 정렬로 작성하며 예외적인 것은 ≪출력형태≫를 참조하시오.

○ 제 목 ⇒ 도형(육각형)과 그림자(오프셋 오른쪽)를 이용하여 작성하고
"2025년 헬스 등록회원 현황"을 입력한 후 다음 서식을 적용하시오
(글꼴-굴림, 24pt, 검정, 굵게, 채우기-노랑).

○ 임의의 셀에 결재란을 작성하여 그림으로 복사 기능을 이용하여 붙이기 하시오(단, 원본 삭제).

○ 「B4:J4, G14, I14」 영역은 '주황'으로 채우기 하시오.

○ 유효성 검사를 이용하여 「H14」 셀에 회원코드(「B5:B12」 영역)가 선택 표시되도록 하시오.

○ 셀 서식 ⇒ 「H5:H12」 영역에 셀 서식을 이용하여 숫자 뒤에 '회'를 표시하시오(예 : 22회).

○ 「F5:F12」 영역에 대해 '나이'로 이름정의를 하시오.

☞ (1)~(6) 셀은 반드시 **주어진 함수를 이용**하여 값을 구하시오(결과값을 직접 입력하면 해당 셀은 0점 처리됨).

(1) 운동 종류 ⇒ 회원코드의 첫 번째 값이 H이면 '헬스', P이면 '필라테스', 그 외에는 '요가'로 표시하시오 (IF, LEFT 함수).

(2) 등록월 ⇒ 등록일의 월을 추출한 결과값에 '월'을 붙이시오(MONTH 함수, & 연산자)(예 : 1월).

(3) 40세 이상 회원 수 ⇒ 정의된 이름(나이)을 이용하여 구하시오(COUNTIF 함수).

(4) 최대 등록비(단위:원) ⇒ (MAX 함수)

(5) 전단지를 통해 등록한 회원의 등록횟수 평균 ⇒ 올림하여 정수로 구하시오. 단, 조건은 입력데이터를 이용하시오
(ROUNDUP, DAVERAGE 함수)(예: 12.36 → 13).

(6) 등록일 ⇒ 「H14」 셀에서 선택한 회원코드에 대한 등록일을 구하시오
(VLOOKUP 함수)(예 : 2025-01-01).

(7) 조건부 서식의 수식을 이용하여 등록횟수가 '15' 이상인 행 전체에 다음의 서식을 적용하시오
(글꼴 : 파랑, 굵게).

[제2작업] 필터 및 서식 (80점)

☞ **"제1작업"** 시트의 「B4:H12」 영역을 복사하여 **"제2작업"** 시트의 「B2」 셀부터 모두 붙여넣기를 한 후 다음의 조건과 같이 작업하시오.

≪조건≫

(1) 고급 필터 - 등록경로가 '인터넷검색'이거나, 등록비(단위:원)가 '200,000' 이상인 자료의 '회원코드, 회원명, 등록일, 등록횟수' 데이터만 추출하시오.
- 조건 범위 : 「B14」 셀부터 입력하시오.
- 복사 위치 : 「B18」 셀부터 나타나도록 하시오

(2) 표 서식 - 고급필터의 결과셀을 채우기 없음으로 설정한 후 '표 스타일 보통 6'의 서식을 적용하시오.
- 머리글 행, 줄무늬 행을 적용하시오.

[제3작업] 피벗테이블 (80점)

☞ **"제1작업"** 시트를 이용하여 **"제3작업"** 시트에 조건에 따라 ≪출력형태≫와 같이 작업하시오.

≪조건≫

(1) 등록횟수 및 등록경로별 회원명의 개수와 등록비(단위:원)의 평균을 구하시오.
(2) 등록횟수를 그룹화하고, 등록경로를 ≪출력형태≫와 같이 정렬하시오.
(3) 레이블이 있는 셀 병합 및 가운데 맞춤 적용 및 빈 셀은 '**'로 표시하시오.
(4) 행의 총합계는 지우고, 나머지 사항은 ≪출력형태≫에 맞게 작성하시오.

≪출력형태≫

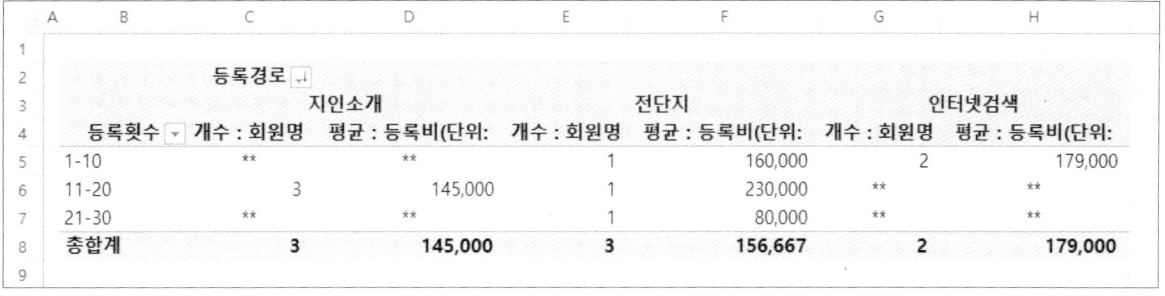

[제4작업] 그래프(100점)

☞ **"제1작업"** 시트를 이용하여 조건에 따라 《출력형태》와 같이 작업하시오.

≪조건≫

(1) 차트 종류 ⇒ 〈묶은 세로 막대형〉으로 작업하시오.
(2) 데이터 범위 ⇒ "제1작업" 시트의 내용을 이용하여 작업하시오.
(3) 위치 ⇒ "새 시트"로 이동하고, "제4작업"으로 시트 이름을 바꾸시오.
(4) 차트 디자인 도구 ⇒ 레이아웃 3, 스타일 1을 선택하여 ≪출력형태≫에 맞게 작업하시오.
(5) 영역 서식 ⇒ 차트 : 글꼴(굴림, 11pt), 채우기 효과(질감-파랑 박엽지)
    그림 : 채우기(흰색, 배경1)
(6) 제목 서식 ⇒ 차트 제목 : 글꼴(굴림, 굵게, 20pt), 채우기(흰색, 배경1), 테두리
(7) 서식 ⇒ 등록횟수 계열의 차트 종류를 〈표식이 있는 꺾은선형〉으로 변경한 후 보조 축으로 지정하시오.
    계열 : ≪출력형태≫를 참조하여 표식(마름모, 크기 10)과 레이블 값을 표시하시오.
    눈금선 : 선 스타일-파선
    축 : ≪출력형태≫를 참조하시오.
(8) 범례 ⇒ 범례명을 변경하고 ≪출력형태≫를 참조하시오.
(9) 도형 ⇒ '말풍선: 모서리가 둥근 사각형 설명선'을 삽입한 후 ≪출력형태≫와 같이 내용을 입력하시오.
(10) 나머지 사항은 ≪출력형태≫에 맞게 작성하시오.

≪출력형태≫

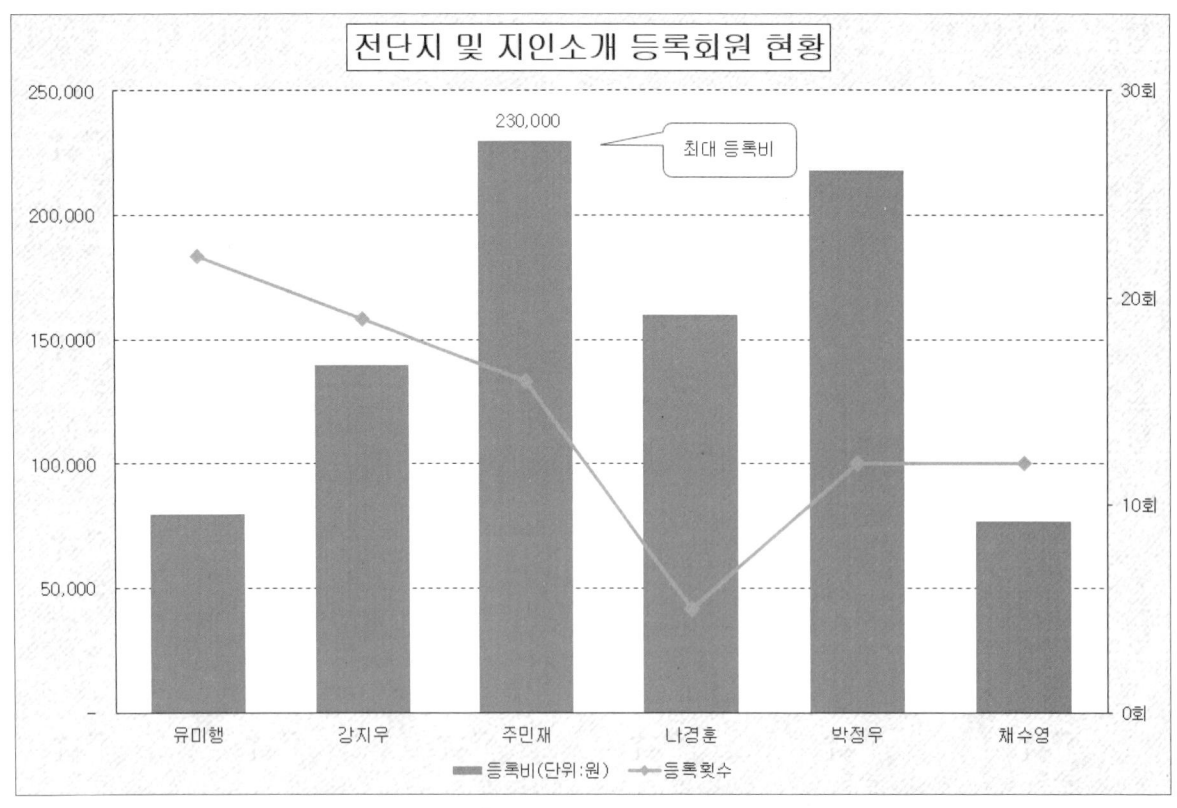

주의 ☞ 시트명 순서가 차례대로 "제1작업", "제2작업", "제3작업", "제4작업"이 되도록 할 것

제07회 최신기출유형 MS오피스

과 목	코드	문제유형	시험시간	수험번호	성 명
한글엑셀	1122	B	60분		

수험자 유의사항

- 수험자는 문제지를 받는 즉시 문제지와 **수험표상의 시험과목(프로그램)이 동일한지 반드시 확인**하여야 합니다.
- 파일명은 본인의 "**수험번호-성명**"으로 입력하여 답안폴더(내 PC/문서/ITQ)에 하나의 파일로 저장해야하며, 답안문서 파일명이 "수험번호-성명"과 일치하지 않거나, 답안파일을 전송하지 않아 미제출로 처리될 경우 실격 처리합니다(예:12345678-홍길동.xlsx).
- 답안 작성을 마치면 파일을 저장하고, '답안 전송' 버튼을 선택하여 감독위원 PC로 답안을 전송하십시오. 수험생 정보와 저장한 파일명이 다를 경우 전송되지 않으므로 주의하시기 바랍니다.
- 답안 작성 중에도 **주기적으로 저장하고, '답안 전송'**하여야 문제 발생을 줄일 수 있습니다. 작업한 내용을 저장하지 않고 전송할 경우 이전에 저장된 내용이 전송되오니 이점 유의하시기 바랍니다.
- 답안문서는 지정된 경로 외의 다른 보조기억장치에 저장하는 경우, 지정된 시험 시간 외에 작성된 파일을 활용할 경우, 기타 통신수단(이메일, 메신저, 네트워크 등)을 이용하여 타인에게 전달 또는 외부 반출하는 경우는 부정 처리합니다.
- 시험 중 부주의 또는 고의로 시스템을 파손한 경우는 수험자가 변상해야 하며, 〈수험자 유의사항〉에 기재된 방법대로 이행하지 않아 생기는 불이익은 수험생 당사자의 책임임을 알려 드립니다.
- 문제의 조건은 MS오피스 2021 버전으로 설정되어 있으니 유의하시기 바랍니다.
- 시험을 완료한 수험자는 답안파일이 전송되었는지 확인한 후 감독위원의 지시에 따라 문제지를 제출하고 퇴실합니다.

답안 작성요령

- 온라인 답안 작성 절차
  수험자 등록 ⇒ 시험 시작 ⇒ 답안파일 저장 ⇒ 답안 전송 ⇒ 시험 종료
- 문제는 총 4단계, 즉 제1작업부터 제4작업까지 구성되어 있으며 반드시 제1작업부터 순서대로 작성하고 조건대로 작업하시오.
- 모든 작업시트의 A열은 열 너비 '1'로, 나머지 열은 적당하게 조절하시오.
- 모든 작업시트의 테두리는 《출력형태》와 같이 작업하시오.
- 해당 작업란에서는 각각 제시된 조건에 따라 《출력형태》와 같이 작업하시오.
- 답안 시트 이름은 "제1작업", "제2작업", "제3작업", "제4작업"이어야 하며 답안 시트 이외의 것은 감점 처리됩니다.
- 각 시트를 파일로 나누어 작업해서 저장할 경우 실격 처리됩니다.

[제1작업] 표 서식 작성 및 값 계산(240점)

☞ 다음은 '한라오피스텔 임대관리 현황'에 대한 자료이다. 자료를 입력하고 조건에 맞도록 작업하시오.

≪출력형태≫

관리번호	동호수	크기	거래부동산	계약일	보증금(원)	월세(원)	순위	용도
SE01-2	B407	27	시그마	2025-09-10	10,000,000	750,000	(1)	(2)
WS01-1	A502	35	월드	2025-09-30	10,000,000	850,000	(1)	(2)
SS02-3	C730	55	시그마	2025-08-30	20,000,000	1,350,000	(1)	(2)
NE01-2	C415	20	나래	2025-09-20	5,000,000	730,000	(1)	(2)
SE03-1	A213	27	시그마	2025-10-01	5,000,000	800,000	(1)	(2)
WE02-3	B610	43	월드	2025-08-20	15,000,000	930,000	(1)	(2)
WS03-2	B308	35	월드	2025-10-10	5,000,000	900,000	(1)	(2)
NS02-2	C512	20	나래	2025-09-01	10,000,000	650,000	(1)	(2)
크기 35 이상 개수			(3)		최대 월세(원)			(5)
시그마 부동산 월세(원) 평균			(4)		동호수	B407	월세(원)	(6)

제목: 한라오피스텔 임대관리 현황
결재란: 담당 / 실장 / 대표

≪조건≫

○ 모든 데이터의 서식에는 글꼴(굴림, 11pt), 정렬은 숫자 및 회계 서식은 오른쪽 정렬, 나머지 서식은 가운데 정렬로 작성하며 예외적인 것은 ≪출력형태≫를 참조하시오.

○ 제 목 ⇒ 도형(사다리꼴)과 그림자(오프셋 오른쪽)를 이용하여 작성하고
"한라오피스텔 임대관리 현황"을 입력한 후 다음 서식을 적용하시오
(글꼴-굴림, 24pt, 검정, 굵게, 채우기-노랑).

○ 임의의 셀에 결재란을 작성하여 그림으로 복사 기능을 이용하여 붙이기 하시오(단, 원본 삭제).

○ 「B4:J4, G14, I14」 영역은 '주황'으로 채우기 하시오.

○ 유효성 검사를 이용하여 「H14」 셀에 동호수(「C5:C12」 영역)가 선택 표시되도록 하시오.

○ 셀 서식 ⇒ 「D5:D12」 영역에 셀 서식을 이용하여 숫자 뒤에 '평'을 표시하시오(예 : 27평).

○ 「D5:D12」 영역에 대해 '크기'로 이름정의를 하시오.

☞ (1)~(6) 셀은 반드시 **주어진 함수를 이용**하여 값을 구하시오(결과값을 직접 입력하면 해당 셀은 0점 처리됨).

(1) 순위 ⇒ 월세(원)의 내림차순 순위를 구하시오(RANK.EQ 함수).

(2) 용도 ⇒ 관리번호의 마지막 글자가 1이면 '주거', 2이면 '사무실', 3이면 '상가'로 구하시오
(CHOOSE, RIGHT 함수).

(3) 크기 35 이상 개수 ⇒ 정의된 이름(크기)을 이용하여 구한 결과값에 '개'를 붙이시오
(COUNTIF 함수, & 연산자)(예 : 3개).

(4) 시그마 부동산 월세(원) 평균 ⇒ 반올림하여 예와 같이 구하시오. 단, 조건은 입력데이터를 이용하시오(ROUND, DAVERAGE 함수)(예 : 855,975.6 → 856,000).

(5) 최대 월세(원) ⇒ (MAX 함수)

(6) 월세(원) ⇒ 「H14」 셀에서 선택한 동호수에 대한 월세(원)를 구하시오(VLOOKUP 함수).

(7) 조건부 서식의 수식을 이용하여 보증금(원)이 '15,000,000' 이상인 행 전체에 다음의 서식을 적용하시오(글꼴 : 파랑, 굵게).

[제2작업] 목표값 찾기 및 필터 (80점)

☞ **"제1작업"** 시트의 「B4:H12」 영역을 복사하여 **"제2작업"** 시트의 「B2」셀부터 모두 붙여넣기를 한 후 다음의 조건과 같이 작업하시오.

≪조건≫

(1) 목표값 찾기 – 「B11:G11」셀을 병합하고, 가운데 맞춤한 후 "월세(원) 전체 평균"을 입력하고, 「H11」셀에 월세(원)의 전체 평균을 구하시오(AVERAGE 함수, 테두리).
- '월세(원) 전체 평균'이 '880,000'이 되려면 B407의 월세(원)가 얼마가 되어야 하는지 목표값을 구하시오.

(2) 고급필터 – 거래부동산이 '나래'가 아니면서 계약일이 '2025-09-20' 이후(해당일 포함)인 자료의 동호수, 크기, 거래부동산, 월세(원) 데이터만 추출하시오.
- 조건 범위 : 「B14」셀부터 입력하시오.
- 복사 위치 : 「B18」셀부터 나타나도록 하시오.

[제3작업] 정렬 및 부분합 (80점)

☞ **"제1작업"** 시트의 「B4:H12」 영역을 복사하여 **"제3작업"** 시트의 「B2」셀부터 모두 붙여넣기를 한 후 다음의 조건과 같이 작업하시오.

≪조건≫

(1) 부분합 – ≪출력형태≫처럼 정렬하고, 동호수의 개수와 월세(원)의 평균을 구하시오.
(2) 개요 – 지우시오.
(3) 나머지 사항은 ≪출력형태≫에 맞게 작성하시오.

≪출력형태≫

관리번호	동호수	크기	거래부동산	계약일	보증금(원)	월세(원)
WS01-1	A502	35평	월드	2025-09-30	10,000,000	850,000
WE02-3	B610	43평	월드	2025-08-20	15,000,000	930,000
WS03-2	B308	35평	월드	2025-10-10	5,000,000	900,000
			월드 평균			893,333
	3		월드 개수			
SE01-2	B407	27평	시그마	2025-09-10	10,000,000	750,000
SS02-3	C730	55평	시그마	2025-08-30	20,000,000	1,350,000
SE03-1	A213	27평	시그마	2025-10-01	5,000,000	800,000
			시그마 평균			966,667
	3		시그마 개수			
NE01-2	C415	20평	나래	2025-09-20	5,000,000	730,000
NS02-2	C512	20평	나래	2025-09-01	10,000,000	650,000
			나래 평균			690,000
	2		나래 개수			
			전체 평균			870,000
	8		전체 개수			

[제4작업] 그래프(100점)

☞ **"제1작업"** 시트를 이용하여 조건에 따라 《출력형태》와 같이 작업하시오.

≪조건≫

(1) 차트 종류 ⇒ 〈묶은 세로 막대형〉으로 작업하시오.
(2) 데이터 범위 ⇒ "제1작업" 시트의 내용을 이용하여 작업하시오.
(3) 위치 ⇒ "새 시트"로 이동하고, "제4작업"으로 시트 이름을 바꾸시오.
(4) 차트 디자인 ⇒ 레이아웃 3, 스타일 1을 선택하여 ≪출력형태≫에 맞게 작업하시오.
(5) 영역 서식 ⇒ 차트 : 글꼴(굴림, 11pt), 채우기 효과(질감-파랑 박엽지)
　　　　　　　그림 : 채우기(흰색, 배경1)
(6) 제목 서식 ⇒ 차트 제목 : 글꼴(굴림, 굵게, 20pt), 채우기(흰색, 배경1), 테두리
(7) 서식 ⇒ 월세(원) 계열의 차트 종류를 〈표식이 있는 꺾은선형〉으로 변경한 후 보조 축으로 지정하시오.
　　　　계열 : ≪출력형태≫를 참조하여 표식(마름모, 크기 10)과 레이블 값을 표시하시오.
　　　　눈금선 : 선 스타일-파선
　　　　축 : ≪출력형태≫를 참조하시오.
(8) 범례 ⇒ 범례명을 변경하고 ≪출력형태≫를 참조하시오.
(9) 도형 ⇒ '말풍선: 모서리가 둥근 사각형 설명선'을 삽입한 후 ≪출력형태≫와 같이 내용을 입력하시오..
(10) 나머지 사항은 ≪출력형태≫에 맞게 작성하시오.

≪출력형태≫

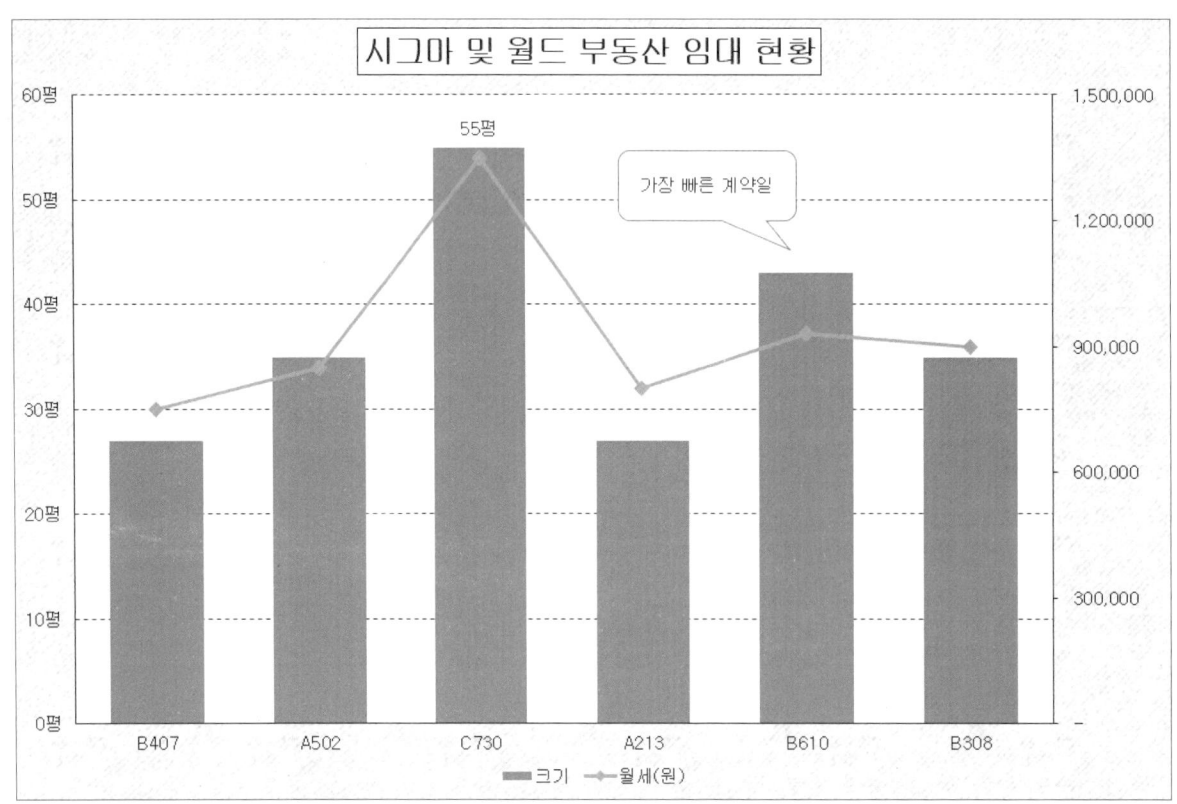

주의 ☞ 시트명 순서가 차례대로 "제1작업", "제2작업", "제3작업", "제4작업"이 되도록 할 것

제08회 최신기출유형   MS오피스

과 목	코드	문제유형	시험시간	수험번호	성 명
한글엑셀	1122	C	60분		

수험자 유의사항

- 수험자는 문제지를 받는 즉시 문제지와 **수험표상의 시험과목(프로그램)이 동일한지 반드시 확인**하여야 합니다.

- 파일명은 본인의 "수험번호-성명"으로 입력하여 답안폴더(내 PC/문서/ITQ)에 하나의 파일로 저장해야하며, 답안문서 파일명이 "수험번호-성명"과 일치하지 않거나, 답안파일을 전송하지 않아 미제출로 처리될 경우 실격 처리합니다(예:12345678-홍길동.xlsx).

- 답안 작성을 마치면 파일을 저장하고, '답안 전송' 버튼을 선택하여 감독위원 PC로 답안을 전송하십시오. 수험생 정보와 저장한 파일명이 다를 경우 전송되지 않으므로 주의하시기 바랍니다.

- 답안 작성 중에도 **주기적으로 저장하고, '답안 전송'**하여야 문제 발생을 줄일 수 있습니다. 작업한 내용을 저장하지 않고 전송할 경우 이전에 저장된 내용이 전송되오니 이점 유의하시기 바랍니다.

- 답안문서는 지정된 경로 외의 다른 보조기억장치에 저장하는 경우, 지정된 시험 시간 외에 작성된 파일을 활용할 경우, 기타 통신수단(이메일, 메신저, 네트워크 등)을 이용하여 타인에게 전달 또는 외부 반출하는 경우는 부정 처리합니다.

- 시험 중 부주의 또는 고의로 시스템을 파손한 경우는 수험자가 변상해야 하며, 〈수험자 유의사항〉에 기재된 방법대로 이행하지 않아 생기는 불이익은 수험생 당사자의 책임임을 알려 드립니다.

- 문제의 조건은 MS오피스 2021 버전으로 설정되어 있으니 유의하시기 바랍니다.

- 시험을 완료한 수험자는 답안파일이 전송되었는지 확인한 후 감독위원의 지시에 따라 문제지를 제출하고 퇴실합니다.

답안 작성요령

- 온라인 답안 작성 절차
  수험자 등록 ⇒ 시험 시작 ⇒ 답안파일 저장 ⇒ 답안 전송 ⇒ 시험 종료

- 문제는 총 4단계, 즉 제1작업부터 제4작업까지 구성되어 있으며 반드시 제1작업부터 순서대로 작성하고 조건대로 작업하시오.

- 모든 작업시트의 A열은 열 너비 '1'로, 나머지 열은 적당하게 조절하시오.

- 모든 작업시트의 테두리는 《출력형태》와 같이 작업하시오.

- 해당 작업란에서는 각각 제시된 조건에 따라 《출력형태》와 같이 작업하시오.

- 답안 시트 이름은 "제1작업", "제2작업", "제3작업", "제4작업"이어야 하며 답안 시트 이외의 것은 감점 처리됩니다.

- 각 시트를 파일로 나누어 작업해서 저장할 경우 실격 처리됩니다.

[제1작업] 표 서식 작성 및 값 계산(240점)

☞ 다음은 '전기자동차 연비 현황'에 대한 자료이다. 자료를 입력하고 조건에 맞도록 작업하시오.

≪출력형태≫

관리코드	모델명	제조국가	배터리 용량(kWh)	주행거리(km)	연비(km/kWh)	가격	가격 순위	비고
VW-1423	ID.7	독일	86.0	620	7.2	6,500	(1)	(2)
GD-5424	아이오닉 6	한국	77.4	614	7.9	5,300	(1)	(2)
DB-1223	iX1	독일	76.6	435	5.7	6,800	(1)	(2)
EF-6524	모델 X	미국	100.0	580	5.8	13,500	(1)	(2)
KA-2723	EV9	한국	99.8	541	5.4	7,800	(1)	(2)
LW-6524	볼트 EUV	미국	65.0	450	6.9	4,200	(1)	(2)
KJ-8623	Q8 e-트론	독일	114.0	480	4.2	12,000	(1)	(2)
GK-3824	EQE SUV	독일	90.0	560	6.2	8,900	(1)	(2)
독일 자동차 수			(3)		최대 배터리 용량(kWh)			(5)
미국 자동차 가격 평균			(4)		모델명	ID.7	가격	(6)

제목 위에 '확인 / 담당 / 팀장 / 부장' 결재란 있음.

≪조건≫

○ 모든 데이터의 서식에는 글꼴(굴림, 11pt), 정렬은 숫자 및 회계 서식은 오른쪽 정렬, 나머지 서식은 가운데 정렬로 작성하며 예외적인 것은 ≪출력형태≫를 참조하시오.

○ 제 목 ⇒ 도형(사다리꼴)과 그림자(오프셋 오른쪽)를 이용하여 작성하고 "전기자동차 연비 현황"을 입력한 후 다음 서식을 적용하시오
(글꼴-굴림, 24pt, 검정, 굵게, 채우기-노랑).

○ 임의의 셀에 결재란을 작성하여 그림으로 복사 기능을 이용하여 붙이기 하시오(단, 원본 삭제).

○ 「B4:J4, G14, I14」 영역은 '주황'으로 채우기 하시오.

○ 유효성 검사를 이용하여 「H14」 셀에 모델명(「C5:C12」 영역)이 선택 표시되도록 하시오.

○ 셀 서식 ⇒ 「H5:H12」 영역에 셀 서식을 이용하여 숫자 뒤에 '만원'을 표시하시오(예 : 6,500만원).

○ 「E5:E12」 영역에 대해 '배터리용량'으로 이름정의를 하시오.

☞ (1)~(6) 셀은 반드시 **주어진 함수를 이용**하여 값을 구하시오(결과값을 직접 입력하면 해당 셀은 0점 처리됨).

(1) 가격 순위 ⇒ 가격의 내림차순 순위를 구한 후 결과값에 '위'를 붙이시오.
(RANK.EQ 함수, & 연산자)(예 : 1위)

(2) 비고 ⇒ 관리코드의 마지막 두 글자가 24이면 '2024년형', 그 외에는 공백으로 표시하시오
(IF, RIGHT 함수).

(3) 독일 자동차 수 ⇒ 조건은 입력데이터를 이용하시오(DCOUNTA 함수).

(4) 미국 자동차 가격 평균 ⇒ (SUMIF, COUNTIF 함수)

(5) 최대 배터리 용량(kWh) ⇒ 정의된 이름(배터리용량)을 이용하여 구하시오(MAX 함수).

(6) 가격 ⇒ 「H14」 셀에서 선택한 모델명에 대한 가격을 구하시오(VLOOKUP 함수).

(7) 조건부 서식의 수식을 이용하여 연비가 '6.0' 이상인 행 전체에 다음의 서식을 적용하시오
(글꼴 : 파랑, 굵게).

[제2작업] 필터 및 서식(80점)

☞ "제1작업" 시트의 「B4:H12」 영역을 복사하여 "제2작업" 시트의 「B2」 셀부터 모두 붙여넣기를 한 후 다음의 조건과 같이 작업하시오.

≪조건≫

(1) 고급 필터 – 제조국가가 '한국'이거나, 가격이 '10,000' 이상인 자료의 모델명, 배터리 용량(kWh), 주행거리(km), 연비(km/kWh) 데이터만 추출하시오.
  - 조건 범위 : 「B14」 셀부터 입력하시오.
  - 복사 위치 : 「B18」 셀부터 나타나도록 하시오.

(2) 표 서식 – 고급필터의 결과셀을 채우기 없음으로 설정한 후 '표 스타일 보통 6'의 서식을 적용하시오.
  - 머리글 행, 줄무늬 행을 적용하시오.

[제3작업] 피벗테이블(80점)

☞ "제1작업" 시트를 이용하여 "제3작업" 시트에 조건에 따라 ≪출력형태≫와 같이 작업하시오.

≪조건≫

(1) 주행거리(km) 및 제조국가의 모델명의 개수와 가격의 평균을 구하시오.
(2) 주행거리(km)를 그룹화하고, 제조국가를 ≪출력형태≫와 같이 정렬하시오.
(3) 레이블이 있는 셀 병합 및 가운데 맞춤 적용 및 빈 셀은 '**'로 표시하시오.
(4) 행의 총합계는 지우고, 나머지 사항은 ≪출력형태≫에 맞게 작성하시오.

≪출력형태≫

주행거리(km)	제조국가 한국		미국		독일	
	개수 : 모델명	평균 : 가격	개수 : 모델명	평균 : 가격	개수 : 모델명	평균 : 가격
401-500	**	**	1	4,200	2	9,400
501-600	1	7,800	1	13,500	1	8,900
601-700	1	5,300	**	**	1	6,500
총합계	2	6,550	2	8,850	4	8,550

[제4작업] 그래프(100점)

☞ "**제1작업**" 시트를 이용하여 조건에 따라 《출력형태》와 같이 작업하시오.

≪조건≫

(1) 차트 종류 ⇒ 〈묶은 세로 막대형〉으로 작업하시오.
(2) 데이터 범위 ⇒ "제1작업" 시트의 내용을 이용하여 작업하시오.
(3) 위치 ⇒ "새 시트"로 이동하고, "제4작업"으로 시트 이름을 바꾸시오.
(4) 차트 디자인 도구 ⇒ 레이아웃 3, 스타일 1을 선택하여 ≪출력형태≫에 맞게 작업하시오.
(5) 영역 서식 ⇒ 차트 : 글꼴(굴림, 11pt), 채우기 효과(질감-파랑 박엽지)
　　　　　　　　그림 : 채우기(흰색, 배경1)
(6) 제목 서식 ⇒ 차트 제목 : 글꼴(굴림, 굵게, 20pt), 채우기(흰색, 배경1), 테두리
(7) 서식 ⇒ 연비(km/kWh) 계열의 차트 종류를 〈표식이 있는 꺾은선형〉으로 변경한 후 보조 축으로 지정하시오.
　　계열 : ≪출력형태≫를 참조하여 표식(세모, 크기 10)과 레이블 값을 표시하시오.
　　눈금선 : 선 스타일-파선
　　축 : ≪출력형태≫를 참조하시오.
(8) 범례 ⇒ 범례명을 변경하고 ≪출력형태≫를 참조하시오.
(9) 도형 ⇒ '말풍선: 모서리가 둥근 사각형 설명선'을 삽입한 후 ≪출력형태≫와 같이 내용을 입력하시오.
(10) 나머지 사항은 ≪출력형태≫에 맞게 작성하시오.

≪출력형태≫

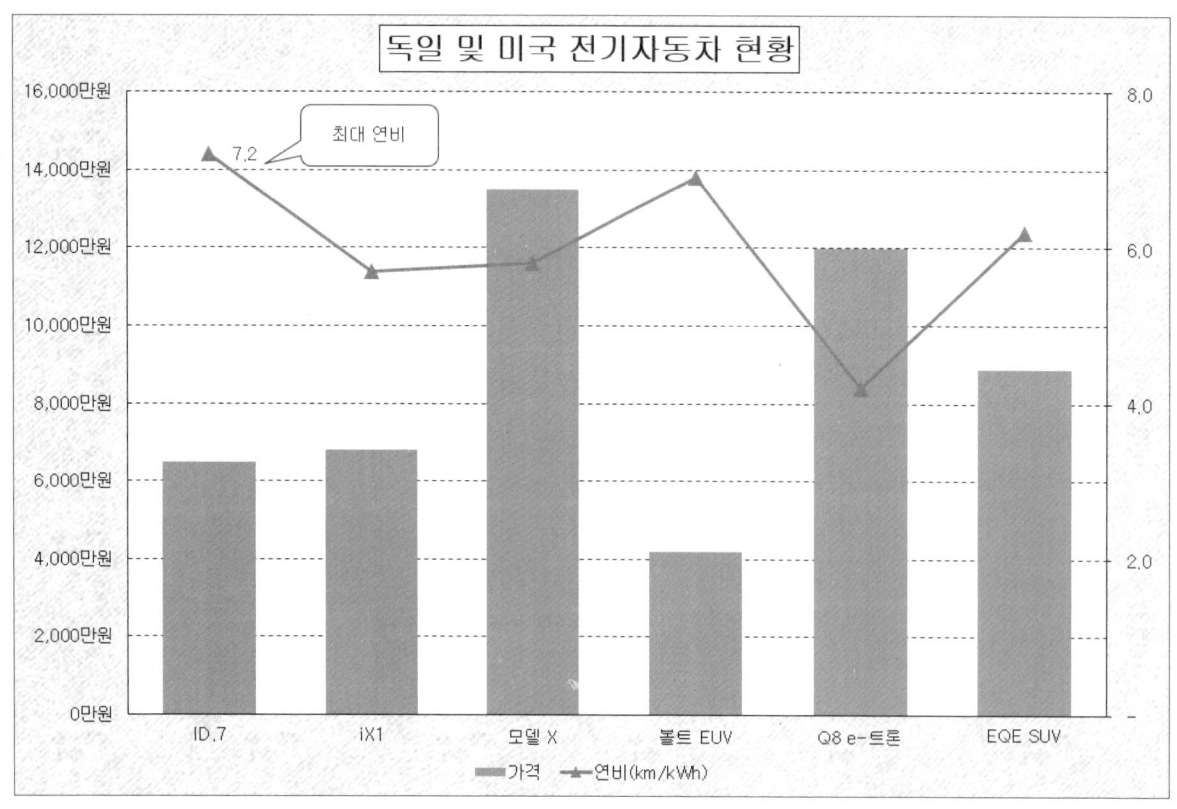

주의 ☞ 시트명 순서가 차례대로 "제1작업", "제2작업", "제3작업", "제4작업"이 되도록 할 것

제09회 최신기출유형 　MS오피스

과 목	코드	문제유형	시험시간	수험번호	성 명
한글엑셀	1122	D	60분		

수험자 유의사항

- 수험자는 문제지를 받는 즉시 문제지와 **수험표상의 시험과목(프로그램)이 동일한지 반드시 확인**하여야 합니다.
- 파일명은 본인의 "수험번호-성명"으로 입력하여 답안폴더(내 PC/문서/ITQ)에 하나의 파일로 저장해야하며, 답안문서 파일명이 "수험번호-성명"과 일치하지 않거나, 답안파일을 전송하지 않아 미제출로 처리될 경우 실격 처리합니다(예:12345678-홍길동.xlsx).
- 답안 작성을 마치면 파일을 저장하고, '답안 전송' 버튼을 선택하여 감독위원 PC로 답안을 전송하십시오. 수험생 정보와 저장한 파일명이 다를 경우 전송되지 않으므로 주의하시기 바랍니다.
- 답안 작성 중에도 **주기적으로 저장하고, '답안 전송'**하여야 문제 발생을 줄일 수 있습니다. 작업한 내용을 저장하지 않고 전송할 경우 이전에 저장된 내용이 전송되오니 이점 유의하시기 바랍니다.
- 답안문서는 지정된 경로 외의 다른 보조기억장치에 저장하는 경우, 지정된 시험 시간 외에 작성된 파일을 활용할 경우, 기타 통신수단(이메일, 메신저, 네트워크 등)을 이용하여 타인에게 전달 또는 외부 반출하는 경우는 부정 처리합니다.
- 시험 중 부주의 또는 고의로 시스템을 파손한 경우는 수험자가 변상해야 하며, 〈수험자 유의사항〉에 기재된 방법대로 이행하지 않아 생기는 불이익은 수험생 당사자의 책임임을 알려 드립니다.
- 문제의 조건은 MS오피스 2021 버전으로 설정되어 있으니 유의하시기 바랍니다.
- 시험을 완료한 수험자는 답안파일이 전송되었는지 확인한 후 감독위원의 지시에 따라 문제지를 제출하고 퇴실합니다.

답안 작성요령

- 온라인 답안 작성 절차
  수험자 등록 ⇒ 시험 시작 ⇒ 답안파일 저장 ⇒ 답안 전송 ⇒ 시험 종료
- 문제는 총 4단계, 즉 제1작업부터 제4작업까지 구성되어 있으며 반드시 제1작업부터 순서대로 작성하고 조건대로 작업하시오.
- 모든 작업시트의 A열은 열 너비 '1'로, 나머지 열은 적당하게 조절하시오.
- 모든 작업시트의 테두리는 《출력형태》와 같이 작업하시오.
- 해당 작업란에서는 각각 제시된 조건에 따라 《출력형태》와 같이 작업하시오.
- 답안 시트 이름은 "제1작업", "제2작업", "제3작업", "제4작업"이어야 하며 답안 시트 이외의 것은 감점 처리됩니다.
- 각 시트를 파일로 나누어 작업해서 저장할 경우 실격 처리됩니다.

[제1작업] 표 서식 작성 및 값 계산(240점)

☞ 다음은 '파견업무 관리 현황'에 대한 자료이다. 자료를 입력하고 조건에 맞도록 작업하시오.

≪출력형태≫

관리번호	사원명	업무	급여(시간당)	근무시간(일)	총급여	계약일	계약만료일	순위
S03-2	이하늘	텔레마케팅	12,800	5	1,280,000	2024-02-27	(1)	(2)
G02-3	주지후	조리	11,500	6	1,518,000	2023-11-22	(1)	(2)
K01-2	김재훈	텔레마케팅	10,500	6	924,000	2024-07-25	(1)	(2)
A01-3	강민경	IT컨설팅	15,200	6	1,824,000	2022-12-20	(1)	(2)
G01-2	정승준	조리	10,250	4	1,025,000	2024-05-20	(1)	(2)
D03-2	여정은	IT컨설팅	10,400	4	915,200	2023-11-20	(1)	(2)
T02-3	양시현	텔레마케팅	10,900	7	1,678,600	2022-09-15	(1)	(2)
A02-2	전지현	IT컨설팅	18,000	5	1,980,000	2024-03-01	(1)	(2)
텔레마케팅 급여(시간당) 평균			(3)		최대 급여(시간당)			(5)
조리 업무 평균 근무시간(일)			(4)		사원명	이하늘	근무시간(일)	(6)

결재: 담당 / 대리 / 팀장

≪조건≫

○ 모든 데이터의 서식에는 글꼴(굴림, 11pt), 정렬은 숫자 및 회계 서식은 오른쪽 정렬, 나머지 서식은 가운데 정렬로 작성하며 예외적인 것은 ≪출력형태≫를 참조하시오.
○ 제 목 ⇒ 도형(사다리꼴)과 그림자(오프셋 오른쪽)를 이용하여 작성하고
"파견업무 관리 현황"을 입력한 후 다음 서식을 적용하시오
(글꼴-굴림, 24pt, 검정, 굵게, 채우기-노랑).
○ 임의의 셀에 결재란을 작성하여 그림으로 복사 기능을 이용하여 붙이기 하시오(단, 원본 삭제).
○ 「B4:J4, G14, I14」 영역은 '주황'으로 채우기 하시오.
○ 유효성 검사를 이용하여 「H14」 셀에 사원명(「C5:C12」 영역)이 선택 표시되도록 하시오.
○ 셀 서식 ⇒ 「F5:F12」 영역에 셀 서식을 이용하여 숫자 뒤에 'H'를 표시하시오(예 : 5H).
○ 「D5:D12」 영역에 대해 '업무'로 이름정의를 하시오.

☞ (1)~(6) 셀은 반드시 **주어진 함수를 이용**하여 값을 구하시오(결과값을 직접 입력하면 해당 셀은 0점 처리됨).

(1) 계약만료일 ⇒ 「계약일+관리번호의 마지막 글자×365」로 구하시오
(RIGHT 함수)(예 : 2024-02-27).
(2) 순위 ⇒ 총급여의 내림차순 순위를 1~3까지 구한 값에 '위'를 붙이고, 그 외에는 공백으로 표시하시오
(IF, RANK.EQ 함수, & 연산자)(예 : 1위).
(3) 텔레마케팅 급여(시간당) 평균 ⇒ 조건은 입력데이터를 이용하시오(DAVERAGE 함수).
(4) 조리 업무 평균 근무시간(일) ⇒ 정의된 이름(업무)을 이용하여 구하시오
(SUMIF, COUNTIF 함수).
(5) 최대 급여(시간당) ⇒ (MAX 함수)
(6) 근무시간(일) ⇒ 「H14」 셀에서 선택한 사원명에 대한 근무시간(일)을 구하시오(VLOOKUP 함수).
(7) 조건부 서식의 수식을 이용하여 총급여가 '1,000,000' 이하인 행 전체에 다음의 서식을 적용하시오
(글꼴 : 파랑, 굵게).

[제2작업] 목표값 찾기 및 필터(80점)

☞ **"제1작업"** 시트의 「B4:H12」 영역을 복사하여 **"제2작업"** 시트의 「B2」 셀부터 모두 붙여넣기를 한 후 다음의 조건과 같이 작업하시오.

≪조건≫

(1) 목표값 찾기 – 「B11:G11」 셀을 병합하고, 가운데 맞춤한 후 "총급여 전체 평균"을 입력하고, 「H11」 셀에 총급여의 전체 평균을 구하시오(AVERAGE 함수, 테두리).
- '총급여 전체 평균'이 '1,400,000'이 되려면 이하늘의 총급여가 얼마가 되어야 하는지 목표값을 구하시오.

(2) 고급필터 – 업무가 '조리'가 아니면서 계약일이 '2023-12-31' 이전(해당일 포함)인 자료의 사원명, 업무, 총급여, 계약일 데이터만 추출하시오.
- 조건 범위 : 「B14」 셀부터 입력하시오.
- 복사 위치 : 「B18」 셀부터 나타나도록 하시오.

[제3작업] 정렬 및 부분합(80점)

☞ **"제1작업"** 시트의 「B4:H12」 영역을 복사하여 **"제3작업"** 시트의 「B2」 셀부터 모두 붙여넣기를 한 후 다음의 조건과 같이 작업하시오.

≪조건≫

(1) 부분합 – ≪출력형태≫처럼 정렬하고, 사원명의 개수와 총급여의 평균을 구하시오.
(2) 개요 – 지우시오.
(3) 나머지 사항은 ≪출력형태≫에 맞게 작성하시오.

≪출력형태≫

	A	B	C	D	E	F	G	H
1								
2		관리번호	사원명	업무	급여 (시간당)	근무시간 (일)	총급여	계약일
3		S03-2	이하늘	텔레마케팅	12,800	5H	1,280,000	2024-02-27
4		K01-2	김재훈	텔레마케팅	10,500	6H	924,000	2024-07-25
5		T02-3	양시현	텔레마케팅	10,900	7H	1,678,600	2022-09-15
6				텔레마케팅 평균			1,294,200	
7			3	텔레마케팅 개수				
8		G02-3	주지후	조리	11,500	6H	1,518,000	2023-11-22
9		G01-2	정승준	조리	10,250	4H	1,025,000	2024-05-20
10				조리 평균			1,271,500	
11			2	조리 개수				
12		A01-3	강민경	IT컨설팅	15,200	6H	1,824,000	2022-12-20
13		D03-2	여정은	IT컨설팅	10,400	4H	915,200	2023-11-20
14		A02-2	전지현	IT컨설팅	18,000	5H	1,980,000	2024-03-01
15				IT컨설팅 평균			1,573,067	
16			3	IT컨설팅 개수				
17				전체 평균			1,393,100	
18			8	전체 개수				
19								

[제4작업] 그래프(100점)

☞ "제1작업" 시트를 이용하여 조건에 따라 《출력형태》와 같이 작업하시오.

≪조건≫

(1) 차트 종류 ⇒ 〈묶은 세로 막대형〉으로 작업하시오.
(2) 데이터 범위 ⇒ "제1작업" 시트의 내용을 이용하여 작업하시오.
(3) 위치 ⇒ "새 시트"로 이동하고, "제4작업"으로 시트 이름을 바꾸시오.
(4) 차트 디자인 ⇒ 레이아웃 3, 스타일 1을 선택하여 ≪출력형태≫에 맞게 작업하시오.
(5) 영역 서식 ⇒ 차트 : 글꼴(굴림, 11pt), 채우기 효과(질감-파랑 박엽지)
　　　　　　　　그림 : 채우기(흰색, 배경1)
(6) 제목 서식 ⇒ 차트 제목 : 글꼴(굴림, 굵게, 20pt), 채우기(흰색, 배경1), 테두리
(7) 서식 ⇒ 총급여 계열의 차트 종류를 〈표식이 있는 꺾은선형〉으로 변경한 후 보조 축으로 지정하시오.
　　　　계열 : ≪출력형태≫를 참조하여 표식(마름모, 크기 10)과 레이블 값을 표시하시오.
　　　　눈금선 : 선 스타일-파선
　　　　축 : ≪출력형태≫를 참조하시오.
(8) 범례 ⇒ 범례명을 변경하고 ≪출력형태≫를 참조하시오.
(9) 도형 ⇒ '말풍선: 모서리가 둥근 사각형 설명선'을 삽입한 후 ≪출력형태≫와 같이 내용을 입력하시오.
(10) 나머지 사항은 ≪출력형태≫에 맞게 작성하시오.

≪출력형태≫

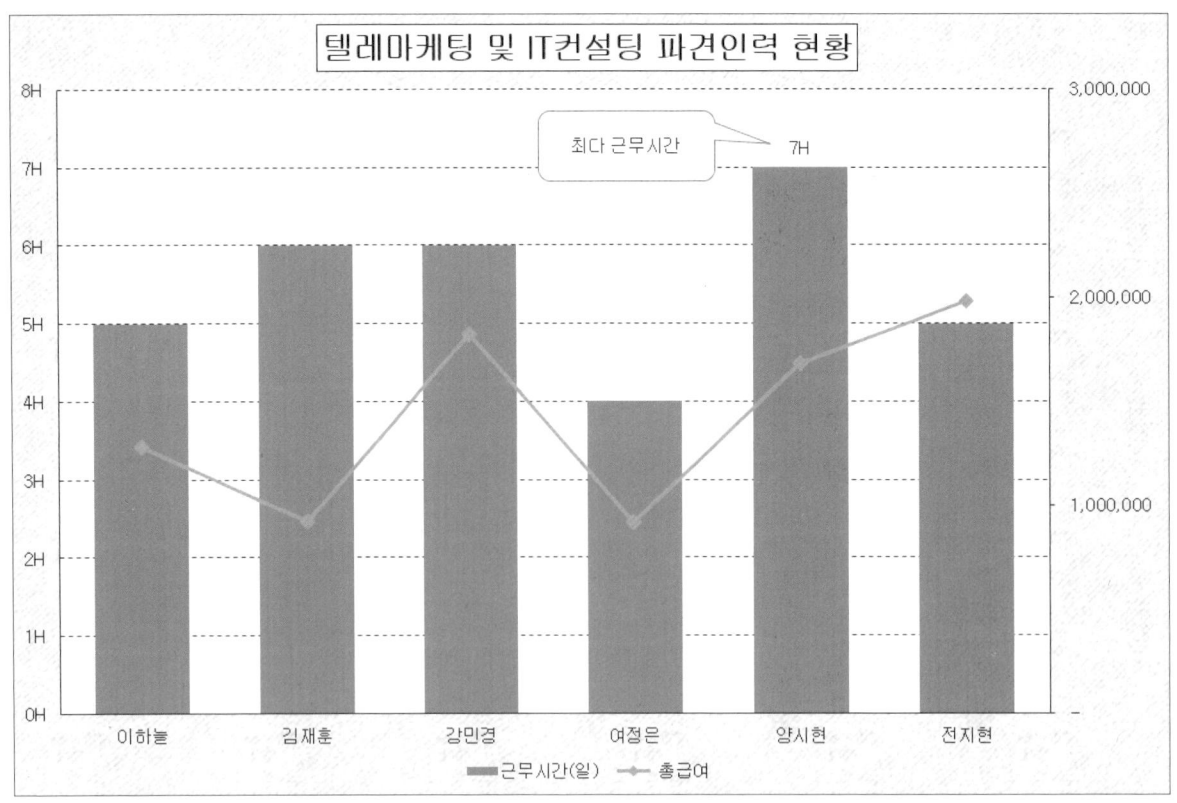

주의 ☞ 시트명 순서가 차례대로 "제1작업", "제2작업", "제3작업", "제4작업"이 되도록 할 것

제10회 최신기출유형 MS오피스

과 목	코드	문제유형	시험시간	수험번호	성 명
한글엑셀	1122	E	60분		

수험자 유의사항

- 수험자는 문제지를 받는 즉시 문제지와 **수험표상의 시험과목(프로그램)이 동일한지 반드시 확인**하여야 합니다.
- 파일명은 본인의 "수험번호-성명"으로 입력하여 답안폴더(내 PC/문서/ITQ)에 하나의 파일로 저장해야하며, 답안문서 파일명이 "수험번호-성명"과 일치하지 않거나, 답안파일을 전송하지 않아 미제출로 처리될 경우 실격 처리합니다(예:12345678-홍길동.xlsx).
- 답안 작성을 마치면 파일을 저장하고, '답안 전송' 버튼을 선택하여 감독위원 PC로 답안을 전송하십시오. 수험생 정보와 저장한 파일명이 다를 경우 전송되지 않으므로 주의하시기 바랍니다.
- 답안 작성 중에도 **주기적으로 저장하고, '답안 전송'**하여야 문제 발생을 줄일 수 있습니다. 작업한 내용을 저장하지 않고 전송할 경우 이전에 저장된 내용이 전송되오니 이점 유의하시기 바랍니다.
- 답안문서는 지정된 경로 외의 다른 보조기억장치에 저장하는 경우, 지정된 시험 시간 외에 작성된 파일을 활용할 경우, 기타 통신수단(이메일, 메신저, 네트워크 등)을 이용하여 타인에게 전달 또는 외부 반출하는 경우는 부정 처리합니다.
- 시험 중 부주의 또는 고의로 시스템을 파손한 경우는 수험자가 변상해야 하며, 〈수험자 유의사항〉에 기재된 방법대로 이행하지 않아 생기는 불이익은 수험생 당사자의 책임임을 알려 드립니다.
- 문제의 조건은 MS오피스 2021 버전으로 설정되어 있으니 유의하시기 바랍니다.
- 시험을 완료한 수험자는 답안파일이 전송되었는지 확인한 후 감독위원의 지시에 따라 문제지를 제출하고 퇴실합니다.

답안 작성요령

- 온라인 답안 작성 절차
  수험자 등록 ⇒ 시험 시작 ⇒ 답안파일 저장 ⇒ 답안 전송 ⇒ 시험 종료
- 문제는 총 4단계, 즉 제1작업부터 제4작업까지 구성되어 있으며 반드시 제1작업부터 순서대로 작성하고 조건대로 작업하시오.
- 모든 작업시트의 A열은 열 너비 '1'로, 나머지 열은 적당하게 조절하시오.
- 모든 작업시트의 테두리는 《출력형태》와 같이 작업하시오.
- 해당 작업란에서는 각각 제시된 조건에 따라 《출력형태》와 같이 작업하시오.
- 답안 시트 이름은 "제1작업", "제2작업", "제3작업", "제4작업"이어야 하며 답안 시트 이외의 것은 감점 처리됩니다.
- 각 시트를 파일로 나누어 작업해서 저장할 경우 실격 처리됩니다.

[제1작업] 표 서식 작성 및 값 계산(240점)

☞ 다음은 '야생화 씨앗 판매 현황'에 대한 자료이다. 자료를 입력하고 조건에 맞도록 작업하시오.

≪출력형태≫

관리코드	꽃 명	꽃 색	개화기 (시작월)	주문수량(개)	씨앗/구근 가격	높이(cm)	계절	파종적기
NA23-23	꽃무릇	빨강	9	58	65,900	50	(1)	(2)
NR14-21	별꽃	흰색	3	47	50,000	10	(1)	(2)
BE23-14	수선화	흰색	12	16	20,000	30	(1)	(2)
LN31-41	상사화	빨강	4	27	25,000	50	(1)	(2)
RE52-31	산딸기꽃	흰색	5	33	43,000	90	(1)	(2)
NA31-11	양지꽃	노랑	4	24	35,000	20	(1)	(2)
SE12-22	금계국	노랑	6	85	15,000	50	(1)	(2)
MA13-22	제비꽃	빨강	6	65	40,000	10	(1)	(2)
최저 높이(cm)			(3)		빨강 꽃들의 평균 높이(cm)			(5)
흰색 꽃의 주문수량(개) 합계			(4)		관리코드	NA23-23	주문수량(개)	(6)

제목 옆에는 "확인"란(사원/대리/과장)이 있음.

≪조건≫

○ 모든 데이터의 서식에는 글꼴(굴림, 11pt), 정렬은 숫자 및 회계 서식은 오른쪽 정렬, 나머지 서식은 가운데 정렬로 작성하며 예외적인 것은 ≪출력형태≫를 참조하시오.

○ 제 목 ⇒ 도형(사다리꼴)과 그림자(오프셋 오른쪽)를 이용하여 작성하고 "야생화 씨앗 판매 현황"을 입력한 후 다음 서식을 적용하시오
(글꼴-굴림, 24pt, 검정, 굵게, 채우기-노랑).

○ 임의의 셀에 결재란을 작성하여 그림으로 복사 기능을 이용하여 붙이기 하시오(단, 원본 삭제).

○ 「B4:J4, G14, I14」 영역은 '주황'으로 채우기 하시오.

○ 유효성 검사를 이용하여 「H14」 셀에 관리코드(「B5:B12」 영역)가 선택 표시되도록 하시오.

○ 셀 서식 ⇒ 「G5:G12」 영역에 셀 서식을 이용하여 숫자 뒤에 '원'을 표시하시오(예 : 65,900원).

○ 「H5:H12」 영역에 대해 '높이'로 이름정의를 하시오.

☞ (1)~(6) 셀은 반드시 **주어진 함수를 이용**하여 값을 구하시오(결과값을 직접 입력하면 해당 셀은 0점 처리됨).

(1) 계절 ⇒ 관리코드의 마지막 글자가 1이면 '봄', 2이면 '여름', 3이면 '가을', 4이면 '겨울'을 표시하시오
(CHOOSE, RIGHT 함수).

(2) 파종적기 ⇒ 개화기(시작월) 값이 4 이하이면 「12+개화기(시작월)-4」로 계산하고, 그 외에는 「개화기(시작월)-4」로 구한 결과값 뒤에 '월'을 붙이시오
(IF 함수, & 연산자)(예 : 1월).

(3) 최저 높이(cm) ⇒ 정의된 이름(높이)을 이용하여 구하시오(MIN 함수).

(4) 흰색 꽃의 주문수량(개) 합계 ⇒ (SUMIF 함수)

(5) 빨강 꽃들의 평균 높이(cm) ⇒ 반올림하여 정수로 구하시오. 단, 조건은 입력데이터를 이용하시오
(ROUND, DAVERAGE 함수)(예 : 34.6 → 35).

(6) 주문수량(개) ⇒ 「H14」 셀에서 선택한 관리코드에 대한 주문수량(개)을 구하시오(VLOOKUP 함수).

(7) 조건부 서식의 수식을 이용하여 주문수량(개)이 '50' 이상인 행 전체에 다음의 서식을 적용하시오
(글꼴 : 파랑, 굵게).

[제2작업] 필터 및 서식(80점)

☞ **"제1작업"** 시트의 「B4:H12」 영역을 복사하여 **"제2작업"** 시트의 「B2」 셀부터 모두 붙여넣기를 한 후 다음의 조건과 같이 작업하시오.

≪조건≫

(1) 고급 필터 – 꽃 색이 '노랑'이거나, 씨앗/구근 가격이 '50,000' 이상인 자료의 꽃 명, 꽃 색, 주문 수량(개), 씨앗/구근 가격 데이터만 추출하시오.
  – 조건 범위 : 「B14」 셀부터 입력하시오.
  – 복사 위치 : 「B18」 셀부터 나타나도록 하시오.

(2) 표 서식 – 고급필터의 결과셀을 채우기 없음으로 설정한 후 '표 스타일 보통 6'의 서식을 적용하시오.
  – 머리글 행, 줄무늬 행을 적용하시오.

[제3작업] 피벗테이블(80점)

☞ **"제1작업"** 시트를 이용하여 **"제3작업"** 시트에 조건에 따라 ≪출력형태≫와 같이 작업하시오.

≪조건≫

(1) 씨앗/구근 가격 및 꽃 색별 꽃 명의 개수와 주문수량(개)의 평균을 구하시오.
(2) 씨앗/구근 가격을 그룹화하고, 꽃 색을 ≪출력형태≫와 같이 정렬하시오.
(3) 레이블이 있는 셀 병합 및 가운데 맞춤 적용 및 빈 셀은 '**'로 표시하시오.
(4) 행의 총합계는 지우고, 나머지 사항은 ≪출력형태≫에 맞게 작성하시오.

≪출력형태≫

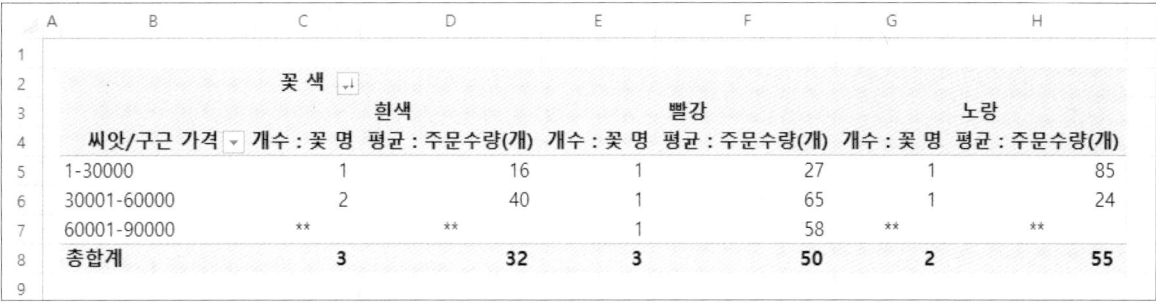

[제4작업] 그래프(100점)

☞ "**제1작업**" 시트를 이용하여 조건에 따라 《출력형태》와 같이 작업하시오.

≪조건≫

(1) 차트 종류 ⇒ 〈묶은 세로 막대형〉으로 작업하시오.
(2) 데이터 범위 ⇒ "제1작업" 시트의 내용을 이용하여 작업하시오.
(3) 위치 ⇒ "새 시트"로 이동하고, "제4작업"으로 시트 이름을 바꾸시오.
(4) 차트 디자인 도구 ⇒ 레이아웃 3, 스타일 1을 선택하여 ≪출력형태≫에 맞게 작업하시오.
(5) 영역 서식 ⇒ 차트 : 글꼴(굴림, 11pt), 채우기 효과(질감-파랑 박엽지)
       그림 : 채우기(흰색, 배경1)
(6) 제목 서식 ⇒ 차트 제목 : 글꼴(굴림, 굵게, 20pt), 채우기(흰색, 배경1), 테두리
(7) 서식 ⇒ 주문수량(개) 계열의 차트 종류를 〈표식이 있는 꺾은선형〉으로 변경한 후 보조 축으로 지정하시오.
    계열 : ≪출력형태≫를 참조하여 표식(세모, 크기 10)과 레이블 값을 표시하시오.
    눈금선 : 선 스타일-파선
    축 : ≪출력형태≫를 참조하시오.
(8) 범례 ⇒ 범례명을 변경하고 ≪출력형태≫를 참조하시오.
(9) 도형 ⇒ '말풍선: 모서리가 둥근 사각형 설명선'을 삽입한 후 ≪출력형태≫와 같이 내용을 입력하시오.
(10) 나머지 사항은 ≪출력형태≫에 맞게 작성하시오.

≪출력형태≫

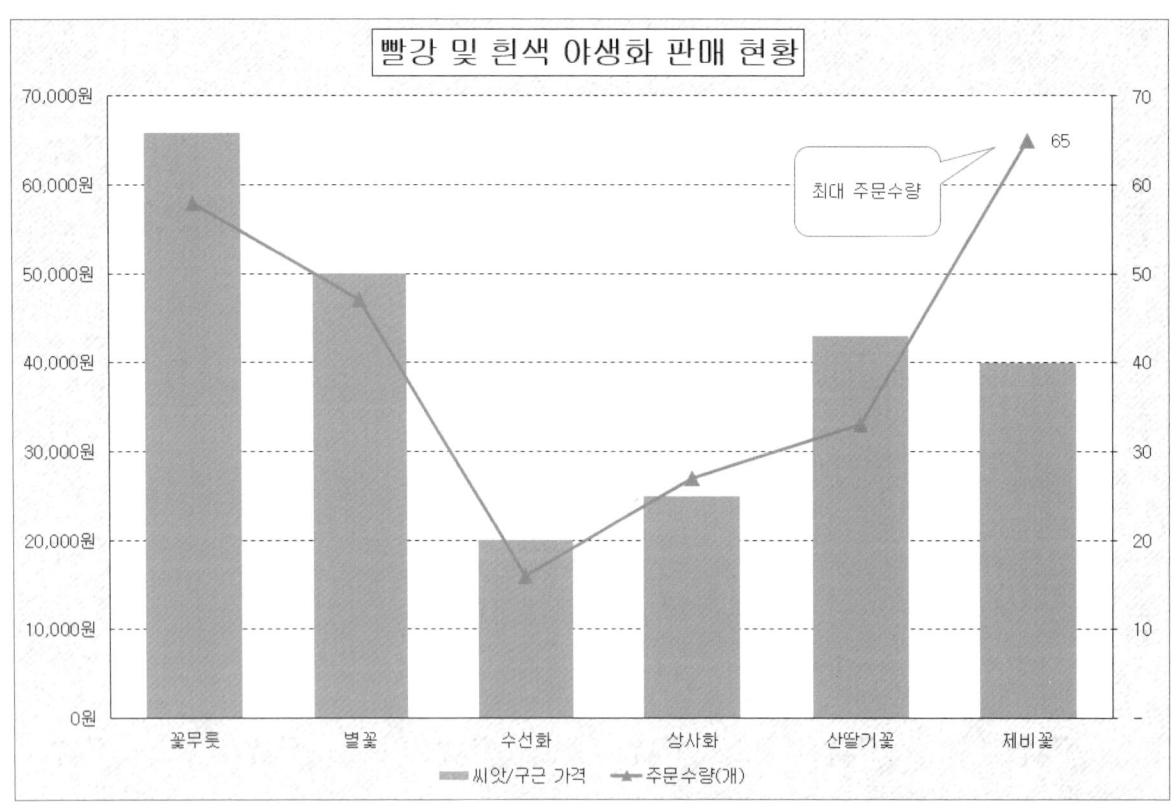

주의 ☞ 시트명 순서가 차례대로 "제1작업", "제2작업", "제3작업", "제4작업"이 되도록 할 것

제11회 최신기출유형 　MS오피스

과 목	코드	문제유형	시험시간	수험번호	성 명
한글엑셀	1122	A	60분		

수험자 유의사항

- 수험자는 문제지를 받는 즉시 문제지와 **수험표상의 시험과목(프로그램)이 동일한지 반드시 확인**하여야 합니다.
- 파일명은 본인의 "수험번호-성명"으로 입력하여 답안폴더(내 PC/문서/ITQ)에 하나의 파일로 저장해야하며, 답안문서 파일명이 "수험번호-성명"과 일치하지 않거나, 답안파일을 전송하지 않아 미제출로 처리될 경우 실격 처리합니다(예:12345678-홍길동.xlsx).
- 답안 작성을 마치면 파일을 저장하고, '답안 전송' 버튼을 선택하여 감독위원 PC로 답안을 전송하십시오. 수험생 정보와 저장한 파일명이 다를 경우 전송되지 않으므로 주의하시기 바랍니다.
- 답안 작성 중에도 **주기적으로 저장하고, '답안 전송'**하여야 문제 발생을 줄일 수 있습니다. 작업한 내용을 저장하지 않고 전송할 경우 이전에 저장된 내용이 전송되오니 이점 유의하시기 바랍니다.
- 답안문서는 지정된 경로 외의 다른 보조기억장치에 저장하는 경우, 지정된 시험 시간 외에 작성된 파일을 활용할 경우, 기타 통신수단(이메일, 메신저, 네트워크 등)을 이용하여 타인에게 전달 또는 외부 반출하는 경우는 부정 처리합니다.
- 시험 중 부주의 또는 고의로 시스템을 파손한 경우는 수험자가 변상해야 하며, 〈수험자 유의사항〉에 기재된 방법대로 이행하지 않아 생기는 불이익은 수험생 당사자의 책임임을 알려 드립니다.
- 문제의 조건은 MS오피스 2021 버전으로 설정되어 있으니 유의하시기 바랍니다.
- 시험을 완료한 수험자는 답안파일이 전송되었는지 확인한 후 감독위원의 지시에 따라 문제지를 제출하고 퇴실합니다.

답안 작성요령

- 온라인 답안 작성 절차
  수험자 등록 ⇒ 시험 시작 ⇒ 답안파일 저장 ⇒ 답안 전송 ⇒ 시험 종료
- 문제는 총 4단계, 즉 제1작업부터 제4작업까지 구성되어 있으며 반드시 제1작업부터 순서대로 작성하고 조건대로 작업하시오.
- 모든 작업시트의 A열은 열 너비 '1'로, 나머지 열은 적당하게 조절하시오.
- 모든 작업시트의 테두리는 《출력형태》와 같이 작업하시오.
- 해당 작업란에서는 각각 제시된 조건에 따라 《출력형태》와 같이 작업하시오.
- 답안 시트 이름은 "제1작업", "제2작업", "제3작업", "제4작업"이어야 하며 답안 시트 이외의 것은 감점 처리됩니다.
- 각 시트를 파일로 나누어 작업해서 저장할 경우 실격 처리됩니다.

[제1작업] 표 서식 작성 및 값 계산(240점)

☞ 다음은 '하반기 뮤지컬 예매 현황'에 대한 자료이다. 자료를 입력하고 조건에 맞도록 작업하시오.

≪출력형태≫

관리번호	공연명	장르	공연시간(분)	공연일	관람료 (단위:원)	예매수량	관람가능 좌석수	예매순위
LM-03	난타	퍼포먼스	90	2025-09-18	30,000	1,057	(1)	(2)
AF-03	왓이프	로맨틱코미디	90	2025-06-01	25,000	521	(1)	(2)
BM-02	인사이드 미	로맨틱코미디	110	2025-10-10	18,800	647	(1)	(2)
HM-01	이매지너리	드라마	95	2025-08-26	33,000	598	(1)	(2)
JM-02	써니텐	로맨틱코미디	100	2025-09-08	30,000	705	(1)	(2)
SM-02	점프	퍼포먼스	80	2025-10-30	27,000	800	(1)	(2)
GM-02	개와 고양이의 시간	드라마	95	2025-09-27	34,800	1,720	(1)	(2)
SM-03	썸데이	드라마	100	2025-08-05	12,800	1,954	(1)	(2)
퍼포먼스 장르의 개수			(3)			최저 관람료(단위:원)		(5)
드라마 장르의 예매수량 평균			(4)		공연명	난타	관람료 (단위:원)	(6)

≪조건≫

○ 모든 데이터의 서식에는 글꼴(굴림, 11pt), 정렬은 숫자 및 회계 서식은 오른쪽 정렬, 나머지 서식은 가운데 정렬로 작성하며 예외적인 것은 ≪출력형태≫를 참조하시오.
○ 제 목 ⇒ 도형(사다리꼴)과 그림자(오프셋 오른쪽)를 이용하여 작성하고
  "하반기 뮤지컬 예매 현황"을 입력한 후 다음 서식을 적용하시오
  (글꼴-굴림, 24pt, 검정, 굵게, 채우기-노랑).
○ 임의의 셀에 결재란을 작성하여 그림으로 복사 기능을 이용하여 붙이기 하시오(단, 원본 삭제).
○ 「B4:J4, G14, I14」 영역은 '주황'으로 채우기 하시오.
○ 유효성 검사를 이용하여 「H14」 셀에 공연명(「C5:C12」 영역)이 선택 표시되도록 하시오.
○ 셀 서식 ⇒ 「H5:H12」 영역에 셀 서식을 이용하여 숫자 뒤에 '매'를 표시하시오(예 : 1,057매).
○ 「G5:G12」 영역에 대해 '관람료'로 이름정의를 하시오..

☞ (1)~(6) 셀은 반드시 **주어진 함수를 이용**하여 값을 구하시오(결과값을 직접 입력하면 해당 셀은 0점 처리됨).

(1) 관람가능 좌석수 ⇒ 「관리번호의 마지막 글자×1,000」으로 구하시오(RIGHT 함수).
(2) 예매순위 ⇒ 예매수량의 내림차순 순위를 1~3 까지 구하고, 그 외에는 공백으로 표시하시오
      (IF, RANK.EQ 함수).
(3) 퍼포먼스 장르의 개수 ⇒ 결과값 뒤에 '개'를 붙이시오. 단, 조건은 입력데이터를 이용하시오
      (DCOUNTA 함수, & 연산자)(예 : 2개).
(4) 드라마 장르의 예매수량 평균 ⇒ (SUMIF, COUNTIF 함수)
(5) 최저 관람료(단위:원) ⇒ 정의된 이름(관람료)을 이용하여 구하시오(MIN 함수).
(6) 관람료(단위:원) ⇒ 「H14」 셀에서 선택한 공연명에 대한 관람료(단위:원)를 구하시오
      (VLOOKUP 함수).
(7) 조건부 서식의 수식을 이용하여 공연시간(분)이 '100' 이상인 행 전체에 다음의 서식을 적용하시오
   (글꼴 : 파랑, 굵게).

[제2작업] 목표값 찾기 및 필터(80점)

☞ **"제1작업"** 시트의 「B4:H12」 영역을 복사하여 **"제2작업"** 시트의 「B2」 셀부터 모두 붙여넣기를 한 후 다음의 조건과 같이 작업하시오.

≪조건≫

(1) 목표값 찾기 – 「B11:G11」 셀을 병합하고, 가운데 맞춤한 후 "예매수량 전체 평균"을 입력하고, 「H11」 셀에 예매수량의 전체 평균을 구하시오(AVERAGE 함수, 테두리).
  – '예매수량 전체 평균'이 '1,010'이 되려면 난타의 예매수량이 얼마가 되어야 하는지 목표값을 구하시오.

(2) 고급필터 – 장르가 '퍼포먼스'가 아니면서 공연일이 '2025-09-01' 이후(해당일 포함)인 자료의 관리번호, 공연명, 관람료(단위:원), 예매수량 데이터만 추출하시오.
  – 조건 범위 : 「B14」 셀부터 입력하시오.
  – 복사 위치 : 「B18」 셀부터 나타나도록 하시오.

[제3작업] 정렬 및 부분합(80점)

☞ **"제1작업"** 시트의 「B4:H12」 영역을 복사하여 **"제3작업"** 시트의 「B2」 셀부터 모두 붙여넣기를 한 후 다음의 조건과 같이 작업하시오.

≪조건≫

(1) 부분합 – ≪출력형태≫처럼 정렬하고, 공연명의 개수와 예매수량의 평균을 구하시오.
(2) 개요 – 지우시오.
(3) 나머지 사항은 ≪출력형태≫에 맞게 작성하시오.

≪출력형태≫

관리번호	공연명	장르	공연시간(분)	공연일	관람료(단위:원)	예매수량
LM-03	난타	퍼포먼스	90	2025-09-18	30,000	1,057매
SM-02	점프	퍼포먼스	80	2025-10-30	27,000	800매
		퍼포먼스 평균				929매
	2	퍼포먼스 개수				
AF-03	왓이프	로맨틱코미디	90	2025-06-01	25,000	521매
BM-02	인사이드 미	로맨틱코미디	110	2025-10-10	18,800	647매
JM-02	써니텐	로맨틱코미디	100	2025-09-08	30,000	705매
		로맨틱코미디 평균				624매
	3	로맨틱코미디 개수				
HM-01	이매지너리	드라마	95	2025-08-26	33,000	598매
GM-02	개와 고양이의 시간	드라마	95	2025-09-27	34,800	1,720매
SM-03	썸데이	드라마	100	2025-08-05	12,800	1,954매
		드라마 평균				1,424매
	3	드라마 개수				
		전체 평균				1,000매
	8	전체 개수				

[제4작업] 그래프(100점)

☞ "**제1작업**" 시트를 이용하여 조건에 따라 《출력형태》와 같이 작업하시오.

≪조건≫

(1) 차트 종류 ⇒ 〈묶은 세로 막대형〉으로 작업하시오.
(2) 데이터 범위 ⇒ "제1작업" 시트의 내용을 이용하여 작업하시오.
(3) 위치 ⇒ "새 시트"로 이동하고, "제4작업"으로 시트 이름을 바꾸시오.
(4) 차트 디자인 ⇒ 레이아웃 3, 스타일 1을 선택하여 ≪출력형태≫에 맞게 작업하시오.
(5) 영역 서식 ⇒ 차트 : 글꼴(굴림, 11pt), 채우기 효과(질감-파랑 박엽지)
　　　　　　　　그림 : 채우기(흰색, 배경1)
(6) 제목 서식 ⇒ 차트 제목 : 글꼴(굴림, 굵게, 20pt), 채우기(흰색, 배경1), 테두리
(7) 서식 ⇒ 예매수량 계열의 차트 종류를 〈표식이 있는 꺾은선형〉으로 변경한 후 보조 축으로 지정하시오.
　　　　계열 : ≪출력형태≫를 참조하여 표식(마름모, 크기 10)과 레이블 값을 표시하시오.
　　　　눈금선 : 선 스타일-파선
　　　　축 : ≪출력형태≫를 참조하시오.
(8) 범례 ⇒ 범례명을 변경하고 ≪출력형태≫를 참조하시오.
(9) 도형 ⇒ '말풍선: 모서리가 둥근 사각형 설명선'을 삽입한 후 ≪출력형태≫와 같이 내용을 입력하시오.
(10) 나머지 사항은 ≪출력형태≫에 맞게 작성하시오.

≪출력형태≫

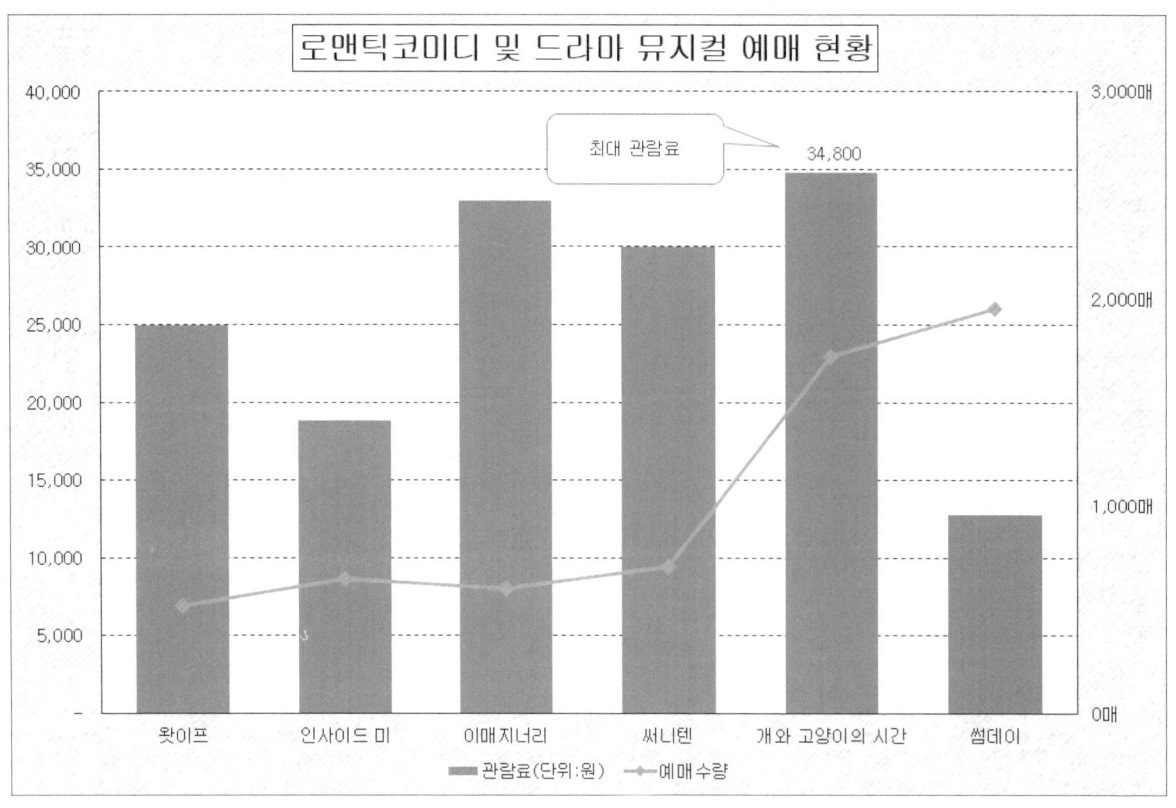

주의 ☞ 시트명 순서가 차례대로 "제1작업", "제2작업", "제3작업", "제4작업"이 되도록 할 것

제12회 최신기출유형 MS오피스

과목	코드	문제유형	시험시간	수험번호	성명
한글엑셀	1122	B	60분		

수험자 유의사항

- 수험자는 문제지를 받는 즉시 문제지와 **수험표상의 시험과목(프로그램)이 동일한지 반드시 확인**하여야 합니다.
- 파일명은 본인의 "수험번호-성명"으로 입력하여 답안폴더(내 PC/문서/ITQ)에 하나의 파일로 저장해야하며, 답안문서 파일명이 "수험번호-성명"과 일치하지 않거나, 답안파일을 전송하지 않아 미제출로 처리될 경우 실격 처리합니다(예:12345678-홍길동.xlsx).
- 답안 작성을 마치면 파일을 저장하고, '답안 전송' 버튼을 선택하여 감독위원 PC로 답안을 전송하십시오. 수험생 정보와 저장한 파일명이 다를 경우 전송되지 않으므로 주의하시기 바랍니다.
- 답안 작성 중에도 **주기적으로 저장하고, '답안 전송'**하여야 문제 발생을 줄일 수 있습니다. 작업한 내용을 저장하지 않고 전송할 경우 이전에 저장된 내용이 전송되오니 이점 유의하시기 바랍니다.
- 답안문서는 지정된 경로 외의 다른 보조기억장치에 저장하는 경우, 지정된 시험 시간 외에 작성된 파일을 활용할 경우, 기타 통신수단(이메일, 메신저, 네트워크 등)을 이용하여 타인에게 전달 또는 외부 반출하는 경우는 부정 처리합니다.
- 시험 중 부주의 또는 고의로 시스템을 파손한 경우는 수험자가 변상해야 하며, 〈수험자 유의사항〉에 기재된 방법대로 이행하지 않아 생기는 불이익은 수험생 당사자의 책임임을 알려 드립니다.
- 문제의 조건은 MS오피스 2021 버전으로 설정되어 있으니 유의하시기 바랍니다.
- 시험을 완료한 수험자는 답안파일이 전송되었는지 확인한 후 감독위원의 지시에 따라 문제지를 제출하고 퇴실합니다.

답안 작성요령

- 온라인 답안 작성 절차
  수험자 등록 ⇒ 시험 시작 ⇒ 답안파일 저장 ⇒ 답안 전송 ⇒ 시험 종료
- 문제는 총 4단계, 즉 제1작업부터 제4작업까지 구성되어 있으며 반드시 제1작업부터 순서대로 작성하고 조건대로 작업하시오.
- 모든 작업시트의 A열은 열 너비 '1'로, 나머지 열은 적당하게 조절하시오.
- 모든 작업시트의 테두리는 《출력형태》와 같이 작업하시오.
- 해당 작업란에서는 각각 제시된 조건에 따라 《출력형태》와 같이 작업하시오.
- 답안 시트 이름은 "제1작업", "제2작업", "제3작업", "제4작업"이어야 하며 답안 시트 이외의 것은 감점 처리됩니다.
- 각 시트를 파일로 나누어 작업해서 저장할 경우 실격 처리됩니다.

[제1작업] 표 서식 작성 및 값 계산(240점)

☞ 다음은 '반려견 유모차 판매 현황'에 대한 자료이다. 자료를 입력하고 조건에 맞도록 작업하시오.

≪출력형태≫

							확인	담당	팀장	지점장
	반려견 유모차 판매 현황									
	상품코드	상품명	제조사	탑승 가능 무게(kg)	상품가격 (단위:원)	판매수량	할인율	사은품	판매순위	
	TC21-32	루루테일	콤펫	30	549,000	97	20%	(1)	(2)	
	HG22-13	리버블루	에어버기	15	1,290,000	241	10%	(1)	(2)	
	HG31-23	포레스트모스	에어버기	18	1,050,000	305	5%	(1)	(2)	
	DC32-22	인스타	이비야야	24	590,000	196	5%	(1)	(2)	
	TC44-31	미리클랜	콤펫	28	390,000	126	10%	(1)	(2)	
	DF23-11	미리미리	콤펫	15	490,000	68	20%	(1)	(2)	
	HW12-23	카카오	에어버기	17	1,190,000	125	5%	(1)	(2)	
	DE21-11	빅버디	이비야야	17	470,000	348	10%	(1)	(2)	
	이비야야 제조사 상품의 판매수량 평균			(3)		최대 탑승 가능 무게(kg)			(5)	
	콤펫 제조사 상품의 판매수량 합계			(4)		상품코드	TC21-32	판매수량	(6)	

≪조건≫

○ 모든 데이터의 서식에는 글꼴(굴림, 11pt), 정렬은 숫자 및 회계 서식은 오른쪽 정렬, 나머지 서식은 가운데 정렬로 작성하며 예외적인 것은 ≪출력형태≫를 참조하시오.
○ 제 목 ⇒ 도형(사다리꼴)과 그림자(오프셋 오른쪽)를 이용하여 작성하고
"반려견 유모차 판매 현황"을 입력한 후 다음 서식을 적용하시오
(글꼴-굴림, 24pt, 검정, 굵게, 채우기-노랑).
○ 임의의 셀에 결재란을 작성하여 그림으로 복사 기능을 이용하여 붙이기 하시오(단, 원본 삭제).
○ 「B4:J4, G14, I14」 영역은 '주황'으로 채우기 하시오.
○ 유효성 검사를 이용하여 「H14」 셀에 상품코드(「B5:B12」 영역)가 선택 표시되도록 하시오.
○ 셀 서식 ⇒ 「G5:G12」 영역에 셀 서식을 이용하여 숫자 뒤에 '개'를 표시하시오(예 : 97개).
○ 「E5:E12」 영역에 대해 '무게'로 이름정의를 하시오.

☞ (1)~(6) 셀은 반드시 **주어진 함수를 이용**하여 값을 구하시오(결과값을 직접 입력하면 해당 셀은 0점 처리됨).

(1) 사은품 ⇒ 상품코드의 마지막 글자가 1이면 '샴푸브러쉬', 2이면 '패딩조끼', 3이면 '캐노피'로 구하시오 (CHOOSE, RIGHT 함수).

(2) 판매 순위 ⇒ 판매수량의 내림차순 순위를 구한 결과값에 '위'를 붙이오 (RANK.EQ 함수, & 연산자)(예 : 1위).

(3) 이비야야 제조사 상품의 판매수량 평균 ⇒ (SUMIF, COUNTIF 함수).

(4) 콤펫 제조사 상품의 판매수량 합계 ⇒ 조건은 입력데이터를 이용하시오(DSUM 함수).

(5) 최대 탑승 가능 무게(kg) ⇒ 정의된 이름(무게)을 이용하여 구하시오(MAX 함수).

(6) 판매수량 ⇒ 「H14」 셀에서 선택한 상품코드에 대한 판매수량을 구하시오(VLOOKUP 함수).

(7) 조건부 서식의 수식을 이용하여 상품가격(단위:원)이 '1,000,000' 이상인 행 전체에 다음의 서식을 적용하시오(글꼴 : 파랑, 굵게).

[제2작업] 필터 및 서식(80점)

☞ **"제1작업"** 시트의 「B4:H12」 영역을 복사하여 **"제2작업"** 시트의 「B2」 셀부터 모두 붙여넣기를 한 후 다음의 조건과 같이 작업하시오.

≪조건≫

(1) 고급 필터 – 제조사가 '이비야야'이거나, 판매수량이 '300' 이상인 자료의 상품명, 상품가격
　　　　　　　　(단위:원), 판매수량, 할인율 데이터만 추출하시오.
　　　　　　　– 조건 범위 : 「B14」 셀부터 입력하시오.
　　　　　　　– 복사 위치 : 「B18」 셀부터 나타나도록 하시오.

(2) 표 서식 – 고급필터의 결과셀을 채우기 없음으로 설정한 후 '표 스타일 보통 6'의 서식을 적용하시오.
　　　　　　– 머리글 행, 줄무늬 행을 적용하시오.

[제3작업] 피벗테이블(80점)

☞ **"제1작업"** 시트를 이용하여 **"제3작업"** 시트에 조건에 따라 ≪출력형태≫와 같이 작업하시오.

≪조건≫

(1) 상품가격(단위:원) 및 제조사별 상품명의 개수와 판매수량의 평균을 구하시오.
(2) 상품가격(단위:원)을 그룹화하고, 제조사를 ≪출력형태≫와 같이 정렬하시오.
(3) 레이블이 있는 셀 병합 및 가운데 맞춤 적용 및 빈 셀은 '**'로 표시하시오.
(4) 행의 총합계는 지우고, 나머지 사항은 ≪출력형태≫에 맞게 작성하시오.

≪출력형태≫

	A	B	C	D	E	F	G	H
1								
2			제조사 ↓					
3			콤펫		이비야야		에어버기	
4		상품가격(단위:원) ▼	개수 : 상품명	평균 : 판매수량	개수 : 상품명	평균 : 판매수량	개수 : 상품명	평균 : 판매수량
5		300001-600000	3	97	2	272	**	**
6		900001-1200000	**	**	**	**	2	215
7		1200001-1500000	**	**	**	**	1	241
8		**총합계**	3	97	2	272	3	224
9								

[제4작업] 그래프(100점)

☞ "제1작업" 시트를 이용하여 조건에 따라 ≪출력형태≫와 같이 작업하시오.

≪조건≫

(1) 차트 종류 ⇒ 〈묶은 세로 막대형〉으로 작업하시오.
(2) 데이터 범위 ⇒ "제1작업" 시트의 내용을 이용하여 작업하시오.
(3) 위치 ⇒ "새 시트"로 이동하고, "제4작업"으로 시트 이름을 바꾸시오.
(4) 차트 디자인 도구 ⇒ 레이아웃 3, 스타일 1을 선택하여 ≪출력형태≫에 맞게 작업하시오.
(5) 영역 서식 ⇒ 차트 : 글꼴(굴림, 11pt), 채우기 효과(질감-파랑 박엽지)
　　　　　　　　그림 : 채우기(흰색, 배경1)
(6) 제목 서식 ⇒ 차트 제목 : 글꼴(굴림, 굵게, 20pt), 채우기(흰색, 배경1), 테두리
(7) 서식 ⇒ 상품가격(단위:원) 계열의 차트 종류를 〈표식이 있는 꺾은선형〉으로 변경한 후 보조 축으로 지정하시오.
　　　　　계열 : ≪출력형태≫를 참조하여 표식(세모, 크기 10)과 레이블 값을 표시하시오.
　　　　　눈금선 : 선 스타일-파선
　　　　　축 : ≪출력형태≫를 참조하시오.
(8) 범례 ⇒ 범례명을 변경하고 ≪출력형태≫를 참조하시오.
(9) 도형 ⇒ '말풍선: 모서리가 둥근 사각형 설명선'을 삽입한 후 ≪출력형태≫와 같이 내용을 입력하시오.
(10) 나머지 사항은 ≪출력형태≫에 맞게 작성하시오.

≪출력형태≫

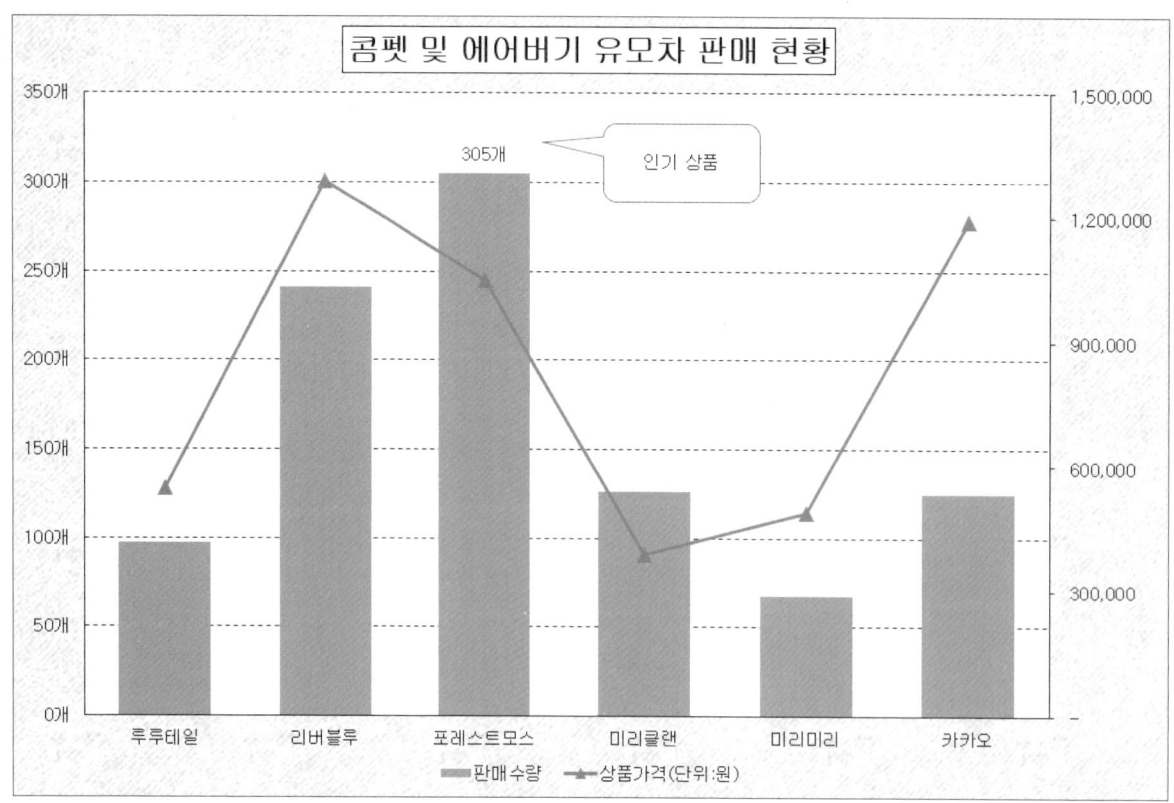

주의 ☞ 시트명 순서가 차례대로 "제1작업", "제2작업", "제3작업", "제4작업"이 되도록 할 것

제13회 최신기출유형 MS오피스

과목	코드	문제유형	시험시간	수험번호	성명
한글엑셀	1122	C	60분		

수험자 유의사항

- 수험자는 문제지를 받는 즉시 문제지와 **수험표상의 시험과목(프로그램)이 동일한지 반드시 확인**하여야 합니다.
- 파일명은 본인의 "수험번호-성명"으로 입력하여 답안폴더(내 PC/문서/ITQ)에 하나의 파일로 저장해야하며, 답안문서 파일명이 "수험번호-성명"과 일치하지 않거나, 답안파일을 전송하지 않아 미제출로 처리될 경우 실격 처리합니다(예:12345678-홍길동.xlsx).
- 답안 작성을 마치면 파일을 저장하고, '답안 전송' 버튼을 선택하여 감독위원 PC로 답안을 전송하십시오. 수험생 정보와 저장한 파일명이 다를 경우 전송되지 않으므로 주의하시기 바랍니다.
- 답안 작성 중에도 **주기적으로 저장하고, '답안 전송'**하여야 문제 발생을 줄일 수 있습니다. 작업한 내용을 저장하지 않고 전송할 경우 이전에 저장된 내용이 전송되오니 이점 유의하시기 바랍니다.
- 답안문서는 지정된 경로 외의 다른 보조기억장치에 저장하는 경우, 지정된 시험 시간 외에 작성된 파일을 활용할 경우, 기타 통신수단(이메일, 메신저, 네트워크 등)을 이용하여 타인에게 전달 또는 외부 반출하는 경우는 부정 처리합니다.
- 시험 중 부주의 또는 고의로 시스템을 파손한 경우는 수험자가 변상해야 하며, 〈수험자 유의사항〉에 기재된 방법대로 이행하지 않아 생기는 불이익은 수험생 당사자의 책임임을 알려 드립니다.
- 문제의 조건은 MS오피스 2021 버전으로 설정되어 있으니 유의하시기 바랍니다.
- 시험을 완료한 수험자는 답안파일이 전송되었는지 확인한 후 감독위원의 지시에 따라 문제지를 제출하고 퇴실합니다.

답안 작성요령

- 온라인 답안 작성 절차
  수험자 등록 ⇒ 시험 시작 ⇒ 답안파일 저장 ⇒ 답안 전송 ⇒ 시험 종료
- 문제는 총 4단계, 즉 제1작업부터 제4작업까지 구성되어 있으며 반드시 제1작업부터 순서대로 작성하고 조건대로 작업하시오.
- 모든 작업시트의 A열은 열 너비 '1'로, 나머지 열은 적당하게 조절하시오.
- 모든 작업시트의 테두리는 《출력형태》와 같이 작업하시오.
- 해당 작업란에서는 각각 제시된 조건에 따라 《출력형태》와 같이 작업하시오.
- 답안 시트 이름은 "제1작업", "제2작업", "제3작업", "제4작업"이어야 하며 답안 시트 이외의 것은 감점 처리됩니다.
- 각 시트를 파일로 나누어 작업해서 저장할 경우 실격 처리됩니다.

[제1작업] 표 서식 작성 및 값 계산(240점)

☞ 다음은 '상용 드론 판매 현황'에 대한 자료이다. 자료를 입력하고 조건에 맞도록 작업하시오.

≪출력형태≫

관리번호	모델명	구매자	종류	판매일자	판매가격(단위:원)	판매수량	판매경로	판매순위
D32-1	매빅에어	김지훈	촬영용	2025-09-13	1,200,000	210	(1)	(2)
D12-2	팬텀4	박정훈	산업용	2025-10-15	2,500,000	80	(1)	(2)
D23-3	패럿	이경진	취미용	2025-10-04	900,000	120	(1)	(2)
D34-2	에어2S	장명수	촬영용	2025-09-27	1,500,000	185	(1)	(2)
D21-3	RCN3	이기철	취미용	2025-10-08	1,100,000	115	(1)	(2)
D37-2	아그라스T30	손정빈	촬영용	2025-08-20	3,500,000	65	(1)	(2)
D35-1	미니3	홍기동	촬영용	2025-11-04	800,000	240	(1)	(2)
D14-2	타이푼H	정성진	산업용	2025-08-30	2,200,000	50	(1)	(2)
촬영용 드론 개수			(3)			최대 판매수량		(5)
취미용 드론 판매가격(단위:원) 평균			(4)		모델명	매빅에어	판매가격(단위:원)	(6)

상용 드론 판매 현황

확인 / 담당 / 팀장 / 이사

≪조건≫

○ 모든 데이터의 서식에는 글꼴(굴림, 11pt), 정렬은 숫자 및 회계 서식은 오른쪽 정렬, 나머지 서식은 가운데 정렬로 작성하며 예외적인 것은 ≪출력형태≫를 참조하시오.

○ 제 목 ⇒ 도형(배지)과 그림자(오프셋 오른쪽)를 이용하여 작성하고
"상용 드론 판매 현황"을 입력한 후 다음 서식을 적용하시오
(글꼴-굴림, 24pt, 검정, 굵게, 채우기-노랑).

○ 임의의 셀에 결재란을 작성하여 그림으로 복사 기능을 이용하여 붙이기 하시오(단, 원본 삭제).

○ 「B4:J4, G14, I14」 영역은 '주황'으로 채우기 하시오.

○ 유효성 검사를 이용하여 「H14」 셀에 모델명(「C5:C12」 영역)이 선택 표시되도록 하시오.

○ 셀 서식 ⇒ 「H5:H12」 영역에 셀 서식을 이용하여 숫자 뒤에 '대'를 표시하시오(예 : 200대).

○ 「H5:H12」 영역에 대해 '판매량'으로 이름정의를 하시오.

☞ (1)~(6) 셀은 반드시 **주어진 함수를 이용**하여 값을 구하시오(결과값을 직접 입력하면 해당 셀은 0점 처리됨).

(1) 판매경로 ⇒ 관리번호 마지막 글자가 1이면 '온라인', 2이면 '오프라인', 3이면 '도매'로 구하시오
(IF, RIGHT 함수).

(2) 판매순위 ⇒ 판매수량의 내림차순 순위를 구하시오(RANK.EQ 함수).

(3) 촬영용 드론 개수 ⇒ 조건은 입력데이터를 이용하여 구한 후 결과값에 '대'를 붙이시오
(DCOUNTA 함수, & 연산자)(예 : 5대).

(4) 취미용 드론 판매가격(단위:원) 평균 ⇒ (SUMIF 함수, COUNTIF 함수)

(5) 최대 판매수량 ⇒ 정의된 이름(판매량)을 이용하여 구하시오(LARGE 함수).

(6) 판매가격(단위:원) ⇒ 「H14」 셀에서 선택한 모델명에 대한 판매가격(단위:원)을 구하시오
(VLOOKUP 함수).

(7) 조건부 서식의 수식을 이용하여 판매가격(단위:원)이 '2,000,000' 이상인 행 전체에 다음의 서식을 적용하시오(글꼴 : 파랑, 굵게).

[제2작업] 목표값 찾기 및 필터(80점)

☞ **"제1작업"** 시트의 「B4:H12」 영역을 복사하여 **"제2작업"** 시트의 「B2」 셀부터 모두 붙여넣기를 한 후 다음의 조건과 같이 작업하시오.

≪조건≫

(1) 목표값 찾기 – 「B11:G11」 셀을 병합하고, 가운데 맞춤한 후 "촬영용 드론 판매수량의 평균"을 입력하고, 「H11」 셀에 촬영용 드론 판매수량의 평균을 구하시오. 단, 조건은 입력 데이터를 이용하시오(DAVERAGE 함수, 테두리).
– '촬영용 드론 판매수량의 평균'이 '180'이 되려면 매빅에어의 판매수량이 얼마가 되어야 하는지 목표값을 구하시오.

(2) 고급필터 – 종류가 '촬영용'이 아니면서 판매가격(단위:원)이 '1,000,000' 이상인 자료의 모델명, 구매자, 판매가격(단위:원), 판매수량 데이터만 추출하시오.
– 조건 범위 : 「B14」 셀부터 입력하시오.
– 복사 위치 : 「B18」 셀부터 나타나도록 하시오.

[제3작업] 정렬 및 부분합(80점)

☞ **"제1작업"** 시트의 「B4:H12」 영역을 복사하여 **"제3작업"** 시트의 「B2」 셀부터 모두 붙여넣기를 한 후 다음의 조건과 같이 작업하시오.

≪조건≫

(1) 부분합 – ≪출력형태≫처럼 정렬하고, 모델명의 개수와 판매수량의 평균을 구하시오.
(2) 개요 – 지우시오.
(3) 나머지 사항은 ≪출력형태≫에 맞게 작성하시오.

≪출력형태≫

	A	B	C	D	E	F	G	H
1								
2		관리번호	모델명	구매자	종류	판매일자	판매가격 (단위:원)	판매수량
3		D23-3	패럿	이경진	취미용	2025-10-04	900,000	120대
4		D21-3	RCN3	이기철	취미용	2025-10-08	1,100,000	115대
5					취미용 평균			118대
6			2		취미용 개수			
7		D32-1	매빅에어	김지훈	촬영용	2025-09-13	1,200,000	210대
8		D34-2	에어2S	장명수	촬영용	2025-09-27	1,500,000	185대
9		D37-2	아그라스T30	손정빈	촬영용	2025-08-20	3,500,000	65대
10		D35-1	미니3	홍기동	촬영용	2025-11-04	800,000	240대
11					촬영용 평균			175대
12			4		촬영용 개수			
13		D12-2	팬텀4	박정훈	산업용	2025-10-15	2,500,000	80대
14		D14-2	타이푼H	정성진	산업용	2025-08-30	2,200,000	50대
15					산업용 평균			65대
16			2		산업용 개수			
17					전체 평균			133대
18			8		전체 개수			
19								

[제4작업] 그래프(100점)

☞ "**제1작업**" 시트를 이용하여 조건에 따라《출력형태》와 같이 작업하시오.

≪조건≫

(1) 차트 종류 ⇒ 〈묶은 세로 막대형〉으로 작업하시오.
(2) 데이터 범위 ⇒ "제1작업" 시트의 내용을 이용하여 작업하시오.
(3) 위치 ⇒ "새 시트"로 이동하고, "제4작업"으로 시트 이름을 바꾸시오.
(4) 차트 디자인 도구 ⇒ 레이아웃 3, 스타일 1을 선택하여 ≪출력형태≫에 맞게 작업하시오.
(5) 영역 서식 ⇒ 차트 : 글꼴(굴림, 11pt), 채우기 효과(질감-파랑 박엽지)
　　　　　　　　그림 : 채우기(흰색, 배경1)
(6) 제목 서식 ⇒ 차트 제목 : 글꼴(굴림, 굵게, 20pt), 채우기(흰색, 배경1), 테두리
(7) 서식 ⇒ 판매수량 계열의 차트 종류를 〈표식이 있는 꺾은선형〉으로 변경한 후 보조 축으로 지정하시오.
　　　　　계열 : ≪출력형태≫를 참조하여 표식(마름모, 크기 10)과 레이블 값을 표시하시오.
　　　　　눈금선 : 선 스타일-파선
　　　　　축 : ≪출력형태≫를 참조하시오.
(8) 범례 ⇒ 범례명을 변경하고 ≪출력형태≫를 참조하시오.
(9) 도형 ⇒ '말풍선: 모서리가 둥근 사각형 설명선'을 삽입한 후 ≪출력형태≫와 같이 내용을 입력하시오.
(10) 나머지 사항은 ≪출력형태≫에 맞게 작성하시오.

≪출력형태≫

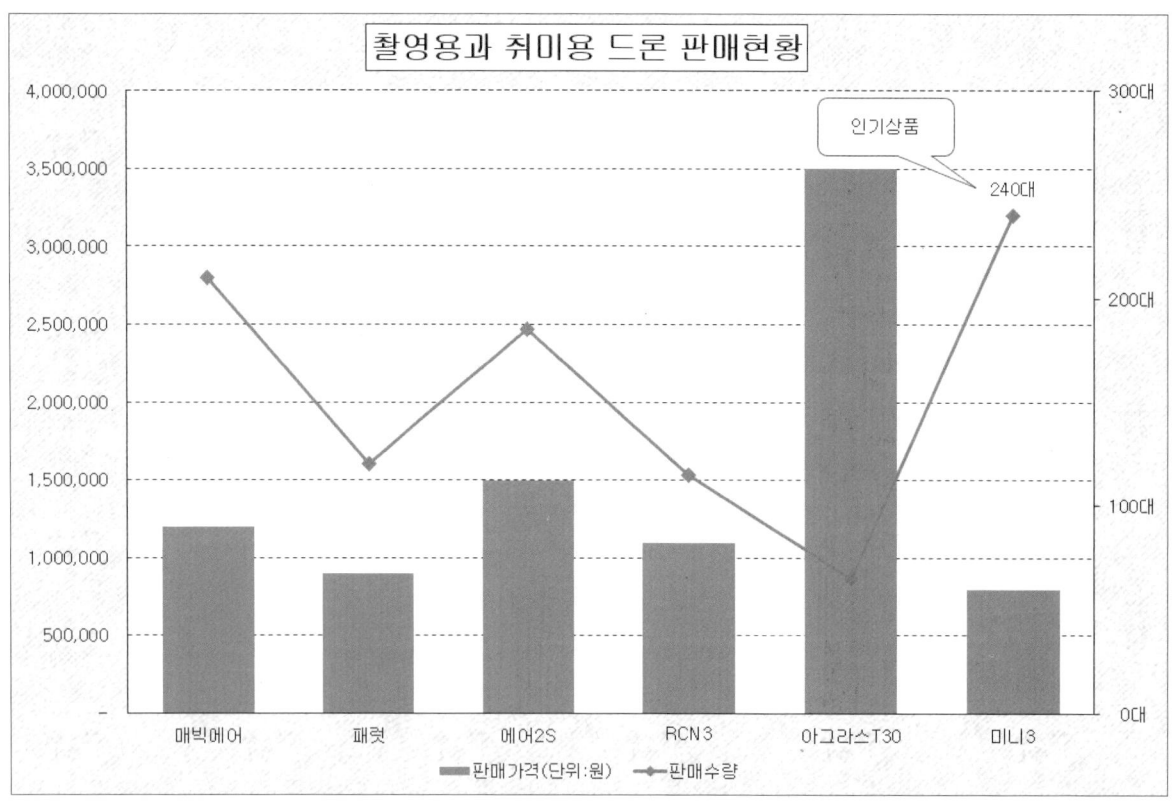

주의 ☞ 시트명 순서가 차례대로 "제1작업", "제2작업", "제3작업", "제4작업"이 되도록 할 것

제14회 최신기출유형 MS오피스

과 목	코드	문제유형	시험시간	수험번호	성 명
한글엑셀	1122	D	60분		

수험자 유의사항

- 수험자는 문제지를 받는 즉시 문제지와 **수험표상의 시험과목(프로그램)이 동일한지 반드시 확인**하여야 합니다.
- 파일명은 본인의 "수험번호-성명"으로 입력하여 답안폴더(내 PC/문서/ITQ)에 하나의 파일로 저장해야하며, 답안문서 파일명이 "수험번호-성명"과 일치하지 않거나, 답안파일을 전송하지 않아 미제출로 처리될 경우 실격 처리합니다(예:12345678-홍길동.xlsx).
- 답안 작성을 마치면 파일을 저장하고, '답안 전송' 버튼을 선택하여 감독위원 PC로 답안을 전송하십시오. 수험생 정보와 저장한 파일명이 다를 경우 전송되지 않으므로 주의하시기 바랍니다.
- 답안 작성 중에도 **주기적으로 저장하고, '답안 전송'**하여야 문제 발생을 줄일 수 있습니다. 작업한 내용을 저장하지 않고 전송할 경우 이전에 저장된 내용이 전송되오니 이점 유의하시기 바랍니다.
- 답안문서는 지정된 경로 외의 다른 보조기억장치에 저장하는 경우, 지정된 시험 시간 외에 작성된 파일을 활용할 경우, 기타 통신수단(이메일, 메신저, 네트워크 등)을 이용하여 타인에게 전달 또는 외부 반출하는 경우는 부정 처리합니다.
- 시험 중 부주의 또는 고의로 시스템을 파손한 경우는 수험자가 변상해야 하며, <수험자 유의사항>에 기재된 방법대로 이행하지 않아 생기는 불이익은 수험생 당사자의 책임임을 알려 드립니다.
- 문제의 조건은 MS오피스 2021 버전으로 설정되어 있으니 유의하시기 바랍니다.
- 시험을 완료한 수험자는 답안파일이 전송되었는지 확인한 후 감독위원의 지시에 따라 문제지를 제출하고 퇴실합니다.

답안 작성요령

- 온라인 답안 작성 절차
  수험자 등록 ⇒ 시험 시작 ⇒ 답안파일 저장 ⇒ 답안 전송 ⇒ 시험 종료
- 문제는 총 4단계, 즉 제1작업부터 제4작업까지 구성되어 있으며 반드시 제1작업부터 순서대로 작성하고 조건대로 작업하시오.
- 모든 작업시트의 A열은 열 너비 '1'로, 나머지 열은 적당하게 조절하시오.
- 모든 작업시트의 테두리는 《출력형태》와 같이 작업하시오.
- 해당 작업란에서는 각각 제시된 조건에 따라 《출력형태》와 같이 작업하시오.
- 답안 시트 이름은 "제1작업", "제2작업", "제3작업", "제4작업"이어야 하며 답안 시트 이외의 것은 감점 처리됩니다.
- 각 시트를 파일로 나누어 작업해서 저장할 경우 실격 처리됩니다.

[제1작업] 표 서식 작성 및 값 계산(240점)

☞ 다음은 '헬스푸드 가맹점 관리현황'에 대한 자료이다. 자료를 입력하고 조건에 맞도록 작업하시오.

≪출력형태≫

가맹코드	가맹점명	지역	개점일	최고월매출 (단위:원)	최고일매출 (단위:원)	직원수	순위	평가
S-001	사당방배점	서울	2024-01-20	61,500,000	3,370,000	5	(1)	(2)
K-001	수지점	경기	2023-11-10	57,600,000	2,800,000	4	(1)	(2)
D-001	서구계백점	대전	2024-06-20	63,500,000	3,050,000	7	(1)	(2)
S-002	상봉점	서울	2025-01-20	71,850,000	3,900,000	8	(1)	(2)
S-003	왕십리점	서울	2024-12-10	55,700,000	2,700,000	4	(1)	(2)
K-002	수원인계점	경기	2024-05-20	77,500,000	4,050,000	7	(1)	(2)
K-003	안양평촌점	경기	2025-02-10	58,850,000	2,900,000	5	(1)	(2)
D-002	유성점	대전	2023-12-10	60,500,000	2,800,000	3	(1)	(2)
경기 지역 가맹점수			(3)			최대 최고월매출(단위:원)		(5)
서울 지역 최고월매출(단위:원) 평균			(4)		가맹점명	사당방배점	개점일	(6)

제목: 헬스푸드 가맹점 관리현황

결재 / 담당 / 과장 / 부장

≪조건≫

○ 모든 데이터의 서식에는 글꼴(굴림, 11pt), 정렬은 숫자 및 회계 서식은 오른쪽 정렬, 나머지 서식은 가운데 정렬로 작성하며 예외적인 것은 ≪출력형태≫를 참조하시오.
○ 제 목 ⇒ 도형(십자형)과 그림자(오프셋 오른쪽)를 이용하여 작성하고
  "헬스푸드 가맹점 관리현황"을 입력한 후 다음 서식을 적용하시오
  (글꼴-굴림, 24pt, 검정, 굵게, 채우기-노랑).
○ 임의의 셀에 결재란을 작성하여 그림으로 복사 기능을 이용하여 붙이기 하시오(단, 원본 삭제).
○ 「B4:J4, G14, I14」 영역은 '주황'으로 채우기 하시오.
○ 유효성 검사를 이용하여 「H14」 셀에 가맹점명(「C5:C12」 영역)이 선택 표시되도록 하시오.
○ 셀 서식 ⇒ 「H5:H12」 영역에 셀 서식을 이용하여 숫자 뒤에 '명'을 표시하시오(예 : 5명).
○ 「F5:F12」 영역에 대해 '최고월매출'로 이름정의를 하시오.

☞ (1)~(6) 셀은 반드시 **주어진 함수를 이용**하여 값을 구하시오(결과값을 직접 입력하면 해당 셀은 0점 처리됨).

(1) 순위 ⇒ 최고일매출(단위:원)의 내림차순 순위를 구한 결과값에 '위'를 붙이오
  (RANK.EQ 함수, & 연산자)(예 : 1위).
(2) 평가 ⇒ 최고월매출(단위:원)이 60,000,000 이상이면서, 직원수가 5 이상이면 'A', 그 외에는 'B'로 구하시오(IF, AND 함수).
(3) 경기 지역 가맹점수 ⇒ (COUNTIF 함수)
(4) 서울 지역 최고월매출(단위:원) 평균 ⇒ 반올림하여 백만 원 단위로 구하시오. 단, 조건은 입력데이터를 이용하시오
  (ROUND, DAVERAGE 함수)(예 : 24,657,230 → 25,000,000).
(5) 최대 최고월매출(단위:원) ⇒ 정의된 이름(최고월매출)을 이용하여 구하시오(MAX 함수).
(6) 개점일 ⇒ 「H14」 셀에서 선택한 가맹점명에 대한 개점일을 구하시오
  (VLOOKUP 함수)(예 : 2025-01-01).
(7) 조건부 서식의 수식을 이용하여 최고일매출이 '3,300,000' 이상인 행 전체에 다음의 서식을 적용하시오(글꼴 : 파랑, 굵게).

[제2작업] 필터 및 서식(80점)

☞ "**제1작업**" 시트의 「B4:H12」 영역을 복사하여 "**제2작업**" 시트의 「B2」 셀부터 모두 붙여넣기를 한 후 다음의 조건과 같이 작업하시오.

《조건》

(1) 고급 필터 - 지역이 '대전'이거나, 개점일 '2024-06-10' 이후인(해당일 포함) 자료의 가맹점명, 지역, 최고월매출(단위:원), 최고일매출(단위:원) 데이터만 추출하시오.
- 조건 범위 : 「B14」 셀부터 입력하시오.
- 복사 위치 : 「B18」 셀부터 나타나도록 하시오.

(2) 표 서식 - 고급필터의 결과셀을 채우기 없음으로 설정한 후 '표 스타일 보통 7'의 서식을 적용하시오.
- 머리글 행, 줄무늬 행을 적용하시오.

[제3작업] 피벗테이블(80점)

☞ "**제1작업**" 시트를 이용하여 "**제3작업**" 시트에 조건에 따라 《출력형태》와 같이 작업하시오.

《조건》

(1) 최고월매출(단위:원) 및 지역별 가맹점명의 개수와 최고일매출(단위:원)의 평균을 구하시오.
(2) 최고월매출(단위:원)을 그룹화하고, 지역을 《출력형태》와 같이 정렬하시오.
(3) 레이블이 있는 셀 병합 및 가운데 맞춤 적용 및 빈 셀은 '***'로 표시하시오.
(4) 행의 총합계는 지우고, 나머지 사항은 《출력형태》에 맞게 작성하시오.

《출력형태》

[제4작업] 그래프(100점)

☞ "**제1작업**" 시트를 이용하여 조건에 따라 《출력형태》와 같이 작업하시오.

≪조건≫

(1) 차트 종류 ⇒ 〈묶은 세로 막대형〉으로 작업하시오.
(2) 데이터 범위 ⇒ "제1작업" 시트의 내용을 이용하여 작업하시오.
(3) 위치 ⇒ "새 시트"로 이동하고, "제4작업"으로 시트 이름을 바꾸시오.
(4) 차트 디자인 도구 ⇒ 레이아웃 3, 스타일 1을 선택하여 《출력형태》에 맞게 작업하시오.
(5) 영역 서식 ⇒ 차트 : 글꼴(굴림, 11pt), 채우기 효과(질감-파랑 박엽지)
   그림 : 채우기(흰색, 배경1)
(6) 제목 서식 ⇒ 차트 제목 : 글꼴(굴림, 굵게, 20pt), 채우기(흰색, 배경1), 테두리
(7) 서식 ⇒ 최고일매출(단위:만원) 계열의 차트 종류를 〈표식이 있는 꺾은선형〉으로 변경한 후 보조 축으로 지정하시오.
   계열 : 《출력형태》를 참조하여 표식(세모, 크기 10)과 레이블 값을 표시하시오.
   눈금선 : 선 스타일-파선
   축 : 《출력형태》를 참조하시오.
(8) 범례 ⇒ 범례명을 변경하고 《출력형태》를 참조하시오.
(9) 도형 ⇒ '말풍선: 모서리가 둥근 사각형 설명선'을 삽입한 후 《출력형태》와 같이 내용을 입력하시오.
(10) 나머지 사항은 《출력형태》에 맞게 작성하시오.

≪출력형태≫

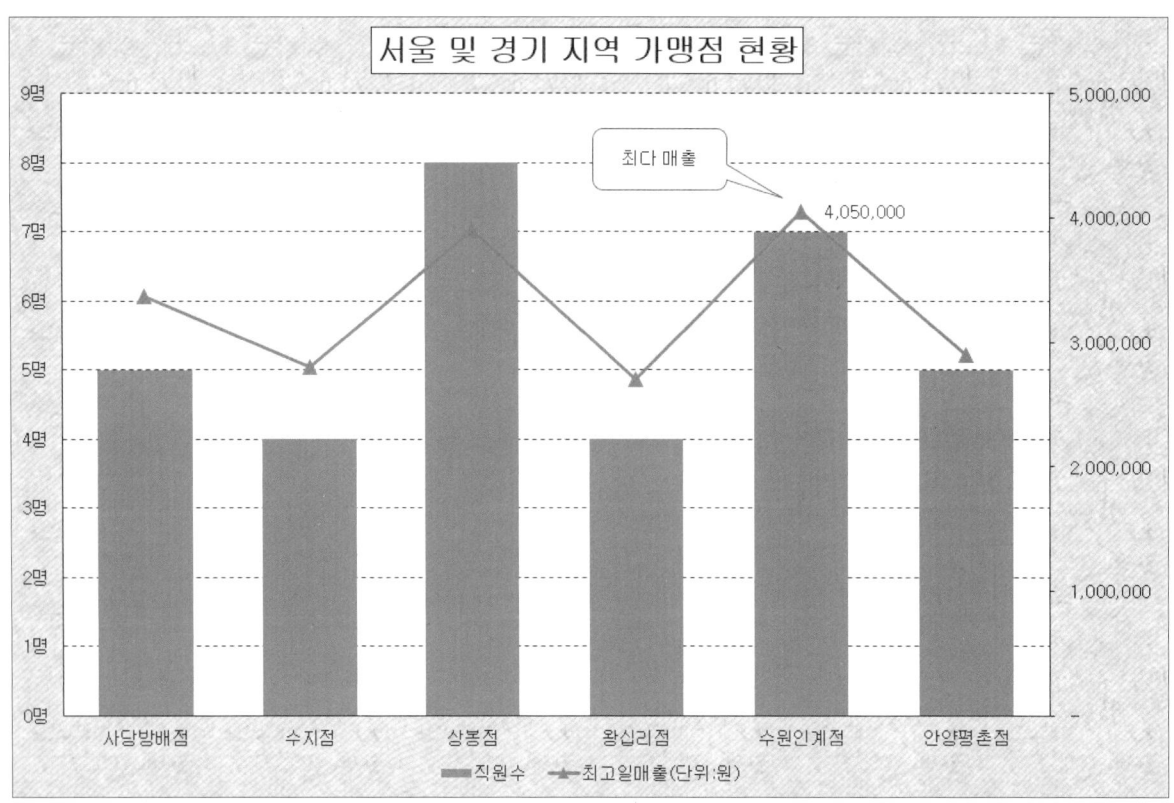

주의 ☞ 시트명 순서가 차례대로 "제1작업", "제2작업", "제3작업", "제4작업"이 되도록 할 것

제15회 최신기출유형 MS오피스

과목	코드	문제유형	시험시간	수험번호	성명
한글엑셀	1122	E	60분		

수험자 유의사항

- 수험자는 문제지를 받는 즉시 문제지와 **수험표상의 시험과목(프로그램)이 동일한지 반드시 확인**하여야 합니다.
- 파일명은 본인의 "수험번호-성명"으로 입력하여 답안폴더(내 PC/문서/ITQ)에 하나의 파일로 저장해야하며, 답안문서 파일명이 "수험번호-성명"과 일치하지 않거나, 답안파일을 전송하지 않아 미제출로 처리될 경우 실격 처리합니다(예:12345678-홍길동.xlsx).
- 답안 작성을 마치면 파일을 저장하고, '답안 전송' 버튼을 선택하여 감독위원 PC로 답안을 전송하십시오. 수험생 정보와 저장한 파일명이 다를 경우 전송되지 않으므로 주의하시기 바랍니다.
- 답안 작성 중에도 **주기적으로 저장하고, '답안 전송'**하여야 문제 발생을 줄일 수 있습니다. 작업한 내용을 저장하지 않고 전송할 경우 이전에 저장된 내용이 전송되오니 이점 유의하시기 바랍니다.
- 답안문서는 지정된 경로 외의 다른 보조기억장치에 저장하는 경우, 지정된 시험 시간 외에 작성된 파일을 활용할 경우, 기타 통신수단(이메일, 메신저, 네트워크 등)을 이용하여 타인에게 전달 또는 외부 반출하는 경우는 부정 처리합니다.
- 시험 중 부주의 또는 고의로 시스템을 파손한 경우는 수험자가 변상해야 하며, 〈수험자 유의사항〉에 기재된 방법대로 이행하지 않아 생기는 불이익은 수험생 당사자의 책임임을 알려 드립니다.
- 문제의 조건은 MS오피스 2021 버전으로 설정되어 있으니 유의하시기 바랍니다.
- 시험을 완료한 수험자는 답안파일이 전송되었는지 확인한 후 감독위원의 지시에 따라 문제지를 제출하고 퇴실합니다.

답안 작성요령

- 온라인 답안 작성 절차
  수험자 등록 ⇒ 시험 시작 ⇒ 답안파일 저장 ⇒ 답안 전송 ⇒ 시험 종료
- 문제는 총 4단계, 즉 제1작업부터 제4작업까지 구성되어 있으며 반드시 제1작업부터 순서대로 작성하고 조건대로 작업하시오.
- 모든 작업시트의 A열은 열 너비 '1'로, 나머지 열은 적당하게 조절하시오.
- 모든 작업시트의 테두리는 《출력형태》와 같이 작업하시오.
- 해당 작업란에서는 각각 제시된 조건에 따라 《출력형태》와 같이 작업하시오.
- 답안 시트 이름은 "제1작업", "제2작업", "제3작업", "제4작업"이어야 하며 답안 시트 이외의 것은 감점 처리됩니다.
- 각 시트를 파일로 나누어 작업해서 저장할 경우 실격 처리됩니다.

[제1작업] 표 서식 작성 및 값 계산(240점)

☞ 다음은 '5월 생활가전 판매 현황'에 대한 자료이다. 자료를 입력하고 조건에 맞도록 작업하시오.

≪출력형태≫

상품코드	상품명	방송일	분류	판매가격	판매수량 (단위:대)	상품평(건)	방송요일	순위
R12-3	리버 4도어 냉장고	2025-05-09	냉장고	3,000	2,123	878	(1)	(2)
R12-8	AI 4도어 냉장고	2025-05-02	냉장고	2,500	1,788	895	(1)	(2)
C31-9	랜드 실서 안마의자	2025-05-07	안마의자	2,985	2,245	785	(1)	(2)
C31-5	스카이 골드 안마의자	2025-05-08	안마의자	4,580	817	34	(1)	(2)
R12-2	마운틴 4도어 냉장고	2025-05-01	냉장고	3,525	1,833	356	(1)	(2)
R12-5	월드 5도어 냉장고	2025-05-03	냉장고	4,425	780	67	(1)	(2)
W21-3	글로리 드럼 세탁기	2025-05-03	세탁기	1,298	3,578	1,657	(1)	(2)
W21-7	모닝 드럼 세탁기	2025-05-01	세탁기	1,598	3,012	1,125	(1)	(2)
냉장고 판매수량(단위:대) 평균			(3)			최다 상품평(건)		(5)
세탁기 판매수량(단위:대) 합계			(4)			상품코드	R12-3	판매수량 (단위:대)	(6)

≪조건≫

○ 모든 데이터의 서식에는 글꼴(굴림, 11pt), 정렬은 숫자 및 회계 서식은 오른쪽 정렬, 나머지 서식은 가운데 정렬로 작성하며 예외적인 것은 ≪출력형태≫를 참조하시오.

○ 제 목 ⇒ 도형(배지)과 그림자(오프셋 오른쪽)를 이용하여 작성하고
"5월 생활가전 판매 현황"을 입력한 후 다음 서식을 적용하시오
(글꼴-굴림, 24pt, 검정, 굵게, 채우기-노랑).

○ 임의의 셀에 결재란을 작성하여 그림으로 복사 기능을 이용하여 붙이기 하시오(단, 원본 삭제).

○ 「B4:J4, G14, I14」 영역은 '주황'으로 채우기 하시오.

○ 유효성 검사를 이용하여 「H14」 셀에 상품코드(「B5:B12」영역)가 표시되도록 하시오.

○ 셀 서식 ⇒ 「F5:F12」 영역에 셀 서식을 이용하여 숫자 뒤에 '천원'을 표시하시오(예 : 3,000천원).

○ 「H5:H12」 영역에 대해 '판매량'으로 이름정의를 하시오.

☞ (1)~(6) 셀은 반드시 **주어진 함수를 이용**하여 값을 구하시오(결과값을 직접 입력하면 해당 셀은 0점 처리됨).

(1) 방송요일 ⇒ 방송일에 대한 요일을 구하시오(CHOOSE, WEEKDAY 함수)(예 : 월).

(2) 순위 ⇒ 판매수량(단위:대)의 내림차순 순위를 구하시오(RANK.EQ 함수).

(3) 냉장고 판매수량(단위:대) 평균 ⇒ 조건은 입력데이터를 이용하시오(DSUM, COUNTIF 함수).

(4) 세탁기 판매수량(단위:대) 합계 ⇒ (SUMIF 함수)

(5) 최다 상품평(건) ⇒ 정의된 이름(상품평)을 이용하여 구하시오(MAX 함수).

(6) 판매수량(단위:대) ⇒ 「H14」 셀에서 선택한 상품코드에 대한 판매수량(단위:대)을 구하시오
(VLOOKUP 함수).

(7) 조건부 서식의 수식을 이용하여 판매수량(단위:대)이 '2,000' 이상인 행 전체에 다음의 서식을 적용하시오(글꼴 : 파랑, 굵게).

[제2작업] 목표값 찾기 및 필터(80점)

☞ **"제1작업"** 시트의 「B4:H12」 영역을 복사하여 **"제2작업"** 시트의 「B2」 셀부터 모두 붙여넣기를 한 후 다음의 조건과 같이 작업하시오.

《조건》

(1) 목표값 찾기 – 「B11:G11」 셀을 병합하고, 가운데 맞춤한 후 "냉장고 상품평(건)의 평균"을 입력하고, 「H11」 셀에 냉장고 상품평(건)의 평균을 구하시오. 단, 조건은 입력데이터를 이용하시오(DAVERAGE 함수, 테두리).
 – '냉장고 상품평(건)의 평균'이 '560'이 되려면 리버 4도어 냉장고의 상품평(건)이 얼마가 되어야 하는지 목표값을 구하시오.

(2) 고급필터 – 분류가 '냉장고'가 아니면서 판매수량(단위:대)이 '1,000' 이상인 자료의 상품코드, 분류, 판매가격, 판매수량(단위:대) 데이터만 추출하시오.
 – 조건 범위 : 「B14」 셀부터 입력하시오.
 – 복사 위치 : 「B18」 셀부터 나타나도록 하시오.

[제3작업] 정렬 및 부분합(80점)

☞ **"제1작업"** 시트의 「B4:H12」 영역을 복사하여 **"제3작업"** 시트의 「B2」 셀부터 모두 붙여넣기를 한 후 다음의 조건과 같이 작업하시오.

《조건》

(1) 부분합 – ≪출력형태≫처럼 정렬하고, 상품명의 개수와 판매수량(단위:대)의 평균을 구하시오.
(2) 개요 – 지우시오.
(3) 나머지 사항은 ≪출력형태≫에 맞게 작성하시오.

≪출력형태≫

	A	B	C	D	E	F	G	H
1								
2		상품코드	상품명	방송일	분류	판매가격	판매수량(단위:대)	상품평(건)
3		C31-9	랜드 실서 안마의자	2025-05-07	안마의자	2,985천원	2,245	785
4		C31-5	스카이 골드 안마의자	2025-05-08	안마의자	4,580천원	817	34
5					안마의자 평균		1,531	
6			2		안마의자 개수			
7		W21-3	글로리 드럼 세탁기	2025-05-03	세탁기	1,298천원	3,578	1,657
8		W21-7	모닝 드럼 세탁기	2025-05-01	세탁기	1,598천원	3,012	1,125
9					세탁기 평균		3,295	
10			2		세탁기 개수			
11		R12-3	리버 4도어 냉장고	2025-05-09	냉장고	3,000천원	2,123	878
12		R12-8	AI 4도어 냉장고	2025-05-02	냉장고	2,500천원	1,788	895
13		R12-2	마운틴 4도어 냉장고	2025-05-01	냉장고	3,525천원	1,833	356
14		R12-5	월드 5도어 냉장고	2025-05-03	냉장고	4,425천원	780	67
15					냉장고 평균		1,631	
16			4		냉장고 개수			
17					전체 평균		2,022	
18			8		전체 개수			
19								

[제4작업] 그래프 (100점)

☞ "**제1작업**" 시트를 이용하여 조건에 따라 ≪출력형태≫와 같이 작업하시오.

≪조건≫

(1) 차트 종류 ⇒ 〈묶은 세로 막대형〉으로 작업하시오.
(2) 데이터 범위 ⇒ "제1작업" 시트의 내용을 이용하여 작업하시오.
(3) 위치 ⇒ "새 시트"로 이동하고, "제4작업"으로 시트 이름을 바꾸시오.
(4) 차트 디자인 도구 ⇒ 레이아웃 3, 스타일 1을 선택하여 ≪출력형태≫에 맞게 작업하시오.
(5) 영역 서식 ⇒ 차트 : 글꼴(굴림, 11pt), 채우기 효과(질감-파랑 박엽지)
　　　　　　　　　그림 : 채우기(흰색, 배경1)
(6) 제목 서식 ⇒ 차트 제목 : 글꼴(굴림, 굵게, 20pt), 채우기(흰색, 배경1), 테두리
(7) 서식 ⇒ 판매수량(단위:대) 계열의 차트 종류를 〈표식이 있는 꺾은선형〉으로 변경한 후 보조 축으로 지정하시오.
　　　　　　계열 : ≪출력형태≫를 참조하여 표식(마름모, 크기 10)과 레이블 값을 표시하시오.
　　　　　　눈금선 : 선 스타일-파선
　　　　　　축 : ≪출력형태≫를 참조하시오.
(8) 범례 ⇒ 범례명을 변경하고 ≪출력형태≫를 참조하시오.
(9) 도형 ⇒ '말풍선: 모서리가 둥근 사각형 설명선'을 삽입한 후 ≪출력형태≫와 같이 내용을 입력하시오.
(10) 나머지 사항은 ≪출력형태≫에 맞게 작성하시오.

≪출력형태≫

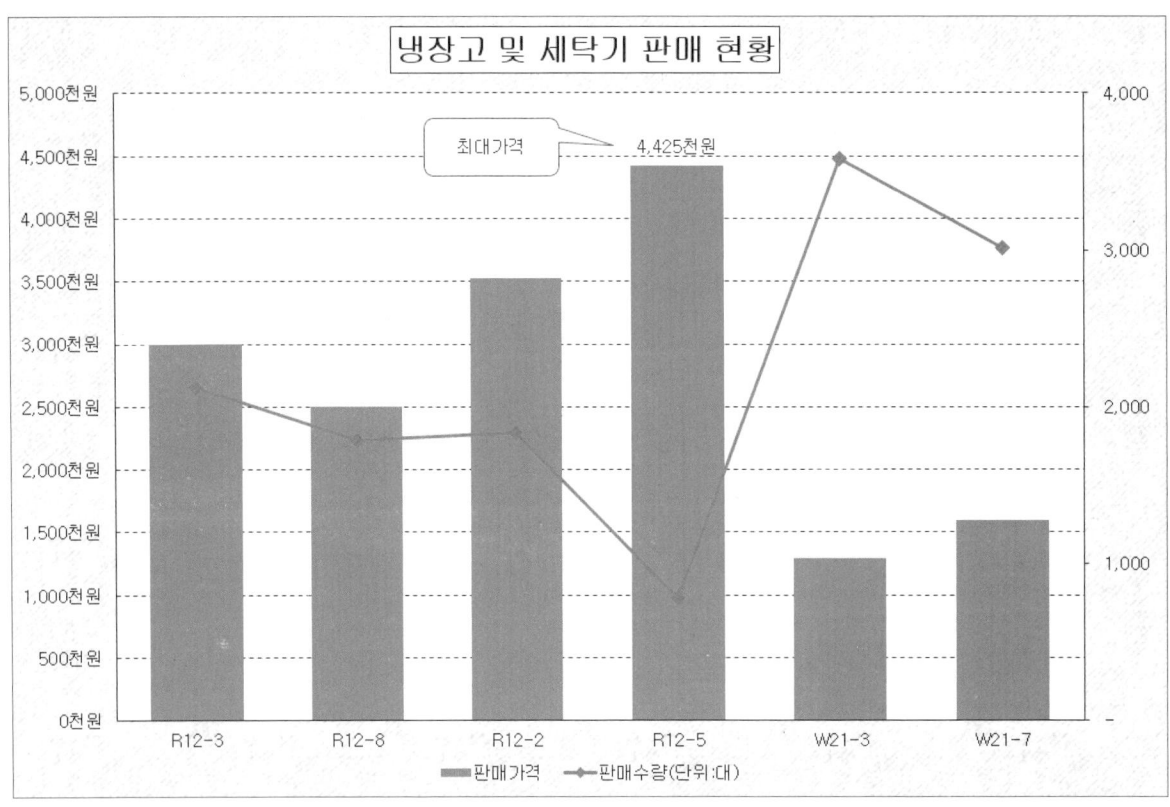

주의 ☞ 시트명 순서가 차례대로 "제1작업", "제2작업", "제3작업", "제4작업"이 되도록 할 것

제16회 최신기출유형

MS오피스

과 목	코드	문제유형	시험시간	수험번호	성 명
한글엑셀	1122	A	60분		

수험자 유의사항

- 수험자는 문제지를 받는 즉시 문제지와 <u>수험표상의 시험과목(프로그램)이 동일한지 반드시 확인</u>하여야 합니다.
- 파일명은 본인의 "수험번호-성명"으로 입력하여 답안폴더(내 PC/문서/ITQ)에 하나의 파일로 저장해야하며, 답안문서 파일명이 "수험번호-성명"과 일치하지 않거나, 답안파일을 전송하지 않아 미제출로 처리될 경우 실격 처리합니다(예:12345678-홍길동.xlsx).
- 답안 작성을 마치면 파일을 저장하고, '답안 전송' 버튼을 선택하여 감독위원 PC로 답안을 전송하십시오. 수험생 정보와 저장한 파일명이 다를 경우 전송되지 않으므로 주의하시기 바랍니다.
- 답안 작성 중에도 <u>주기적으로 저장하고, '답안 전송'</u>하여야 문제 발생을 줄일 수 있습니다. 작업한 내용을 저장하지 않고 전송할 경우 이전에 저장된 내용이 전송되오니 이점 유의하시기 바랍니다.
- 답안문서는 지정된 경로 외의 다른 보조기억장치에 저장하는 경우, 지정된 시험 시간 외에 작성된 파일을 활용할 경우, 기타 통신수단(이메일, 메신저, 네트워크 등)을 이용하여 타인에게 전달 또는 외부 반출하는 경우는 부정 처리합니다.
- 시험 중 부주의 또는 고의로 시스템을 파손한 경우는 수험자가 변상해야 하며, 〈수험자 유의사항〉에 기재된 방법대로 이행하지 않아 생기는 불이익은 수험생 당사자의 책임임을 알려 드립니다.
- 문제의 조건은 MS오피스 2021 버전으로 설정되어 있으니 유의하시기 바랍니다.
- 시험을 완료한 수험자는 답안파일이 전송되었는지 확인한 후 감독위원의 지시에 따라 문제지를 제출하고 퇴실합니다.

답안 작성요령

- 온라인 답안 작성 절차
  수험자 등록 ⇒ 시험 시작 ⇒ 답안파일 저장 ⇒ 답안 전송 ⇒ 시험 종료
- 문제는 총 4단계, 즉 제1작업부터 제4작업까지 구성되어 있으며 반드시 제1작업부터 순서대로 작성하고 조건대로 작업하시오.
- 모든 작업시트의 A열은 열 너비 '1'로, 나머지 열은 적당하게 조절하시오.
- 모든 작업시트의 테두리는 《출력형태》와 같이 작업하시오.
- 해당 작업란에서는 각각 제시된 조건에 따라 《출력형태》와 같이 작업하시오.
- 답안 시트 이름은 "제1작업", "제2작업", "제3작업", "제4작업"이어야 하며 답안 시트 이외의 것은 감점 처리됩니다.
- 각 시트를 파일로 나누어 작업해서 저장할 경우 실격 처리됩니다.

[제1작업] 표 서식 작성 및 값 계산(240점)

☞ 다음은 '커피 아지트 체인점 관리현황'에 대한 자료이다. 자료를 입력하고 조건에 맞도록 작업하시오.

≪출력형태≫

관리번호	체인점명	지역	오픈일자	매장규모(평)	등록고객수	전년매출(단위:만원)	등급	순위
F2453	첨단점	광주	2024-03-10	53	1,256	82,500	(1)	(2)
F1751	사당점	서울	2023-01-20	51	1,895	110,800	(1)	(2)
F3642	월평점	대전	2022-11-20	42	1,227	60,800	(1)	(2)
F2373	수완점	광주	2022-12-20	73	987	87,600	(1)	(2)
F1451	명동점	서울	2022-05-20	51	2,651	125,300	(1)	(2)
F3262	용운점	대전	2023-09-10	62	1,277	96,300	(1)	(2)
F1261	강남점	서울	2022-10-10	61	1,689	103,000	(1)	(2)
F3153	송촌점	대전	2024-02-10	53	784	78,500	(1)	(2)
광주지역의 등록고객수 평균			(3)			최대 전년매출(단위:만원)		(5)
대전지역의 체인점 개수			(4)			체인점명	첨단점	오픈일자	(6)

결재: 담당, 팀장, 본부장

≪조건≫

○ 모든 데이터의 서식에는 글꼴(굴림, 11pt), 정렬은 숫자 및 회계 서식은 오른쪽 정렬, 나머지 서식은 가운데 정렬로 작성하며 예외적인 것은 ≪출력형태≫를 참조하시오.

○ 제 목 ⇒ 도형(십자형)과 그림자(오프셋 오른쪽)를 이용하여 작성하고
"커피 아지트 체인점 관리현황"을 입력한 후 다음 서식을 적용하시오
(글꼴-굴림, 24pt, 검정, 굵게, 채우기-노랑).

○ 임의의 셀에 결재란을 작성하여 그림으로 복사 기능을 이용하여 붙이기 하시오(단, 원본 삭제).

○ 「B4:J4, G14, I14」 영역은 '주황'으로 채우기 하시오.

○ 유효성 검사를 이용하여 「H14」 셀에 체인점명(「C5:C12」 영역)이 선택 표시되도록 하시오.

○ 셀 서식 ⇒ 「G5:G12」 영역에 셀 서식을 이용하여 숫자 뒤에 '명'을 표시하시오(예 : 1,895명).

○ 「D5:D12」 영역에 대해 '지역'으로 이름정의를 하시오.

☞ (1)~(6) 셀은 반드시 **주어진 함수를 이용**하여 값을 구하시오(결과값을 직접 입력하면 해당 셀은 0점 처리됨).

(1) 등급 ⇒ 관리번호의 마지막 글자가 1이면 '골드', 2이면 '실버', 3이면 '일반'으로 표시하시오
(CHOOSE, RIGHT 함수).

(2) 순위 ⇒ 등록고객수의 내림차순 순위를 구하시오(RANK.EQ 함수).

(3) 광주지역의 등록고객수 평균 ⇒ 반올림하여 예와 같이 구하시오. 단, 조건은 입력데이터를 이용하시오
(ROUND, DAVERAGE 함수)(예 : 265 → 270).

(4) 대전지역의 체인점 개수 ⇒ 정의된 이름(지역)을 이용하여 구한 결과값에 '개'를 붙이시오
(COUNTIF 함수, & 연산자)(예 : 1개).

(5) 최대 전년매출(단위:만원) ⇒ (MAX 함수)

(6) 오픈일자 ⇒ 「H14」 셀에서 선택한 체인점명에 대한 오픈일자를 구하시오
(VLOOKUP 함수)(예 : 2025-01-01).

(7) 조건부 서식의 수식을 이용하여 등록고객수가 '1,000' 이하인 행 전체에 다음의 서식을 적용하시오
(글꼴 : 파랑, 굵게).

[제2작업] 필터 및 서식(80점)

☞ **"제1작업"** 시트의 「B4:H12」 영역을 복사하여 **"제2작업"** 시트의 「B2」 셀부터 모두 붙여넣기를 한 후 다음의 조건과 같이 작업하시오.

≪조건≫

(1) 고급 필터 – 지역이 '광주'이거나, 오픈일자 '2024-01-01' 이후인(해당일 포함) 자료의 체인점명, 지역, 등록고객수, 전년매출(단위:만원) 데이터만 추출하시오.
- 조건 범위 : 「B14」 셀부터 입력하시오.
- 복사 위치 : 「B18」 셀부터 나타나도록 하시오.

(2) 표 서식 – 고급필터의 결과셀을 채우기 없음으로 설정한 후 '표 스타일 보통 7'의 서식을 적용하시오.
- 머리글 행, 줄무늬 행을 적용하시오.

[제3작업] 피벗테이블(80점)

☞ **"제1작업"** 시트를 이용하여 **"제3작업"** 시트에 조건에 따라 ≪출력형태≫와 같이 작업하시오.

≪조건≫

(1) 등록고객수 및 지역별 체인점명의 개수와 전년매출(단위:만원)의 평균을 구하시오.
(2) 등록고객수를 그룹화하고, 지역을 ≪출력형태≫와 같이 정렬하시오.
(3) 레이블이 있는 셀 병합 및 가운데 맞춤 적용 및 빈 셀은 '***'로 표시하시오.
(4) 행의 총합계는 지우고, 나머지 사항은 ≪출력형태≫에 맞게 작성하시오.

≪출력형태≫

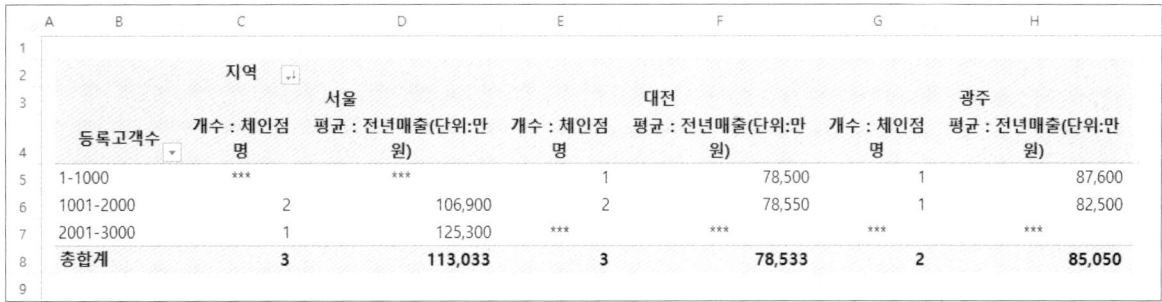

[제4작업] 그래프(100점)

☞ "**제1작업**" 시트를 이용하여 조건에 따라 《출력형태》와 같이 작업하시오.

《조건》

(1) 차트 종류 ⇒ 〈묶은 세로 막대형〉으로 작업하시오.
(2) 데이터 범위 ⇒ "제1작업" 시트의 내용을 이용하여 작업하시오.
(3) 위치 ⇒ "새 시트"로 이동하고, "제4작업"으로 시트 이름을 바꾸시오.
(4) 차트 디자인 도구 ⇒ 레이아웃 3, 스타일 1을 선택하여 《출력형태》에 맞게 작업하시오.
(5) 영역 서식 ⇒ 차트 : 글꼴(굴림, 11pt), 채우기 효과(질감-분홍 박엽지)
　　　　　　　　그림 : 채우기(흰색, 배경1)
(6) 제목 서식 ⇒ 차트 제목 : 글꼴(굴림, 굵게, 20pt), 채우기(흰색, 배경1), 테두리
(7) 서식 ⇒ 전년매출(단위:만원) 계열의 차트 종류를 〈표식이 있는 꺾은선형〉으로 변경한 후 보조 축으로 지정하시오.
　　　　　계열 : 《출력형태》를 참조하여 표식(세모, 크기 10)과 레이블 값을 표시하시오.
　　　　　눈금선 : 선 스타일-파선
　　　　　축 : 《출력형태》를 참조하시오.
(8) 범례 ⇒ 범례명을 변경하고 《출력형태》를 참조하시오.
(9) 도형 ⇒ '말풍선: 모서리가 둥근 사각형 설명선'을 삽입한 후 《출력형태》와 같이 내용을 입력하시오.
(10) 나머지 사항은 《출력형태》에 맞게 작성하시오.

《출력형태》

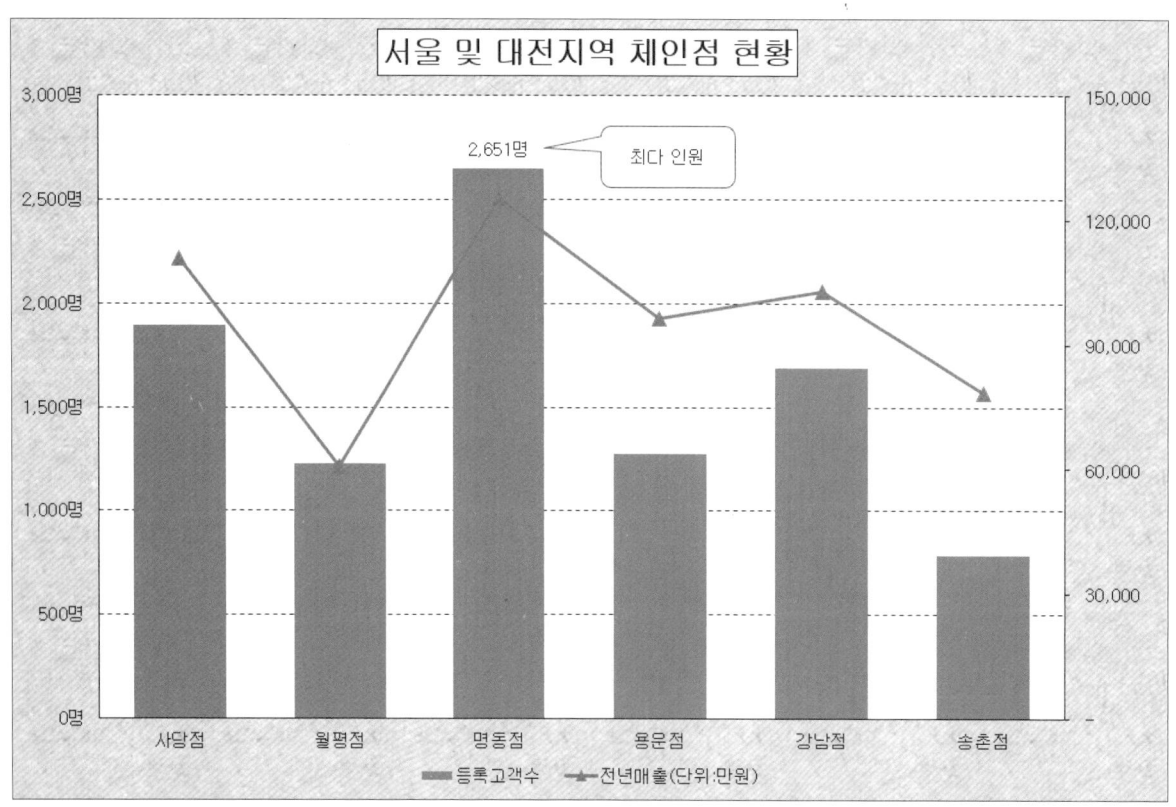

주의 ☞ 시트명 순서가 차례대로 "제1작업", "제2작업", "제3작업", "제4작업"이 되도록 할 것

제17회 최신기출유형 MS오피스

과목	코드	문제유형	시험시간	수험번호	성명
한글엑셀	1122	B	60분		

수험자 유의사항

- 수험자는 문제지를 받는 즉시 문제지와 **수험표상의 시험과목(프로그램)이 동일한지 반드시 확인**하여야 합니다.
- 파일명은 본인의 "**수험번호-성명**"으로 입력하여 답안폴더(내 PC/문서/ITQ)에 하나의 파일로 저장해야하며, 답안문서 파일명이 "수험번호-성명"과 일치하지 않거나, 답안파일을 전송하지 않아 미제출로 처리될 경우 실격 처리합니다(예:12345678-홍길동.xlsx).
- 답안 작성을 마치면 파일을 저장하고, '답안 전송' 버튼을 선택하여 감독위원 PC로 답안을 전송하십시오. 수험생 정보와 저장한 파일명이 다를 경우 전송되지 않으므로 주의하시기 바랍니다.
- 답안 작성 중에도 **주기적으로 저장하고, '답안 전송'**하여야 문제 발생을 줄일 수 있습니다. 작업한 내용을 저장하지 않고 전송할 경우 이전에 저장된 내용이 전송되오니 이점 유의하시기 바랍니다.
- 답안문서는 지정된 경로 외의 다른 보조기억장치에 저장하는 경우, 지정된 시험 시간 외에 작성된 파일을 활용할 경우, 기타 통신수단(이메일, 메신저, 네트워크 등)을 이용하여 타인에게 전달 또는 외부 반출하는 경우는 부정 처리합니다.
- 시험 중 부주의 또는 고의로 시스템을 파손한 경우는 수험자가 변상해야 하며, 〈수험자 유의사항〉에 기재된 방법대로 이행하지 않아 생기는 불이익은 수험생 당사자의 책임임을 알려 드립니다.
- 문제의 조건은 MS오피스 2021 버전으로 설정되어 있으니 유의하시기 바랍니다.
- 시험을 완료한 수험자는 답안파일이 전송되었는지 확인한 후 감독위원의 지시에 따라 문제지를 제출하고 퇴실합니다.

답안 작성요령

- 온라인 답안 작성 절차
  수험자 등록 ⇒ 시험 시작 ⇒ 답안파일 저장 ⇒ 답안 전송 ⇒ 시험 종료
- 문제는 총 4단계, 즉 제1작업부터 제4작업까지 구성되어 있으며 반드시 제1작업부터 순서대로 작성하고 조건대로 작업하시오.
- 모든 작업시트의 A열은 열 너비 '1'로, 나머지 열은 적당하게 조절하시오.
- 모든 작업시트의 테두리는 《출력형태》와 같이 작업하시오.
- 해당 작업란에서는 각각 제시된 조건에 따라 《출력형태》와 같이 작업하시오.
- 답안 시트 이름은 "제1작업", "제2작업", "제3작업", "제4작업"이어야 하며 답안 시트 이외의 것은 감점 처리됩니다.
- 각 시트를 파일로 나누어 작업해서 저장할 경우 실격 처리됩니다.

[제1작업] 표 서식 작성 및 값 계산(240점)

☞ 다음은 '공연 티켓 온라인 예매 현황'에 대한 자료이다. 자료를 입력하고 조건에 맞도록 작업하시오.

≪출력형태≫

관리번호	공연명	구분	공연일	공연시간(분)	관람료(단위:원)	예매수량	공연지역	예매순위
C81-1	종의 기원	뮤지컬	2025-06-12	120	66,000	1,214	(1)	(2)
S36-2	백조의 호수	발레	2025-05-31	130	100,000	800	(1)	(2)
G64-3	킬링시저	연극	2025-07-27	100	66,000	780	(1)	(2)
J35-2	랑데부	연극	2025-05-15	100	70,000	955	(1)	(2)
L36-3	컨택트	뮤지컬	2025-06-21	100	33,000	1,750	(1)	(2)
J54-2	죽여주는 이야기	연극	2025-05-29	90	50,000	690	(1)	(2)
P15-1	갓	발레	2025-07-22	70	30,000	1,450	(1)	(2)
F34-1	붉은 정원	뮤지컬	2025-06-10	100	55,000	819	(1)	(2)
뮤지컬 공연 예매수량 합계			(3)		최대 예매수량			(5)
발레 공연 개수			(4)		공연명	종의 기원	관람료(단위:원)	(6)

제목: 공연 티켓 온라인 예매 현황
확인: 사원 / 팀장 / 부장

≪조건≫

○ 모든 데이터의 서식에는 글꼴(굴림, 11pt), 정렬은 숫자 및 회계 서식은 오른쪽 정렬, 나머지 서식은 가운데 정렬로 작성하며 예외적인 것은 ≪출력형태≫를 참조하시오.

○ 제 목 ⇒ 도형(배지)과 그림자(오프셋 오른쪽)를 이용하여 작성하고
"공연 티켓 온라인 예매 현황"을 입력한 후 다음 서식을 적용하시오
(글꼴-굴림, 24pt, 검정, 굵게, 채우기-노랑).

○ 임의의 셀에 결재란을 작성하여 그림으로 복사 기능을 이용하여 붙이기 하시오(단, 원본 삭제).

○ 「B4:J4, G14, I14」 영역은 '주황'으로 채우기 하시오.

○ 유효성 검사를 이용하여 「H14」 셀에 공연명(「C5:C12」 영역)이 표시되도록 하시오.

○ 셀 서식 ⇒ 「H5:H12」 영역에 셀 서식을 이용하여 숫자 뒤에 '매'를 표시하시오(예 : 1,214매).

○ 「D5:D12」 영역에 대해 '구분'으로 이름정의를 하시오.

☞ (1)~(6) 셀은 반드시 **주어진 함수를 이용**하여 값을 구하시오(결과값을 직접 입력하면 해당 셀은 0점 처리됨).

(1) 공연지역 ⇒ 관리번호의 마지막 글자가 1이면 '서울', 2이면 '부산', 3이면 '대전'으로 표시하시오
(CHOOSE, RIGHT 함수).

(2) 예매순위 ⇒ 예매수량의 내림차순 순위를 1~3까지 구하고, 그 외에는 공백으로 표시하시오
(IF, RANK.EQ 함수).

(3) 뮤지컬 공연 예매수량 합계 ⇒ 조건은 입력데이터를 이용하시오(DSUM 함수).

(4) 발레 공연 개수 ⇒ 정의된 이름(구분)을 이용하여 구한 결과값에 '개'를 붙이시오
(COUNTIF 함수, & 연산자)(예 : 1개).

(5) 최대 예매수량 ⇒ (MAX 함수)

(6) 관람료(단위:원) ⇒ 「H14」 셀에서 선택한 공연명에 대한 관람료(단위:원)을 표시하시오
(VLOOKUP 함수).

(7) 조건부 서식의 수식을 이용하여 예매수량이 '1,000' 이상인 행 전체에 다음의 서식을 적용하시오
(글꼴 : 파랑, 굵게).

[제2작업] 목표값 찾기 및 필터(80점)

☞ **"제1작업"** 시트의 「B4:H12」 영역을 복사하여 **"제2작업"** 시트의 「B2」 셀부터 모두 붙여넣기를 한 후 다음의 조건과 같이 작업하시오.

≪조건≫

(1) 목표값 찾기 - 「B11:G11」 셀을 병합하고, 가운데 맞춤한 후 "뮤지컬 예매수량의 평균"을 입력하고, 「H11」 셀에 뮤지컬 예매수량의 평균을 구하시오. 단, 조건은 입력데이터를 이용하시오
 (DAVERAGE 함수, 테두리).
 - '뮤지컬 예매수량의 평균'이 '1,300'이 되려면 종의 기원의 예매수량이 얼마가 되어야 하는지 목표값을 구하시오.

(2) 고급필터 - 구분이 '뮤지컬'이 아니면서 공연시간(분)이 '100' 이상인 자료의 관리번호, 공연일, 관람료(단위:원), 예매수량 데이터만 추출하시오.
 - 조건 범위 : 「B14」 셀부터 입력하시오.
 - 복사 위치 : 「B18」 셀부터 나타나도록 하시오.

[제3작업] 정렬 및 부분합(80점)

☞ **"제1작업"** 시트의 「B4:H12」 영역을 복사하여 **"제3작업"** 시트의 「B2」 셀부터 모두 붙여넣기를 한 후 다음의 조건과 같이 작업하시오.

≪조건≫

(1) 부분합 - ≪출력형태≫처럼 정렬하고, 공연명의 개수와 예매수량의 평균을 구하시오.
(2) 개요 - 지우시오.
(3) 나머지 사항은 ≪출력형태≫에 맞게 작성하시오.

≪출력형태≫

관리번호	공연명	구분	공연일	공연시간(분)	관람료(단위:원)	예매수량
G64-3	킬링시저	연극	2025-07-27	100	66,000	780매
J35-2	랑데부	연극	2025-05-15	100	70,000	955매
J54-2	죽여주는 이야기	연극	2025-05-29	90	50,000	690매
		연극 평균				808매
3		연극 개수				
S36-2	백조의 호수	발레	2025-05-31	130	100,000	800매
P15-1	갓	발레	2025-07-22	70	30,000	1,450매
		발레 평균				1,125매
2		발레 개수				
C81-1	종의 기원	뮤지컬	2025-06-12	120	66,000	1,214매
L36-3	컨택트	뮤지컬	2025-06-21	100	33,000	1,750매
F34-1	붉은 정원	뮤지컬	2025-06-10	100	55,000	819매
		뮤지컬 평균				1,261매
3		뮤지컬 개수				
		전체 평균				1,057매
8		전체 개수				

[제4작업] 그래프 (100점)

☞ **"제1작업"** 시트를 이용하여 조건에 따라 《출력형태》와 같이 작업하시오.

≪조건≫

(1) 차트 종류 ⇒ 〈묶은 세로 막대형〉으로 작업하시오.
(2) 데이터 범위 ⇒ "제1작업" 시트의 내용을 이용하여 작업하시오.
(3) 위치 ⇒ "새 시트"로 이동하고, "제4작업"으로 시트 이름을 바꾸시오.
(4) 차트 디자인 도구 ⇒ 레이아웃 3, 스타일 1을 선택하여 ≪출력형태≫에 맞게 작업하시오.
(5) 영역 서식 ⇒ 차트 : 글꼴(굴림, 11pt), 채우기 효과(질감-분홍 박엽지)
　　　　　　　　그림 : 채우기(흰색, 배경1)
(6) 제목 서식 ⇒ 차트 제목 : 글꼴(굴림, 굵게, 20pt), 채우기(흰색, 배경1), 테두리
(7) 서식 ⇒ 예매수량 계열의 차트 종류를 〈표식이 있는 꺾은선형〉으로 변경한 후 보조 축으로 지정하시오.
　　　　　계열 : ≪출력형태≫를 참조하여 표식(마름모, 크기 10)과 레이블 값을 표시하시오.
　　　　　눈금선 : 선 스타일-파선
　　　　　축 : ≪출력형태≫를 참조하시오.
(8) 범례 ⇒ 범례명을 변경하고 ≪출력형태≫를 참조하시오.
(9) 도형 ⇒ '말풍선: 모서리가 둥근 사각형 설명선'을 삽입한 후 ≪출력형태≫와 같이 내용을 입력하시오.
(10) 나머지 사항은 ≪출력형태≫에 맞게 작성하시오.

≪출력형태≫

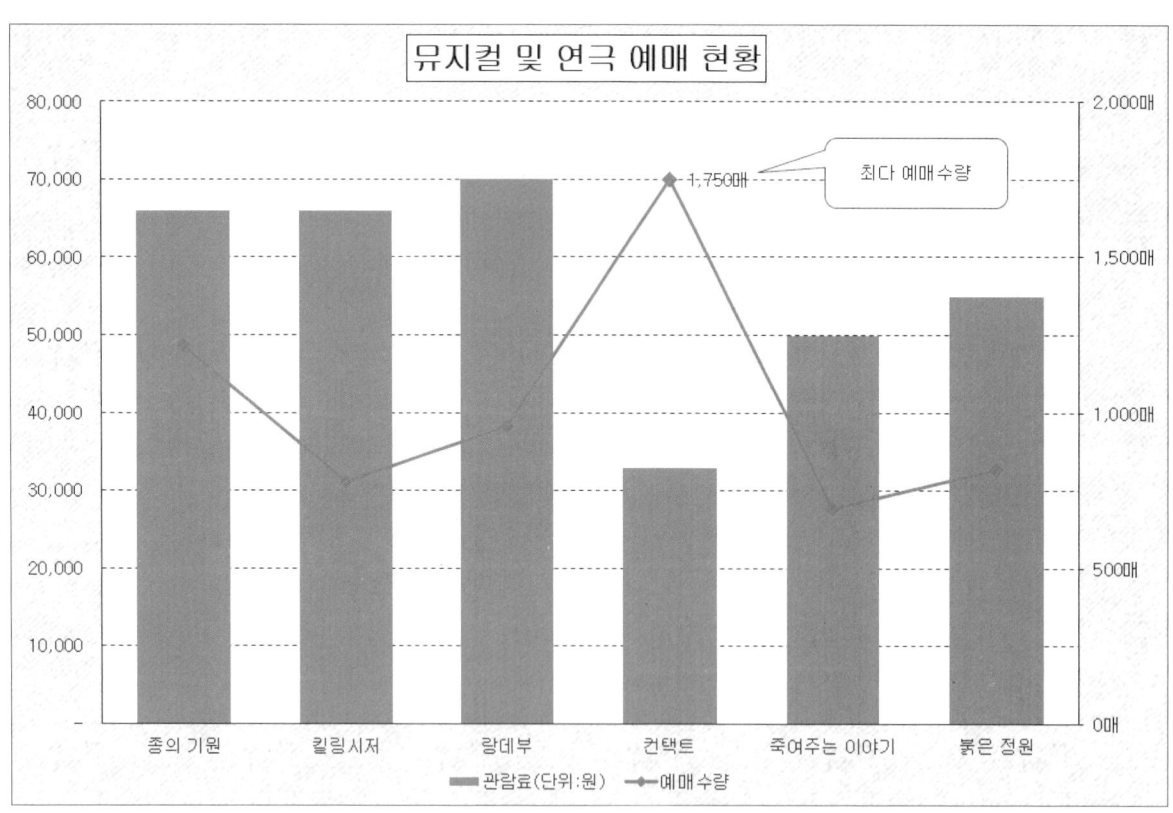

주의 ☞ 시트명 순서가 차례대로 "제1작업", "제2작업", "제3작업", "제4작업"이 되도록 할 것

제18회 최신기출유형 MS오피스

과 목	코드	문제유형	시험시간	수험번호	성 명
한글엑셀	1122	C	60분		

수험자 유의사항

- 수험자는 문제지를 받는 즉시 문제지와 **수험표상의 시험과목(프로그램)이 동일한지 반드시 확인**하여야 합니다.

- 파일명은 본인의 "수험번호-성명"으로 입력하여 답안폴더(내 PC/문서/ITQ)에 하나의 파일로 저장해야하며, 답안문서 파일명이 "수험번호-성명"과 일치하지 않거나, 답안파일을 전송하지 않아 미제출로 처리될 경우 실격 처리합니다(예:12345678-홍길동.xlsx).

- 답안 작성을 마치면 파일을 저장하고, '답안 전송' 버튼을 선택하여 감독위원 PC로 답안을 전송하십시오. 수험생 정보와 저장한 파일명이 다를 경우 전송되지 않으므로 주의하시기 바랍니다.

- 답안 작성 중에도 **주기적으로 저장하고, '답안 전송'**하여야 문제 발생을 줄일 수 있습니다. 작업한 내용을 저장하지 않고 전송할 경우 이전에 저장된 내용이 전송되오니 이점 유의하시기 바랍니다.

- 답안문서는 지정된 경로 외의 다른 보조기억장치에 저장하는 경우, 지정된 시험 시간 외에 작성된 파일을 활용할 경우, 기타 통신수단(이메일, 메신저, 네트워크 등)을 이용하여 타인에게 전달 또는 외부 반출하는 경우는 부정 처리합니다.

- 시험 중 부주의 또는 고의로 시스템을 파손한 경우는 수험자가 변상해야 하며, 〈수험자 유의사항〉에 기재된 방법대로 이행하지 않아 생기는 불이익은 수험생 당사자의 책임임을 알려 드립니다.

- 문제의 조건은 MS오피스 2021 버전으로 설정되어 있으니 유의하시기 바랍니다.

- 시험을 완료한 수험자는 답안파일이 전송되었는지 확인한 후 감독위원의 지시에 따라 문제지를 제출하고 퇴실합니다.

답안 작성요령

- 온라인 답안 작성 절차
  수험자 등록 ⇒ 시험 시작 ⇒ 답안파일 저장 ⇒ 답안 전송 ⇒ 시험 종료

- 문제는 총 4단계, 즉 제1작업부터 제4작업까지 구성되어 있으며 반드시 제1작업부터 순서대로 작성하고 조건대로 작업하시오.

- 모든 작업시트의 A열은 열 너비 '1'로, 나머지 열은 적당하게 조절하시오.

- 모든 작업시트의 테두리는 《출력형태》와 같이 작업하시오.

- 해당 작업란에서는 각각 제시된 조건에 따라 《출력형태》와 같이 작업하시오.

- 답안 시트 이름은 "제1작업", "제2작업", "제3작업", "제4작업"이어야 하며 답안 시트 이외의 것은 감점 처리됩니다.

- 각 시트를 파일로 나누어 작업해서 저장할 경우 실격 처리됩니다.

[제1작업] 표 서식 작성 및 값 계산(240점)

☞ 다음은 '가방쟁이 쇼핑몰 판매 현황'에 대한 자료이다. 자료를 입력하고 조건에 맞도록 작업하시오.

≪출력형태≫

상품코드	상품명	분류	출시일	할인율	판매가	판매량(단위:개)	판매순위	비고
S9552	아리아리	백팩	2024-12-17	5%	230,000	1,018	(1)	(2)
R3652	롤리핑	노트북가방	2023-01-09	20%	130,000	869	(1)	(2)
S2501	제인	노트북가방	2024-03-07	10%	210,000	2,519	(1)	(2)
K1523	캐터피	크로스백	2025-01-27	10%	98,200	473	(1)	(2)
E9462	쿠로미	백팩	2023-01-11	15%	165,000	2,223	(1)	(2)
K9403	마카핑	크로스백	2024-01-31	30%	150,000	1,568	(1)	(2)
S6482	루딘	백팩	2024-11-04	5%	187,000	609	(1)	(2)
D3171	리자드	노트북가방	2025-02-24	17%	120,000	1,365	(1)	(2)
백팩 판매량(단위:개) 평균			(3)		크로스백 상품 개수			(5)
최저 판매량(단위:개)			(4)		상품명	아리아리	출시일	(6)

≪조건≫

○ 모든 데이터의 서식에는 글꼴(굴림, 11pt), 정렬은 숫자 및 회계 서식은 오른쪽 정렬, 나머지 서식은 가운데 정렬로 작성하며 예외적인 것은 ≪출력형태≫를 참조하시오.
○ 제 목 ⇒ 도형(십자형)과 그림자(오프셋 오른쪽)를 이용하여 작성하고
  "가방쟁이 쇼핑몰 판매 현황"을 입력한 후 다음 서식을 적용하시오
  (글꼴-굴림, 24pt, 검정, 굵게, 채우기-노랑).
○ 임의의 셀에 결재란을 작성하여 그림으로 복사 기능을 이용하여 붙이기 하시오(단, 원본 삭제).
○ 「B4:J4, G14, I14」 영역은 '주황'으로 채우기 하시오.
○ 유효성 검사를 이용하여 「H14」 셀에 상품명(「C5:C12」 영역)이 선택 표시되도록 하시오.
○ 셀 서식 ⇒ 「G5:G12」 영역에 셀 서식을 이용하여 숫자 뒤에 '원'을 표시하시오(예 : 230,000원).
○ 「D5:D12」 영역에 대해 '분류'로 이름정의를 하시오.

☞ (1)~(6) 셀은 반드시 **주어진 함수를 이용**하여 값을 구하시오(결과값을 직접 입력하면 해당 셀은 0점 처리됨).

(1) 판매 순위 ⇒ 판매량(단위:개)의 내림차순 순위를 구하시오(RANK.EQ 함수).
(2) 비고 ⇒ 상품코드의 마지막 글자가 1이면 '남성', 2이면 '여성', 3이면 '키즈'로 표시하시오
  (CHOOSE, RIGHT 함수).
(3) 백팩 판매량(단위:개) 평균 ⇒ 반올림하여 예와 같이 구하시오. 단, 조건은 입력데이터를 이용하시오
  (ROUND, DAVERAGE 함수)(예 : 2,543 → 2,500).
(4) 최저 판매량(단위:개) ⇒ (MIN 함수)
(5) 크로스백 상품 개수 ⇒ 정의된 이름(분류)을 이용하여 구한 결과값에 '개'를 붙이시오
  (COUNTIF 함수, & 연산자)(예 : 1개).
(6) 출시일 ⇒ 「H14」 셀에서 선택한 상품명에 대한 출시일을 구하시오
  (VLOOKUP 함수)(예 : 2025-01-01).
(7) 조건부 서식의 수식을 이용하여 판매가가 '200,000' 이상인 행 전체에 다음의 서식을 적용하시오
  (글꼴 : 파랑, 굵게).

[제2작업] 필터 및 서식(80점)

☞ "**제1작업**" 시트의 「B4:H12」 영역을 복사하여 "**제2작업**" 시트의 「B2」 셀부터 모두 붙여넣기를 한 후 다음의 조건과 같이 작업하시오.

≪조건≫

(1) 고급 필터 – 분류가 '크로스백'이거나, 출시일 '2025-01-01' 이후인(해당일 포함) 자료의 상품명, 할인율, 판매가, 판매량(단위:개) 데이터만 추출하시오.
  – 조건 범위 : 「B14」 셀부터 입력하시오.
  – 복사 위치 : 「B18」 셀부터 나타나도록 하시오.

(2) 표 서식 – 고급필터의 결과셀을 채우기 없음으로 설정한 후 '표 스타일 보통 7'의 서식을 적용하시오.
  – 머리글 행, 줄무늬 행을 적용하시오.

[제3작업] 피벗테이블(80점)

☞ "**제1작업**" 시트를 이용하여 "**제3작업**" 시트에 조건에 따라 ≪출력형태≫와 같이 작업하시오.

≪조건≫

(1) 판매가 및 분류별 상품명의 개수와 판매량(단위:개)의 평균을 구하시오.
(2) 판매가를 그룹화하고, 분류를 ≪출력형태≫와 같이 정렬하시오.
(3) 레이블이 있는 셀 병합 및 가운데 맞춤 적용 및 빈 셀은 '***'로 표시하시오.
(4) 행의 총합계는 지우고, 나머지 사항은 ≪출력형태≫에 맞게 작성하시오.

≪출력형태≫

[제4작업] 그래프 (100점)

☞ "**제1작업**" 시트를 이용하여 조건에 따라 《출력형태》와 같이 작업하시오.

≪조건≫

(1) 차트 종류 ⇒ 〈묶은 세로 막대형〉으로 작업하시오.
(2) 데이터 범위 ⇒ "제1작업" 시트의 내용을 이용하여 작업하시오.
(3) 위치 ⇒ "새 시트"로 이동하고, "제4작업"으로 시트 이름을 바꾸시오.
(4) 차트 디자인 도구 ⇒ 레이아웃 3, 스타일 1을 선택하여 ≪출력형태≫에 맞게 작업하시오.
(5) 영역 서식 ⇒ 차트 : 글꼴(굴림, 11pt), 채우기 효과(질감-분홍 박엽지)
  그림 : 채우기(흰색, 배경1)
(6) 제목 서식 ⇒ 차트 제목 : 글꼴(굴림, 굵게, 20pt), 채우기(흰색, 배경1), 테두리
(7) 서식 ⇒ 판매량(단위:개) 계열의 차트 종류를 〈표식이 있는 꺾은선형〉으로 변경한 후 보조 축으로 지정하시오.
  계열 : ≪출력형태≫를 참조하여 표식(세모, 크기 10)과 레이블 값을 표시하시오.
  눈금선 : 선 스타일-파선
  축 : ≪출력형태≫를 참조하시오.
(8) 범례 ⇒ 범례명을 변경하고 ≪출력형태≫를 참조하시오.
(9) 도형 ⇒ '말풍선: 모서리가 둥근 사각형 설명선'을 삽입한 후 ≪출력형태≫와 같이 내용을 입력하시오.
(10) 나머지 사항은 ≪출력형태≫에 맞게 작성하시오.

≪출력형태≫

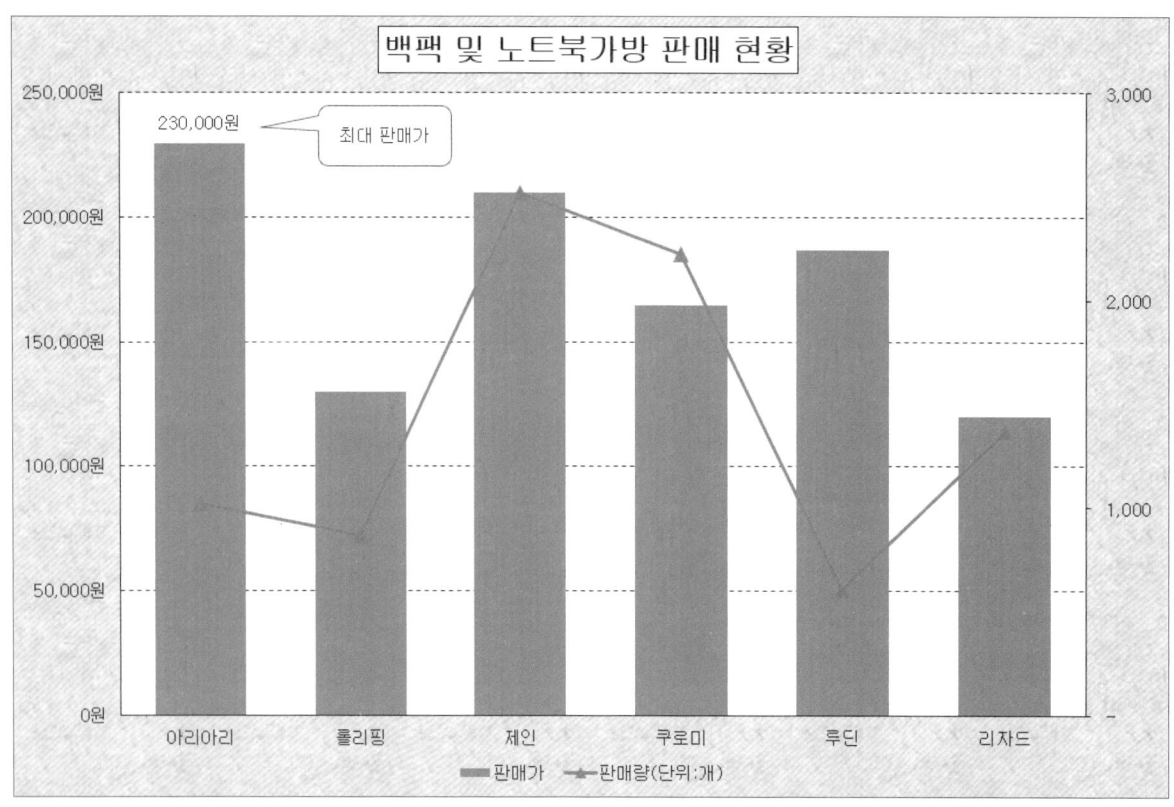

주의 ☞ 시트명 순서가 차례대로 "제1작업", "제2작업", "제3작업", "제4작업"이 되도록 할 것

제19회 최신기출유형 **MS오피스**

과 목	코드	문제유형	시험시간	수험번호	성 명
한글엑셀	1122	D	60분		

수험자 유의사항

- 수험자는 문제지를 받는 즉시 문제지와 **수험표상의 시험과목(프로그램)이 동일한지 반드시 확인**하여야 합니다.
- 파일명은 본인의 "수험번호-성명"으로 입력하여 답안폴더(내 PC/문서/ITQ)에 하나의 파일로 저장해야하며, 답안문서 파일명이 "수험번호-성명"과 일치하지 않거나, 답안파일을 전송하지 않아 미제출로 처리될 경우 실격 처리합니다(예:12345678-홍길동.xlsx).
- 답안 작성을 마치면 파일을 저장하고, '답안 전송' 버튼을 선택하여 감독위원 PC로 답안을 전송하십시오. 수험생 정보와 저장한 파일 명이 다를 경우 전송되지 않으므로 주의하시기 바랍니다.
- 답안 작성 중에도 **주기적으로 저장하고, '답안 전송'**하여야 문제 발생을 줄일 수 있습니다. 작업한 내용을 저장하지 않고 전송할 경 우 이전에 저장된 내용이 전송되오니 이점 유의하시기 바랍니다.
- 답안문서는 지정된 경로 외의 다른 보조기억장치에 저장하는 경우, 지정된 시험 시간 외에 작성된 파일을 활용할 경우, 기타 통신수 단(이메일, 메신저, 네트워크 등)을 이용하여 타인에게 전달 또는 외부 반출하는 경우는 부정 처리합니다.
- 시험 중 부주의 또는 고의로 시스템을 파손한 경우는 수험자가 변상해야 하며, 〈수험자 유의사항〉에 기재된 방법대로 이행하지 않아 생기는 불이익은 수험생 당사자의 책임임을 알려 드립니다.
- 문제의 조건은 MS오피스 2021 버전으로 설정되어 있으니 유의하시기 바랍니다.
- 시험을 완료한 수험자는 답안파일이 전송되었는지 확인한 후 감독위원의 지시에 따라 문제지를 제출하고 퇴실합니다.

답안 작성요령

- 온라인 답안 작성 절차
  수험자 등록 ⇒ 시험 시작 ⇒ 답안파일 저장 ⇒ 답안 전송 ⇒ 시험 종료
- 문제는 총 4단계, 즉 제1작업부터 제4작업까지 구성되어 있으며 반드시 제1작업부터 순서대로 작성하고 조건대로 작업하시오.
- 모든 작업시트의 A열은 열 너비 '1'로, 나머지 열은 적당하게 조절하시오.
- 모든 작업시트의 테두리는 《출력형태》와 같이 작업하시오.
- 해당 작업란에서는 각각 제시된 조건에 따라 《출력형태》와 같이 작업하시오.
- 답안 시트 이름은 "제1작업", "제2작업", "제3작업", "제4작업"이어야 하며 답안 시트 이외의 것은 감점 처리됩니다.
- 각 시트를 파일로 나누어 작업해서 저장할 경우 실격 처리됩니다.

[제1작업] 표 서식 작성 및 값 계산(240점)

☞ 다음은 '국비 지원 지역축제 개최 계획'에 대한 자료이다. 자료를 입력하고 조건에 맞도록 작업하시오.

≪출력형태≫

관리번호	축제명	축제유형	방문객수	시작년도	국비지원 비율	예산 (단위:백만원)	순위	조직형태
CA-010	드라마페스티벌	문화예술	1,260,000	2006	56.6%	1,060	(1)	(2)
CP-003	왕인 문화축제	문화예술	890,000	1997	2.2%	1,645	(1)	(2)
NC-004	장흥 물축제	생태자연	660,027	2008	1.6%	2,216	(1)	(2)
TF-010	미디어 아트쇼	전통역사	485,957	2021	50.1%	1,600	(1)	(2)
TP-009	목포 항구축제	전통역사	224,750	2006	52.2%	690	(1)	(2)
NF-006	화성 뱃놀이축제	생태자연	211,768	2008	2.4%	1,522	(1)	(2)
TM-006	개항장 문화재	전통역사	110,000	2016	40.2%	1,000	(1)	(2)
CF-006	실향민 문화축제	문화예술	98,725	2016	39.4%	330	(1)	(2)
문화예술 축제 방문객수 평균			(3)			2010년 이후 신설된 축제 개수		(5)
국비지원 금액 합계(백만원)			(4)			관리번호	CA-010	방문객수	(6)

제목: 국비 지원 지역축제 개최 계획

결재란: 담당 / 과장 / 국장

≪조건≫

○ 모든 데이터의 서식에는 글꼴(굴림, 11pt), 정렬은 숫자 및 회계 서식은 오른쪽 정렬, 나머지 서식은 가운데 정렬로 작성하며 예외적인 것은 ≪출력형태≫를 참조하시오.

○ 제 목 ⇒ 도형(사다리꼴)과 그림자(오프셋 오른쪽)를 이용하여 작성하고
"국비 지원 지역축제 개최 계획"을 입력한 후 다음 서식을 적용하시오
(글꼴-굴림, 24pt, 검정, 굵게, 채우기-노랑).

○ 임의의 셀에 결재란을 작성하여 그림으로 복사 기능을 이용하여 붙이기 하시오(단, 원본 삭제).

○ 「B4:J4, G14, I14」 영역은 '주황'으로 채우기 하시오.

○ 유효성 검사를 이용하여 「H14」 셀에 관리번호(「B5:B12」 영역)가 선택 표시되도록 하시오.

○ 셀 서식 ⇒ 「E5:E12」 영역에 셀 서식을 이용하여 숫자 뒤에 '명'을 표시하시오(예 : 1,260,000명).

○ 「G5:G12」 영역에 대해 '국비지원비율'로 이름정의를 하시오.

☞ (1)~(6) 셀은 반드시 **주어진 함수를 이용**하여 값을 구하시오(결과값을 직접 입력하면 해당 셀은 0점 처리됨).

(1) 순위 ⇒ 시작년도의 오름차순 순위를 구하시오(RANK.EQ 함수).

(2) 조직형태 ⇒ 관리번호 두 번째 글자가 P이면 '민간단체', F이면 '재단법인', 그 외에는 '기타'로 구하시오
(IF, MID 함수).

(3) 문화예술 축제 방문객수 평균 ⇒ 조건은 입력데이터를 이용하시오(DAVERAGE 함수).

(4) 국비지원 금액 합계(백만원) ⇒ 정의된 이름(국비지원비율)을 이용하여 「국비지원비율×예산(단위:백만원)」으로 반올림하여 정수로 구하시오
(ROUND, SUMPRODUCT 함수)(예 : 3,254.6 →3,255).

(5) 2010년 이후 신설된 축제 개수 ⇒ 구한 결과값에 '건'을 붙이시오
(COUNTIF 함수, & 연산자)(예 : 1건).

(6) 방문객수 ⇒ 「H14」 셀에서 선택한 관리번호에 대한 방문객수를 구하시오(VLOOKUP 함수).

(7) 조건부 서식의 수식을 이용하여 국비지원 비율이 '40%' 이하인 행 전체에 다음의 서식을 적용하시오
(글꼴 : 파랑, 굵게).

[제2작업] 목표값 찾기 및 필터(80점)

☞ **"제1작업"** 시트의 「B4:H12」 영역을 복사하여 **"제2작업"** 시트의 「B2」 셀부터 모두 붙여넣기를 한 후 다음의 조건과 같이 작업하시오.

≪조건≫

(1) 목표값 찾기 - 「B11:G11」 셀을 병합하고, 가운데 맞춤한 후 "문화예술 축제 방문객수 합계"를 입력하고, 「H11」 셀에 문화예술 축제 방문객수 합계를 구하시오. 단, 조건은 입력데이터를 이용하시오
 (DSUM 함수, 테두리).
 - '문화예술 축제 방문객수 합계'가 '2,250,000'이 되려면 드라마페스티벌의 방문객수가 얼마가 되어야 하는지 목표값을 구하시오.

(2) 고급필터 - 관리번호가 'N'으로 시작하거나, 예산(단위:백만원)이 '1,000' 이하인 자료의 관리번호, 축제명, 방문객수, 시작년도 데이터만 추출하시오.
 - 조건 범위 : 「B14」 셀부터 입력하시오.
 - 복사 위치 : 「B18」 셀부터 나타나도록 하시오.

[제3작업] 정렬 및 부분합(80점)

☞ **"제1작업"** 시트의 「B4:H12」 영역을 복사하여 **"제3작업"** 시트의 「B2」 셀부터 모두 붙여넣기를 한 후 다음의 조건과 같이 작업하시오.

≪조건≫

(1) 부분합 - ≪출력형태≫처럼 정렬하고, 축제명의 개수와 방문객수의 평균을 구하시오.
(2) 개요 - 지우시오.
(3) 나머지 사항은 ≪출력형태≫에 맞게 작성하시오.

≪출력형태≫

관리번호	축제명	축제유형	방문객수	시작년도	국비지원 비율	예산 (단위:백만원)
TF-010	미디어 아트쇼	전통역사	485,957명	2021	50.1%	1,600
TP-009	목포 항구축제	전통역사	224,750명	2006	52.2%	690
TM-006	개항장 문화재	전통역사	110,000명	2016	40.2%	1,000
		전통역사 평균	273,569명			
	3	전통역사 개수				
NC-004	장흥 물축제	생태자연	660,027명	2008	1.6%	2,216
NF-006	화성 뱃놀이축제	생태자연	211,768명	2008	2.4%	1,522
		생태자연 평균	435,898명			
	2	생태자연 개수				
CA-010	드라마페스티벌	문화예술	1,260,000명	2006	56.6%	1,060
CP-003	왕인 문화축제	문화예술	890,000명	1997	2.2%	1,645
CF-006	실향민 문화축제	문화예술	98,725명	2016	39.4%	330
		문화예술 평균	749,575명			
	3	문화예술 개수				
		전체 평균	492,653명			
	8	전체 개수				

[제4작업] 그래프 (100점)

☞ "**제1작업**" 시트를 이용하여 조건에 따라 《출력형태》와 같이 작업하시오.

≪조건≫

(1) 차트 종류 ⇒ 〈묶은 세로 막대형〉으로 작업하시오.
(2) 데이터 범위 ⇒ "제1작업" 시트의 내용을 이용하여 작업하시오.
(3) 위치 ⇒ "새 시트"로 이동하고, "제4작업"으로 시트 이름을 바꾸시오.
(4) 차트 디자인 도구 ⇒ 레이아웃 3, 스타일 1을 선택하여 ≪출력형태≫에 맞게 작업하시오.
(5) 영역 서식 ⇒ 차트 : 글꼴(굴림, 11pt), 채우기 효과(질감-파랑 박엽지)
　　　　　　　　그림 : 채우기(흰색, 배경1)
(6) 제목 서식 ⇒ 차트 제목 : 글꼴(굴림, 굵게, 20pt), 채우기(흰색, 배경1), 테두리
(7) 서식 ⇒ 방문객수 계열의 차트 종류를 〈표식이 있는 꺾은선형〉으로 변경한 후 보조 축으로 지정하시오.
　　　　　계열 : ≪출력형태≫를 참조하여 표식(마름모, 크기 10)과 레이블 값을 표시하시오.
　　　　　눈금선 : 선 스타일-파선
　　　　　축 : ≪출력형태≫를 참조하시오.
(8) 범례 ⇒ 범례명을 변경하고 ≪출력형태≫를 참조하시오.
(9) 도형 ⇒ '말풍선: 모서리가 둥근 사각형 설명선'을 삽입한 후 ≪출력형태≫와 같이 내용을 입력하시오.
(10) 나머지 사항은 ≪출력형태≫에 맞게 작성하시오.

≪출력형태≫

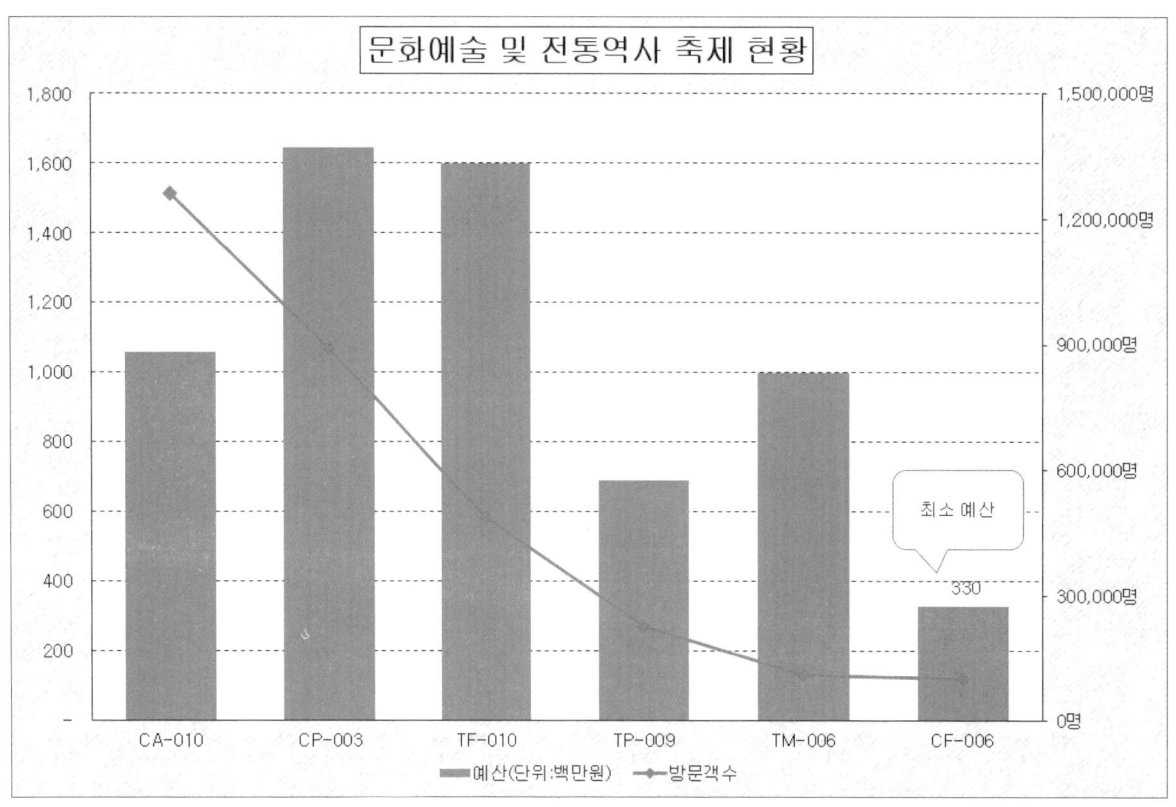

주의 ☞ 시트명 순서가 차례대로 "제1작업", "제2작업", "제3작업", "제4작업"이 되도록 할 것

제20회 최신기출유형 MS오피스

과 목	코드	문제유형	시험시간	수험번호	성 명
한글엑셀	1122	E	60분		

수험자 유의사항

- 수험자는 문제지를 받는 즉시 문제지와 **수험표상의 시험과목(프로그램)이 동일한지 반드시 확인**하여야 합니다.
- 파일명은 본인의 "수험번호-성명"으로 입력하여 답안폴더(내 PC/문서/ITQ)에 하나의 파일로 저장해야하며, 답안문서 파일명이 "수험번호-성명"과 일치하지 않거나, 답안파일을 전송하지 않아 미제출로 처리될 경우 실격 처리합니다(예:12345678-홍길동.xlsx).
- 답안 작성을 마치면 파일을 저장하고, '답안 전송' 버튼을 선택하여 감독위원 PC로 답안을 전송하십시오. 수험생 정보와 저장한 파일명이 다를 경우 전송되지 않으므로 주의하시기 바랍니다.
- 답안 작성 중에도 **주기적으로 저장하고, '답안 전송'**하여야 문제 발생을 줄일 수 있습니다. 작업한 내용을 저장하지 않고 전송할 경우 이전에 저장된 내용이 전송되오니 이점 유의하시기 바랍니다.
- 답안문서는 지정된 경로 외의 다른 보조기억장치에 저장하는 경우, 지정된 시험 시간 외에 작성된 파일을 활용할 경우, 기타 통신수단(이메일, 메신저, 네트워크 등)을 이용하여 타인에게 전달 또는 외부 반출하는 경우는 부정 처리합니다.
- 시험 중 부주의 또는 고의로 시스템을 파손한 경우는 수험자가 변상해야 하며, 〈수험자 유의사항〉에 기재된 방법대로 이행하지 않아 생기는 불이익은 수험생 당사자의 책임임을 알려 드립니다.
- 문제의 조건은 MS오피스 2021 버전으로 설정되어 있으니 유의하시기 바랍니다.
- 시험을 완료한 수험자는 답안파일이 전송되었는지 확인한 후 감독위원의 지시에 따라 문제지를 제출하고 퇴실합니다.

답안 작성요령

- 온라인 답안 작성 절차
  수험자 등록 ⇒ 시험 시작 ⇒ 답안파일 저장 ⇒ 답안 전송 ⇒ 시험 종료
- 문제는 총 4단계, 즉 제1작업부터 제4작업까지 구성되어 있으며 반드시 제1작업부터 순서대로 작성하고 조건대로 작업하시오.
- 모든 작업시트의 A열은 열 너비 '1'로, 나머지 열은 적당하게 조절하시오.
- 모든 작업시트의 테두리는 《출력형태》와 같이 작업하시오.
- 해당 작업란에서는 각각 제시된 조건에 따라 《출력형태》와 같이 작업하시오.
- 답안 시트 이름은 "제1작업", "제2작업", "제3작업", "제4작업"이어야 하며 답안 시트 이외의 것은 감점 처리됩니다.
- 각 시트를 파일로 나누어 작업해서 저장할 경우 실격 처리됩니다.

[제1작업] 표 서식 작성 및 값 계산(240점)

☞ 다음은 'AI 서비스 자사 이용 현황'에 대한 자료이다. 자료를 입력하고 조건에 맞도록 작업하시오.

≪출력형태≫

서비스코드	서비스명	출시일	서비스유형	월간 처리량	연간 누적 사용자 수	만족도	이용방법	출시순위
NV-134	클로바X	2023-04-02	업무지원	1,800,000	170,848	85.2%	(1)	(2)
OA-274	챗GPT	2022-11-30	LLM생성	2,400,000	251,571	88.7%	(1)	(2)
DB-193	딥브레인AI	2023-02-28	기타	500,000	73,362	78.9%	(1)	(2)
AP-288	클로드	2023-03-14	기타	1,204,000	89,461	82.5%	(1)	(2)
MS-224	코파일럿	2023-02-07	업무지원	2,000,000	629,652	85.1%	(1)	(2)
GG-382	제미나이	2023-12-06	LLM생성	1,570,000	116,089	90.0%	(1)	(2)
GG-127	팜2	2023-05-10	업무지원	250,000	164,955	77.6%	(1)	(2)
MT-312	라마	2023-02-24	LLM생성	650,000	153,678	81.0%	(1)	(2)
업무지원 서비스 개수			(3)		최고 만족도			(5)
LLM생성 서비스 월간 처리량 평균			(4)		서비스코드	NV-134	연간 누적 사용자 수	(6)

≪조건≫

○ 모든 데이터의 서식에는 글꼴(굴림, 11pt), 정렬은 숫자 및 회계 서식은 오른쪽 정렬, 나머지 서식은 가운데 정렬로 작성하며 예외적인 것은 ≪출력형태≫를 참조하시오.

○ 제 목 ⇒ 도형(배지)과 그림자(오프셋 오른쪽)를 이용하여 작성하고
"AI 서비스 자사 이용 현황"을 입력한 후 다음 서식을 적용하시오
(글꼴-굴림, 24pt, 검정, 굵게, 채우기-노랑).

○ 임의의 셀에 결재란을 작성하여 그림으로 복사 기능을 이용하여 붙이기 하시오(단, 원본 삭제).

○ 「B4:J4, G14, I14」 영역은 '주황'으로 채우기 하시오.

○ 유효성 검사를 이용하여 「H14」 셀에 서비스코드(「B5:B12」 영역)가 선택 표시되도록 하시오.

○ 셀 서식 ⇒ 「G5:G12」 영역에 셀 서식을 이용하여 숫자 뒤에 '명'을 표시하시오(예 : 170,848명).

○ 「H5:H12」 영역에 대해 '만족도'로 이름정의를 하시오.

☞ (1)~(6) 셀은 반드시 **주어진 함수를 이용**하여 값을 구하시오(결과값을 직접 입력하면 해당 셀은 0점 처리됨).

(1) 이용방법 ⇒ 서비스코드의 네 번째 값이 1이면 '맞춤형', 2이면 '구독형', 3이면 '기타'로 표시하시오
(CHOOSE, MID 함수).

(2) 출시순위 ⇒ 출시일의 오름차순 순위를 구하시오(RANK.EQ 함수).

(3) 업무지원 서비스 개수 ⇒ 결과값에 '개'를 붙이오. 단, 조건은 입력데이터를 이용하시오
(DCOUNTA 함수, & 연산자)(예 : 1개).

(4) LLM생성 서비스 월간 처리량 평균 ⇒ (SUMIF, COUNTIF 함수)

(5) 최고 만족도 ⇒ 정의된 이름(만족도)을 이용하여 구하시오(MAX 함수)(예 : 85.2%).

(6) 연간 누적 사용자 수 ⇒ 「H14」 셀에서 선택한 서비스코드에 대한 연간 누적 사용자 수를 구하시오
(VLOOKUP 함수).

(7) 조건부 서식의 수식을 이용하여 월간 처리량이 '1,500,000' 이상인 행 전체에 다음의 서식을 적용하시오
(글꼴 : 파랑, 굵게).

[제2작업] 필터 및 서식(80점)

☞ **"제1작업"** 시트의 「B4:H12」 영역을 복사하여 **"제2작업"** 시트의 「B2」 셀부터 모두 붙여넣기를 한 후 다음의 조건과 같이 작업하시오.

≪조건≫

(1) 고급 필터 – 서비스코드가 'M'으로 시작하거나, 만족도가 '85%' 이상인 자료의 서비스명, 서비스 유형, 월간 처리량, 연간 누적 사용자 수 데이터만 추출하시오.
　　　　　　　－ 조건 범위 : 「B14」 셀부터 입력하시오.
　　　　　　　－ 복사 위치 : 「B18」 셀부터 나타나도록 하시오.

(2) 표 서식 – 고급필터의 결과셀을 채우기 없음으로 설정한 후 '표 스타일 보통 6'의 서식을 적용하시오.
　　　　　　－ 머리글 행, 줄무늬 행을 적용하시오.

[제3작업] 피벗테이블(80점)

☞ **"제1작업"** 시트를 이용하여 **"제3작업"** 시트에 조건에 따라 ≪출력형태≫와 같이 작업하시오.

≪조건≫

(1) 만족도 및 서비스유형별 서비스명의 개수와 월간 처리량의 평균을 구하시오.
(2) 만족도를 그룹화하고, 서비스유형을 ≪출력형태≫와 같이 정렬하시오.
(3) 레이블이 있는 셀 병합 및 가운데 맞춤 적용 및 빈 셀은 '**'로 표시하시오.
(4) 행의 총합계는 지우고, 나머지 사항은 ≪출력형태≫에 맞게 작성하시오.

≪출력형태≫

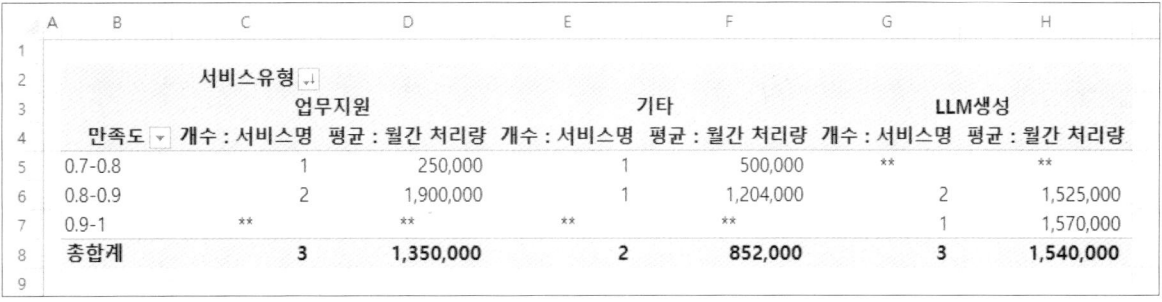

[제4작업] 그래프 (100점)

☞ "제1작업" 시트를 이용하여 조건에 따라 《출력형태》와 같이 작업하시오.

《조건》

(1) 차트 종류 ⇒ 〈묶은 세로 막대형〉으로 작업하시오.
(2) 데이터 범위 ⇒ "제1작업" 시트의 내용을 이용하여 작업하시오.
(3) 위치 ⇒ "새 시트"로 이동하고, "제4작업"으로 시트 이름을 바꾸시오.
(4) 차트 디자인 도구 ⇒ 레이아웃 3, 스타일 1을 선택하여 《출력형태》에 맞게 작업하시오.
(5) 영역 서식 ⇒ 차트 : 글꼴(굴림, 11pt), 채우기 효과(질감-분홍 박엽지)
　　　　　　　 그림 : 채우기(흰색, 배경1)
(6) 제목 서식 ⇒ 차트 제목 : 글꼴(굴림, 굵게, 20pt), 채우기(흰색, 배경1), 테두리
(7) 서식 ⇒ 연간 누적 사용자 수 계열의 차트 종류를 〈표식이 있는 꺾은선형〉으로 변경한 후 보조 축으로 지정하시오.
　　　　　계열 : 《출력형태》를 참조하여 표식(세모, 크기 10)과 레이블 값을 표시하시오.
　　　　　눈금선 : 선 스타일-파선
　　　　　축 : 《출력형태》를 참조하시오.
(8) 범례 ⇒ 범례명을 변경하고 《출력형태》를 참조하시오.
(9) 도형 ⇒ '말풍선: 모서리가 둥근 사각형 설명선'을 삽입한 후 《출력형태》와 같이 내용을 입력하시오.
(10) 나머지 사항은 《출력형태》에 맞게 작성하시오.

《출력형태》

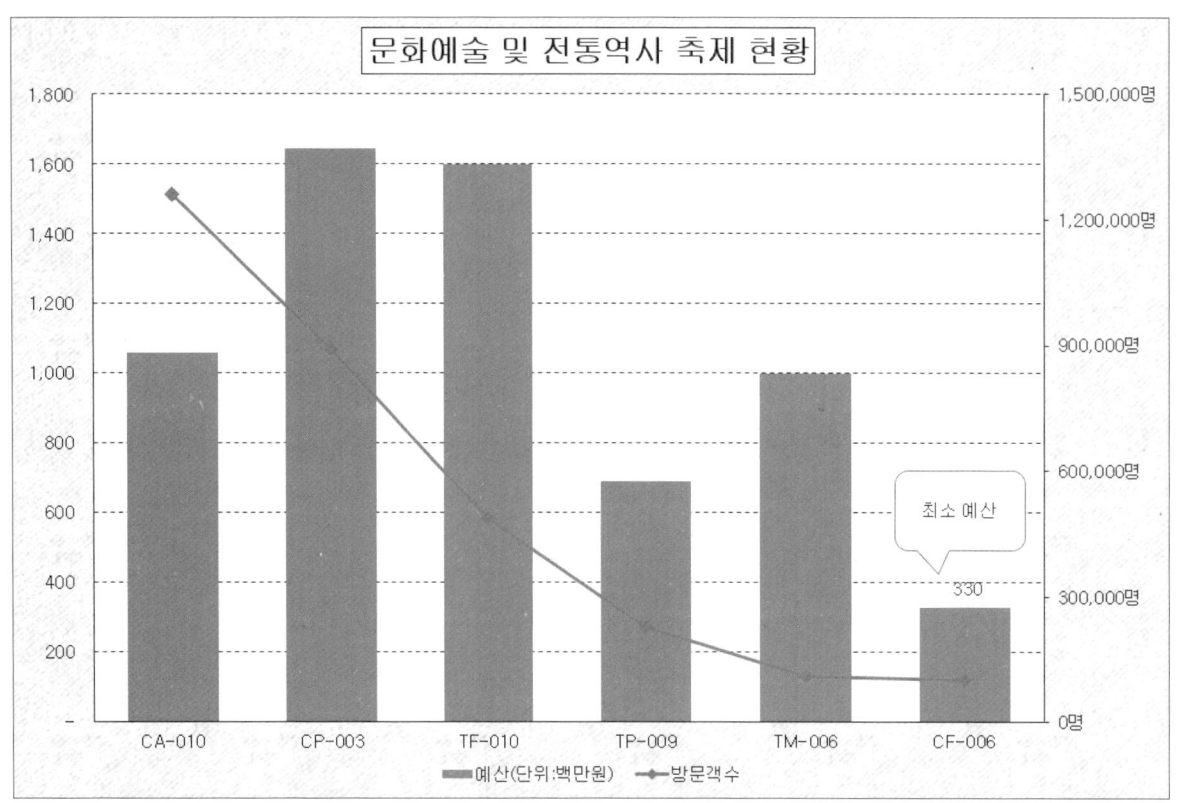

주의 ☞ 시트명 순서가 차례대로 "제1작업", "제2작업", "제3작업", "제4작업"이 되도록 할 것

제21회 최신기출유형 MS오피스

과 목	코드	문제유형	시험시간	수험번호	성 명
한글엑셀	1122	A	60분		

수험자 유의사항

- 수험자는 문제지를 받는 즉시 문제지와 **수험표상의 시험과목(프로그램)이 동일한지 반드시 확인**하여야 합니다.
- 파일명은 본인의 "수험번호-성명"으로 입력하여 답안폴더(내 PC/문서/ITQ)에 하나의 파일로 저장해야하며, 답안문서 파일명이 "수험번호-성명"과 일치하지 않거나, 답안파일을 전송하지 않아 미제출로 처리될 경우 실격 처리합니다(예:12345678-홍길동.xlsx).
- 답안 작성을 마치면 파일을 저장하고, '답안 전송' 버튼을 선택하여 감독위원 PC로 답안을 전송하십시오. 수험생 정보와 저장한 파일명이 다를 경우 전송되지 않으므로 주의하시기 바랍니다.
- 답안 작성 중에도 **주기적으로 저장하고, '답안 전송'**하여야 문제 발생을 줄일 수 있습니다. 작업한 내용을 저장하지 않고 전송할 경우 이전에 저장된 내용이 전송되오니 이점 유의하시기 바랍니다.
- 답안문서는 지정된 경로 외의 다른 보조기억장치에 저장하는 경우, 지정된 시험 시간 외에 작성된 파일을 활용할 경우, 기타 통신수단(이메일, 메신저, 네트워크 등)을 이용하여 타인에게 전달 또는 외부 반출하는 경우는 부정 처리합니다.
- 시험 중 부주의 또는 고의로 시스템을 파손한 경우는 수험자가 변상해야 하며, 〈수험자 유의사항〉에 기재된 방법대로 이행하지 않아 생기는 불이익은 수험생 당사자의 책임임을 알려 드립니다.
- 문제의 조건은 MS오피스 2021 버전으로 설정되어 있으니 유의하시기 바랍니다.
- 시험을 완료한 수험자는 답안파일이 전송되었는지 확인한 후 감독위원의 지시에 따라 문제지를 제출하고 퇴실합니다.

답안 작성요령

- 온라인 답안 작성 절차
  수험자 등록 ⇒ 시험 시작 ⇒ 답안파일 저장 ⇒ 답안 전송 ⇒ 시험 종료
- 문제는 총 4단계, 즉 제1작업부터 제4작업까지 구성되어 있으며 반드시 제1작업부터 순서대로 작성하고 조건대로 작업하시오.
- 모든 작업시트의 A열은 열 너비 '1'로, 나머지 열은 적당하게 조절하시오.
- 모든 작업시트의 테두리는 《출력형태》와 같이 작업하시오.
- 해당 작업란에서는 각각 제시된 조건에 따라 《출력형태》와 같이 작업하시오.
- 답안 시트 이름은 "제1작업", "제2작업", "제3작업", "제4작업"이어야 하며 답안 시트 이외의 것은 감점 처리됩니다.
- 각 시트를 파일로 나누어 작업해서 저장할 경우 실격 처리됩니다.

[제1작업] 표 서식 작성 및 값 계산(240점)

☞ 다음은 '지구다원 차 판매 현황'에 대한 자료이다. 자료를 입력하고 조건에 맞도록 작업하시오.

≪출력형태≫

상품코드	구분	상품명	용량	가격	전월 판매량	재고수량	전월 판매금액	비고
N4-073	삼각티백	히비스커스	50	17,900	147	1,573	(1)	(2)
N2-102	삼각티백	웨딩 그린티	20	21,600	154	67	(1)	(2)
B5-102	분말	보이차	25	37,800	64	115	(1)	(2)
H7-023	타정	페퍼민트	20	25,000	68	136	(1)	(2)
B6-011	분말	교목산차	50	31,500	133	82	(1)	(2)
N7-093	삼각티백	콤부차	60	16,900	78	1,024	(1)	(2)
H1-093	타정	차의 정원	50	26,500	146	168	(1)	(2)
H3-081	타정	마리골드	36	16,900	61	129	(1)	(2)
삼각티백 전월 판매량 평균			(3)		최대 전월 판매량			(5)
분말 상품 개수			(4)		상품코드	N4-073	재고수량	(6)

제목: 지구다원 차 판매 현황

결재: 담당 / 팀장 / 센터장

≪조건≫

○ 모든 데이터의 서식에는 글꼴(굴림, 11pt), 정렬은 숫자 및 회계 서식은 오른쪽 정렬, 나머지 서식은 가운데 정렬로 작성하며 예외적인 것은 ≪출력형태≫를 참조하시오.

○ 제 목 ⇒ 도형(사다리꼴)과 그림자(오프셋 오른쪽)를 이용하여 작성하고
"지구다원 차 판매 현황"을 입력한 후 다음 서식을 적용하시오
(글꼴-굴림, 24pt, 검정, 굵게, 채우기-노랑).

○ 임의의 셀에 결재란을 작성하여 그림으로 복사 기능을 이용하여 붙이기 하시오(단, 원본 삭제).

○ 「B4:J4, G14, I14」 영역은 '주황'으로 채우기 하시오.

○ 유효성 검사를 이용하여 「H14」 셀에 상품코드(「B5:B12」 영역)가 선택 표시되도록 하시오.

○ 셀 서식 ⇒ 「F5:F12」 영역에 셀 서식을 이용하여 숫자 뒤에 '원'을 표시하시오(예 : 17,900원).

○ 「C5:C12」 영역에 대해 '구분'으로 이름정의를 하시오.

☞ (1)~(6) 셀은 반드시 **주어진 함수를 이용**하여 값을 구하시오(결과값을 직접 입력하면 해당 셀은 0점 처리됨).

(1) 전월 판매금액 ⇒ 「가격×전월 판매량」으로 구하되, 내림하여 만원 단위까지 구하시오
(ROUNDDOWN 함수)(예 : 1,893,000 → 1,890,000).

(2) 비고 ⇒ 상품코드의 마지막 글자가 1이면 '양말증정', 2이면 '핫팩증정', 그 외에는 공백으로 구하시오
(IF, RIGHT 함수).

(3) 삼각티백 전월 판매량 평균 ⇒ 올림하여 정수로 구하시오. 단, 조건은 입력데이터를 이용하시오
(ROUNDUP, DAVERAGE 함수)(예 : 328.3 → 329).

(4) 분말 상품 개수 ⇒ 정의된 이름(구분)을 이용하여 구하시오(COUNTIF 함수).

(5) 최대 전월 판매량 ⇒ 결과값에 'EA'를 붙이시오(MAX 함수, & 연산자)(예 : 123EA).

(6) 재고수량 ⇒ 「H14」 셀에서 선택한 상품코드에 대한 재고수량을 구하시오(VLOOKUP 함수).

(7) 조건부 서식의 수식을 이용하여 재고수량이 '1,000' 이상인 행 전체에 다음의 서식을 적용하시오
(글꼴 : 파랑, 굵게).

[제2작업] 목표값 찾기 및 필터 (80점)

☞ "**제1작업**" 시트의 「B4:H12」 영역을 복사하여 "**제2작업**" 시트의 「B2」 셀부터 모두 붙여넣기를 한 후 다음의 조건과 같이 작업하시오.

≪조건≫

(1) 목표값 찾기 – 「B11:G11」 셀을 병합하고, 가운데 맞춤한 후 "삼각티백 전월 판매량 합계"를 입력하고, 「H11」 셀에 삼각티백 전월 판매량 합계를 구하시오. 단, 조건은 입력데이터를 이용하시오
(DSUM 함수, 테두리).
 – '삼각티백 전월 판매량 합계'가 '390'이 되려면 히비스커스의 전월 판매량이 얼마가 되어야 하는지 목표값을 구하시오.

(2) 고급필터 – 상품코드가 'B'로 시작하거나, 재고수량이 '100' 이하인 자료의 상품코드, 상품명, 전월판매량, 재고수량 데이터만 추출하시오.
 – 조건 범위 : 「B14」 셀부터 입력하시오.
 – 복사 위치 : 「B18」 셀부터 나타나도록 하시오.

[제3작업] 정렬 및 부분합 (80점)

☞ "**제1작업**" 시트의 「B4:H12」 영역을 복사하여 "**제3작업**" 시트의 「B2」 셀부터 모두 붙여넣기를 한 후 다음의 조건과 같이 작업하시오.

≪조건≫

(1) 부분합 – ≪출력형태≫처럼 정렬하고, 상품명의 개수와 전월 판매량의 평균을 구하시오.
(2) 개요 – 지우시오.
(3) 나머지 사항은 ≪출력형태≫에 맞게 작성하시오.

≪출력형태≫

상품코드	구분	상품명	용량	가격	전월 판매량	재고수량
H7-023	타정	페퍼민트	20	25,000원	68	136
H1-093	타정	차의 정원	50	26,500원	146	168
H3-081	타정	마리골드	36	16,900원	61	129
	타정 평균				92	
	타정 개수	3				
N4-073	삼각티백	히비스커스	50	17,900원	147	1,573
N2-102	삼각티백	웨딩 그린티	20	21,600원	154	67
N7-093	삼각티백	콤부차	60	16,900원	78	1,024
	삼각티백 평균				126	
	삼각티백 개수	3				
B5-102	분말	보이차	25	37,800원	64	115
B6-011	분말	교목산차	50	31,500원	133	82
	분말 평균				99	
	분말 개수	2				
	전체 평균				106	
	전체 개수	8				

[제4작업] 그래프 (100점)

☞ "**제1작업**" 시트를 이용하여 조건에 따라 《출력형태》와 같이 작업하시오.

≪조건≫

(1) 차트 종류 ⇒ 〈묶은 세로 막대형〉으로 작업하시오.
(2) 데이터 범위 ⇒ "제1작업" 시트의 내용을 이용하여 작업하시오.
(3) 위치 ⇒ "새 시트"로 이동하고, "제4작업"으로 시트 이름을 바꾸시오.
(4) 차트 디자인 도구 ⇒ 레이아웃 3, 스타일 1을 선택하여 ≪출력형태≫에 맞게 작업하시오.
(5) 영역 서식 ⇒ 차트 : 글꼴(굴림, 11pt), 채우기 효과(질감-파랑 박엽지)
　　　　　　　　그림 : 채우기(흰색, 배경1)
(6) 제목 서식 ⇒ 차트 제목 : 글꼴(굴림, 굵게, 20pt), 채우기(흰색, 배경1), 테두리
(7) 서식 ⇒ 가격 계열의 차트 종류를 〈표식이 있는 꺾은선형〉으로 변경한 후 보조 축으로 지정하시오.
　　　　　계열 : ≪출력형태≫를 참조하여 표식(마름모, 크기 10)과 레이블 값을 표시하시오.
　　　　　눈금선 : 선 스타일-파선
　　　　　축 : ≪출력형태≫를 참조하시오.
(8) 범례 ⇒ 범례명을 변경하고 ≪출력형태≫를 참조하시오.
(9) 도형 ⇒ '말풍선: 모서리가 둥근 사각형 설명선'을 삽입한 후 ≪출력형태≫와 같이 내용을 입력하시오.
(10) 나머지 사항은 ≪출력형태≫에 맞게 작성하시오.

≪출력형태≫

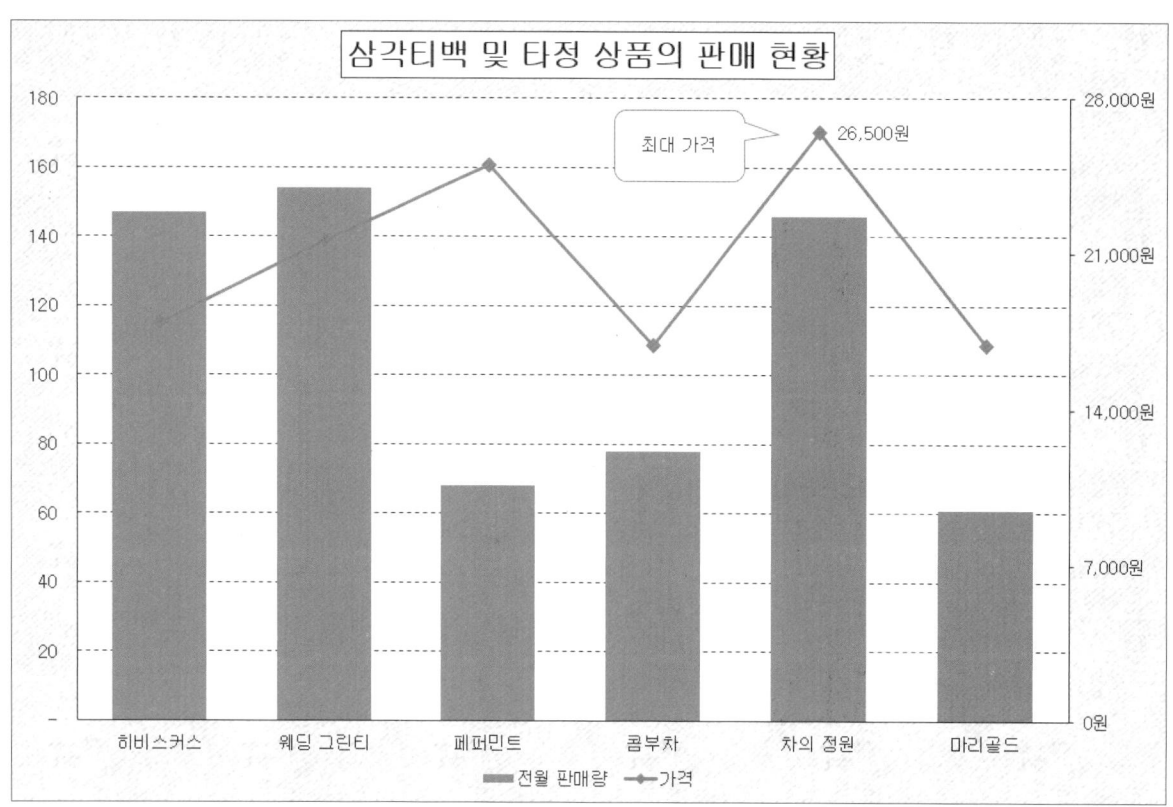

주의 ☞ 시트명 순서가 차례대로 "제1작업", "제2작업", "제3작업", "제4작업"이 되도록 할 것

제22회 최신기출유형 MS오피스

과 목	코드	문제유형	시험시간	수험번호	성 명
한글엑셀	1122	B	60분		

수험자 유의사항

- 수험자는 문제지를 받는 즉시 문제지와 **수험표상의 시험과목(프로그램)이 동일한지 반드시 확인**하여야 합니다.
- 파일명은 본인의 "수험번호-성명"으로 입력하여 답안폴더(내 PC/문서/ITQ)에 하나의 파일로 저장해야하며, 답안문서 파일명이 "수험번호-성명"과 일치하지 않거나, 답안파일을 전송하지 않아 미제출로 처리될 경우 실격 처리합니다(예:12345678-홍길동.xlsx).
- 답안 작성을 마치면 파일을 저장하고, '답안 전송' 버튼을 선택하여 감독위원 PC로 답안을 전송하십시오. 수험생 정보와 저장한 파일명이 다를 경우 전송되지 않으므로 주의하시기 바랍니다.
- 답안 작성 중에도 **주기적으로 저장하고, '답안 전송'**하여야 문제 발생을 줄일 수 있습니다. 작업한 내용을 저장하지 않고 전송할 경우 이전에 저장된 내용이 전송되오니 이점 유의하시기 바랍니다.
- 답안문서는 지정된 경로 외의 다른 보조기억장치에 저장하는 경우, 지정된 시험 시간 외에 작성된 파일을 활용할 경우, 기타 통신수단(이메일, 메신저, 네트워크 등)을 이용하여 타인에게 전달 또는 외부 반출하는 경우는 부정 처리합니다.
- 시험 중 부주의 또는 고의로 시스템을 파손한 경우는 수험자가 변상해야 하며, 〈수험자 유의사항〉에 기재된 방법대로 이행하지 않아 생기는 불이익은 수험생 당사자의 책임임을 알려 드립니다.
- 문제의 조건은 MS오피스 2021 버전으로 설정되어 있으니 유의하시기 바랍니다.
- 시험을 완료한 수험자는 답안파일이 전송되었는지 확인한 후 감독위원의 지시에 따라 문제지를 제출하고 퇴실합니다.

답안 작성요령

- 온라인 답안 작성 절차
  수험자 등록 ⇒ 시험 시작 ⇒ 답안파일 저장 ⇒ 답안 전송 ⇒ 시험 종료
- 문제는 총 4단계, 즉 제1작업부터 제4작업까지 구성되어 있으며 반드시 제1작업부터 순서대로 작성하고 조건대로 작업하시오.
- 모든 작업시트의 A열은 열 너비 '1'로, 나머지 열은 적당하게 조절하시오.
- 모든 작업시트의 테두리는 《출력형태》와 같이 작업하시오.
- 해당 작업란에서는 각각 제시된 조건에 따라 《출력형태》와 같이 작업하시오.
- 답안 시트 이름은 "제1작업", "제2작업", "제3작업", "제4작업"이어야 하며 답안 시트 이외의 것은 감점 처리됩니다.
- 각 시트를 파일로 나누어 작업해서 저장할 경우 실격 처리됩니다.

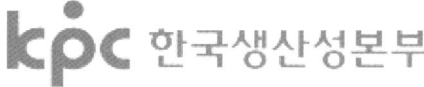

[제1작업] 표 서식 작성 및 값 계산(240점)

☞ 다음은 '세은상가 신규 임대 관리 현황'에 대한 자료이다. 자료를 입력하고 조건에 맞도록 작업하시오.

≪출력형태≫

임대코드	입주상가	구분	실명수	월임대료(단위:원)	입주일	계약기간	보증금(단위:만원)	입주월
BR13-1	맛있는 월요일	음식점	19	1,450,000	2025-07-16	5	(1)	(2)
BR22-2	디너쑈	음식점	15	850,000	2025-07-21	4	(1)	(2)
AC33-1	크린세탁	편의시설	11	960,000	2025-06-26	3	(1)	(2)
RC12-2	마린헤어	편의시설	17	900,000	2025-06-22	2	(1)	(2)
AA11-3	동래국악	학원	33	1,340,000	2025-06-08	3	(1)	(2)
EC22-1	미식가	음식점	13	1,200,000	2025-07-01	5	(1)	(2)
LE23-2	엠이아이	학원	19	950,000	2025-08-04	2	(1)	(2)
EA31-3	윙플하이	학원	25	1,050,000	2025-08-17	3	(1)	(2)
음식점 월임대료(단위:원) 평균			(3)		최대 계약기간			(5)
학원 월임대료(단위:원) 합계			(4)		임대코드	BR13-1	계약기간	(6)

제목: 세은상가 신규 임대 관리 현황
확인: 담당 / 대리 / 과장

≪조건≫

- 모든 데이터의 서식에는 글꼴(굴림, 11pt), 정렬은 숫자 및 회계 서식은 오른쪽 정렬, 나머지 서식은 가운데 정렬로 작성하며 예외적인 것은 ≪출력형태≫를 참조하시오.
- 제 목 ⇒ 도형(배지)과 그림자(오프셋 오른쪽)를 이용하여 작성하고
  "세은상가 신규 임대 관리 현황"을 입력한 후 다음 서식을 적용하시오
  (글꼴-굴림, 24pt, 검정, 굵게, 채우기-노랑).
- 임의의 셀에 결재란을 작성하여 그림으로 복사 기능을 이용하여 붙이기 하시오(단, 원본 삭제).
- 「B4:J4, G14, I14」 영역은 '주황'으로 채우기 하시오.
- 유효성 검사를 이용하여 「H14」 셀에 임대코드(「B5:B12」 영역)가 선택 표시되도록 하시오.
- 셀 서식 ⇒ 「H5:H12」 영역에 셀 서식을 이용하여 숫자 뒤에 '년'을 표시하시오(예 : 5년).
- 「H5:H12」 영역에 대해 '계약기간'으로 이름정의를 하시오.

☞ (1)~(6) 셀은 반드시 **주어진 함수를 이용**하여 값을 구하시오(결과값을 직접 입력하면 해당 셀은 0점 처리됨).

(1) 보증금(단위:만원) ⇒ 임대코드 4번째 글자가 1이면 '5000', 2이면 '3000', 3이면 '2000'으로 구하시오
(CHOOSE, MID 함수)(예 : 5000 → 5,000).

(2) 입주월 ⇒ 입주일에서 월을 구한 결과값에 '월'을 붙이시오(MONTH 함수, & 연산자)(예 : 1월).

(3) 음식점 월임대료(단위:원) 평균 ⇒ 조건은 입력 데이터를 이용하고, 반올림하여 천원 단위까지 구하시오
(ROUND, DAVERAGE 함수)(예 : 1,234,567 → 1,235,000).

(4) 학원 월임대료(단위:원) 합계 ⇒ (SUMIF 함수)

(5) 최대 계약기간 ⇒ 정의된 이름(계약기간)을 이용하여 구하시오(MAX 함수).

(6) 계약기간 ⇒ 「H14」 셀에서 선택한 임대코드에 대한 계약기간을 구하시오(VLOOKUP 함수).

(7) 조건부 서식의 수식을 이용하여 계약기간이 '4' 이상인 행 전체에 다음의 서식을 적용하시오
(글꼴 : 파랑, 굵게).

[제2작업] 필터 및 서식(80점)

☞ "**제1작업**" 시트의 「B4:H12」 영역을 복사하여 "**제2작업**" 시트의 「B2」 셀부터 모두 붙여넣기를 한 후 다음의 조건과 같이 작업하시오.

≪조건≫

(1) 고급 필터 – 임대코드가 'A'로 시작하거나, 월임대료(단위:원)가 '1,300,000' 이상인 자료의 임대코드, 실평수, 월임대료(단위:원), 계약기간 데이터만 추출하시오.
- 조건 범위 : 「B14」 셀부터 입력하시오.
- 복사 위치 : 「B18」 셀부터 나타나도록 하시오.

(2) 표 서식 – 고급필터의 결과셀을 채우기 없음으로 설정한 후 '표 스타일 보통 6'의 서식을 적용하시오.
- 머리글 행, 줄무늬 행을 적용하시오.

[제3작업] 피벗테이블(80점)

☞ "**제1작업**" 시트를 이용하여 "**제3작업**" 시트에 조건에 따라 ≪출력형태≫와 같이 작업하시오.

≪조건≫

(1) 실평수 및 구분별 입주상가의 개수와 월임대료(단위:원)의 평균을 구하시오.
(2) 실평수를 그룹화하고, 구분을 ≪출력형태≫와 같이 정렬하시오.
(3) 레이블이 있는 셀 병합 및 가운데 맞춤 적용 및 빈 셀은 '**'로 표시하시오.
(4) 행의 총합계는 지우고, 나머지 사항은 ≪출력형태≫에 맞게 작성하시오.

≪출력형태≫

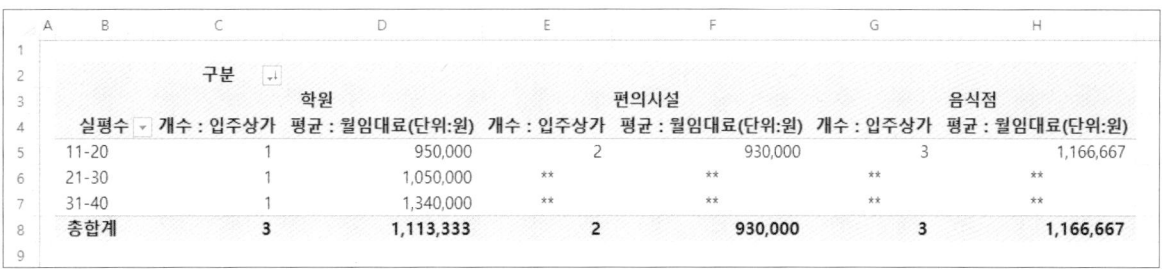

[제4작업] 그래프(100점)

☞ "**제1작업**" 시트를 이용하여 조건에 따라 《출력형태》와 같이 작업하시오.

≪조건≫

(1) 차트 종류 ⇒ 〈묶은 세로 막대형〉으로 작업하시오.
(2) 데이터 범위 ⇒ "제1작업" 시트의 내용을 이용하여 작업하시오.
(3) 위치 ⇒ "새 시트"로 이동하고, "제4작업"으로 시트 이름을 바꾸시오.
(4) 차트 디자인 도구 ⇒ 레이아웃 3, 스타일 1을 선택하여 ≪출력형태≫에 맞게 작업하시오.
(5) 영역 서식 ⇒ 차트 : 글꼴(굴림, 11pt), 채우기 효과(질감-분홍 박엽지)
  그림 : 채우기(흰색, 배경1)
(6) 제목 서식 ⇒ 차트 제목 : 글꼴(굴림, 굵게, 20pt), 채우기(흰색, 배경1), 테두리
(7) 서식 ⇒ 계약기간 계열의 차트 종류를 〈표식이 있는 꺾은선형〉으로 변경한 후 보조 축으로 지정하시오.
  계열 : ≪출력형태≫를 참조하여 표식(세모, 크기 10)과 레이블 값을 표시하시오.
  눈금선 : 선 스타일-파선
  축 : ≪출력형태≫를 참조하시오.
(8) 범례 ⇒ 범례명을 변경하고 ≪출력형태≫를 참조하시오.
(9) 도형 ⇒ '말풍선: 모서리가 둥근 사각형 설명선'을 삽입한 후 ≪출력형태≫와 같이 내용을 입력하시오.
(10) 나머지 사항은 ≪출력형태≫에 맞게 작성하시오.

≪출력형태≫

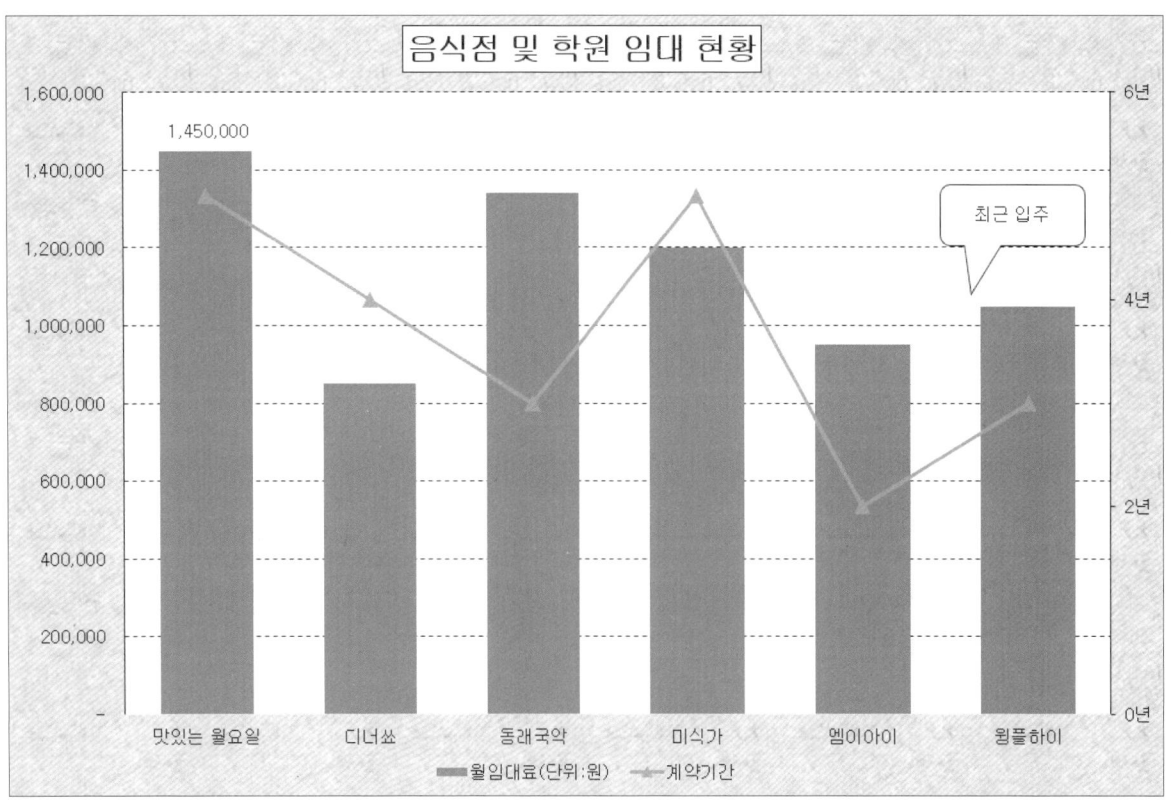

주의 ☞ 시트명 순서가 차례대로 "제1작업", "제2작업", "제3작업", "제4작업"이 되도록 할 것

제23회 최신기출유형 MS오피스

과목	코드	문제유형	시험시간	수험번호	성명
한글엑셀	1122	C	60분		

수험자 유의사항

- 수험자는 문제지를 받는 즉시 문제지와 **수험표상의 시험과목(프로그램)이 동일한지 반드시 확인**하여야 합니다.
- 파일명은 본인의 "수험번호-성명"으로 입력하여 답안폴더(내 PC/문서/ITQ)에 하나의 파일로 저장해야하며, 답안문서 파일명이 "수험번호-성명"과 일치하지 않거나, 답안파일을 전송하지 않아 미제출로 처리될 경우 실격 처리합니다(예:12345678-홍길동.xlsx).
- 답안 작성을 마치면 파일을 저장하고, '답안 전송' 버튼을 선택하여 감독위원 PC로 답안을 전송하십시오. 수험생 정보와 저장한 파일명이 다를 경우 전송되지 않으므로 주의하시기 바랍니다.
- 답안 작성 중에도 **주기적으로 저장하고, '답안 전송'**하여야 문제 발생을 줄일 수 있습니다. 작업한 내용을 저장하지 않고 전송할 경우 이전에 저장된 내용이 전송되오니 이점 유의하시기 바랍니다.
- 답안문서는 지정된 경로 외의 다른 보조기억장치에 저장하는 경우, 지정된 시험 시간 외에 작성된 파일을 활용할 경우, 기타 통신수단(이메일, 메신저, 네트워크 등)을 이용하여 타인에게 전달 또는 외부 반출하는 경우는 부정 처리합니다.
- 시험 중 부주의 또는 고의로 시스템을 파손한 경우는 수험자가 변상해야 하며, 〈수험자 유의사항〉에 기재된 방법대로 이행하지 않아 생기는 불이익은 수험생 당사자의 책임임을 알려 드립니다.
- 문제의 조건은 MS오피스 2021 버전으로 설정되어 있으니 유의하시기 바랍니다.
- 시험을 완료한 수험자는 답안파일이 전송되었는지 확인한 후 감독위원의 지시에 따라 문제지를 제출하고 퇴실합니다.

답안 작성요령

- 온라인 답안 작성 절차
  수험자 등록 ⇒ 시험 시작 ⇒ 답안파일 저장 ⇒ 답안 전송 ⇒ 시험 종료
- 문제는 총 4단계, 즉 제1작업부터 제4작업까지 구성되어 있으며 반드시 제1작업부터 순서대로 작성하고 조건대로 작업하시오.
- 모든 작업시트의 A열은 열 너비 '1'로, 나머지 열은 적당하게 조절하시오.
- 모든 작업시트의 테두리는 《출력형태》와 같이 작업하시오.
- 해당 작업란에서는 각각 제시된 조건에 따라 《출력형태》와 같이 작업하시오.
- 답안 시트 이름은 "제1작업", "제2작업", "제3작업", "제4작업"이어야 하며 답안 시트 이외의 것은 감점 처리됩니다.
- 각 시트를 파일로 나누어 작업해서 저장할 경우 실격 처리됩니다.

[제1작업] 표 서식 작성 및 값 계산(240점)

☞ 다음은 '페스타 돌잔치 예약 현황'에 대한 자료이다. 자료를 입력하고 조건에 맞도록 작업하시오.

≪출력형태≫

							결재	담당	대리	팀장
			페스타 돌잔치 예약 현황							
예약코드	고객명	홀명	행사일자	가격(단위:원)	계약금(단위:원)	예약인원	행사요일	순위		
R4-271	신지연	러블리	2025-03-15	32,000	500,000	130	(1)	(2)		
R3-106	안혜지	오리엔탈	2025-03-16	27,000	700,000	80	(1)	(2)		
W5-102	금진욱	오리엔탈	2025-03-22	32,000	800,000	125	(1)	(2)		
H7-023	채동아	러블리	2025-03-28	27,000	1,500,000	260	(1)	(2)		
H6-011	김은희	로맨틱	2025-03-23	35,000	1,300,000	90	(1)	(2)		
W7-093	성선아	로맨틱	2025-03-21	35,000	600,000	95	(1)	(2)		
H1-093	김선하	러블리	2025-03-16	32,000	1,000,000	210	(1)	(2)		
R3-081	강태희	로맨틱	2019-03-23	32,000	600,000	250	(1)	(2)		
로맨틱 예약 건수			(3)		최다 예약인원			(5)		
러블리 예약인원 평균			(4)		예약코드	R4-271	예약인원	(6)		

≪조건≫

○ 모든 데이터의 서식에는 글꼴(굴림, 11pt), 정렬은 숫자 및 회계 서식은 오른쪽 정렬, 나머지 서식은 가운데 정렬로 작성하며 예외적인 것은 ≪출력형태≫를 참조하시오.

○ 제 목 ⇒ 도형(사다리꼴)과 그림자(오프셋 오른쪽)를 이용하여 작성하고
"페스타 돌잔치 예약 현황"을 입력한 후 다음 서식을 적용하시오
(글꼴-굴림, 24pt, 검정, 굵게, 채우기-노랑).

○ 임의의 셀에 결재란을 작성하여 그림으로 복사 기능을 이용하여 붙이기 하시오(단, 원본 삭제).

○ 「B4:J4, G14, I14」 영역은 '주황'으로 채우기 하시오.

○ 유효성 검사를 이용하여 「H14」 셀에 예약코드(「B5:B12」 영역)가 선택 표시되도록 하시오.

○ 셀 서식 ⇒ 「H5:H12」 영역에 셀 서식을 이용하여 숫자 뒤에 '명'을 표시하시오(예 : 130명).

○ 「D5:D12」 영역에 대해 '홀명'으로 이름정의를 하시오.

☞ (1)~(6) 셀은 반드시 **주어진 함수를 이용**하여 값을 구하시오(결과값을 직접 입력하면 해당 셀은 0점 처리됨).

(1) 행사요일 ⇒ 행사일자의 요일을 예와 같이 구하시오(CHOOSE, WEEKDAY 함수)(예 : 월요일).

(2) 순위 ⇒ 예약인원의 내림차순 순위를 1~3까지 표시하고, 그 외에는 공백으로 구하시오
(IF, RANK.EQ 함수).

(3) 로맨틱 예약 건수 ⇒ 정의된 이름(홀명)을 이용하여 구한 결과값에 '건'을 붙이시오
(COUNTIF 함수, & 연산자)(예 : 1건).

(4) 러블리 예약인원 평균 ⇒ 조건은 입력데이터를 이용하시오(DAVERAGE 함수).

(5) 최다 예약인원 ⇒ (MAX 함수)

(6) 예약인원 ⇒ 「H14」 셀에서 선택한 예약코드에 대한 예약인원을 구하시오(VLOOKUP 함수).

(7) 조건부 서식의 수식을 이용하여 예약인원이 '200' 이상인 행 전체에 다음의 서식을 적용하시오
(글꼴 : 파랑, 굵게).

[제2작업] 목표값 찾기 및 필터(80점)

☞ **"제1작업"** 시트의 「B4:H12」 영역을 복사하여 **"제2작업"** 시트의 「B2」 셀부터 모두 붙여넣기를 한 후 다음의 조건과 같이 작업하시오.

≪조건≫

(1) 목표값 찾기 - 「B11:G11」 셀을 병합하고, 가운데 맞춤한 후 "러블리 계약금(단위:원) 합계"를 입력하고, 「H11」 셀에 러블리 계약금(단위:원) 합계를 구하시오. 단, 조건은 입력데이터를 이용하시오
(DSUM 함수, 테두리).
- '러블리 계약금(단위:원) 합계'가 '3,500,000'이 되려면 신지연의 계약금(단위:원)이 얼마가 되어야 하는지 목표값을 구하시오.

(2) 고급필터 - 예약코드가 'W'로 시작하거나, 예약인원이 '100' 이하인 자료의 고객명, 행사일자, 계약금(단위:원), 예약인원 데이터만 추출하시오.
- 조건 범위 : 「B14」 셀부터 입력하시오.
- 복사 위치 : 「B18」 셀부터 나타나도록 하시오.

[제3작업] 정렬 및 부분합(80점)

☞ **"제1작업"** 시트의 「B4:H12」 영역을 복사하여 **"제3작업"** 시트의 「B2」 셀부터 모두 붙여넣기를 한 후 다음의 조건과 같이 작업하시오.

≪조건≫

(1) 부분합 - ≪출력형태≫처럼 정렬하고, 고객명의 개수와 예약인원의 평균을 구하시오.
(2) 개요 - 지우시오.
(3) 나머지 사항은 ≪출력형태≫에 맞게 작성하시오.

≪출력형태≫

예약코드	고객명	홀명	행사일자	가격(단위:원)	계약금(단위:원)	예약인원
R3-106	안혜지	오리엔탈	2025-03-16	27,000	700,000	80명
W5-102	금진욱	오리엔탈	2025-03-22	32,000	800,000	125명
		오리엔탈 평균				103명
	2	오리엔탈 개수				
H6-011	김은희	로맨틱	2025-03-23	35,000	1,300,000	90명
W7-093	성선아	로맨틱	2025-03-21	35,000	600,000	95명
R3-081	강태희	로맨틱	2019-03-23	32,000	600,000	250명
		로맨틱 평균				145명
	3	로맨틱 개수				
R4-271	신지연	러블리	2025-03-15	32,000	500,000	130명
H7-023	채동아	러블리	2025-03-28	27,000	1,500,000	260명
H1-093	김선하	러블리	2025-03-16	32,000	1,000,000	210명
		러블리 평균				200명
	3	러블리 개수				
		전체 평균				155명
	8	전체 개수				

[제4작업] 그래프(100점)

☞ "**제1작업**" 시트를 이용하여 조건에 따라 《출력형태》와 같이 작업하시오.

≪조건≫

(1) 차트 종류 ⇒ 〈묶은 세로 막대형〉으로 작업하시오.
(2) 데이터 범위 ⇒ "제1작업" 시트의 내용을 이용하여 작업하시오.
(3) 위치 ⇒ "새 시트"로 이동하고, "제4작업"으로 시트 이름을 바꾸시오.
(4) 차트 디자인 도구 ⇒ 레이아웃 3, 스타일 1을 선택하여 ≪출력형태≫에 맞게 작업하시오.
(5) 영역 서식 ⇒ 차트 : 글꼴(굴림, 11pt), 채우기 효과(질감-파랑 박엽지)
  　　　　　　　그림 : 채우기(흰색, 배경1)
(6) 제목 서식 ⇒ 차트 제목 : 글꼴(굴림, 굵게, 20pt), 채우기(흰색, 배경1), 테두리
(7) 서식 ⇒ 가격(단위:원) 계열의 차트 종류를 〈표식이 있는 꺾은선형〉으로 변경한 후 보조 축으로 지정하시오.
  　　　　　계열 : ≪출력형태≫를 참조하여 표식(마름모, 크기 10)과 레이블 값을 표시하시오.
  　　　　　눈금선 : 선 스타일-파선
  　　　　　축 : ≪출력형태≫를 참조하시오.
(8) 범례 ⇒ 범례명을 변경하고 ≪출력형태≫를 참조하시오.
(9) 도형 ⇒ '말풍선: 모서리가 둥근 사각형 설명선'을 삽입한 후 ≪출력형태≫와 같이 내용을 입력하시오.
(10) 나머지 사항은 ≪출력형태≫에 맞게 작성하시오.

≪출력형태≫

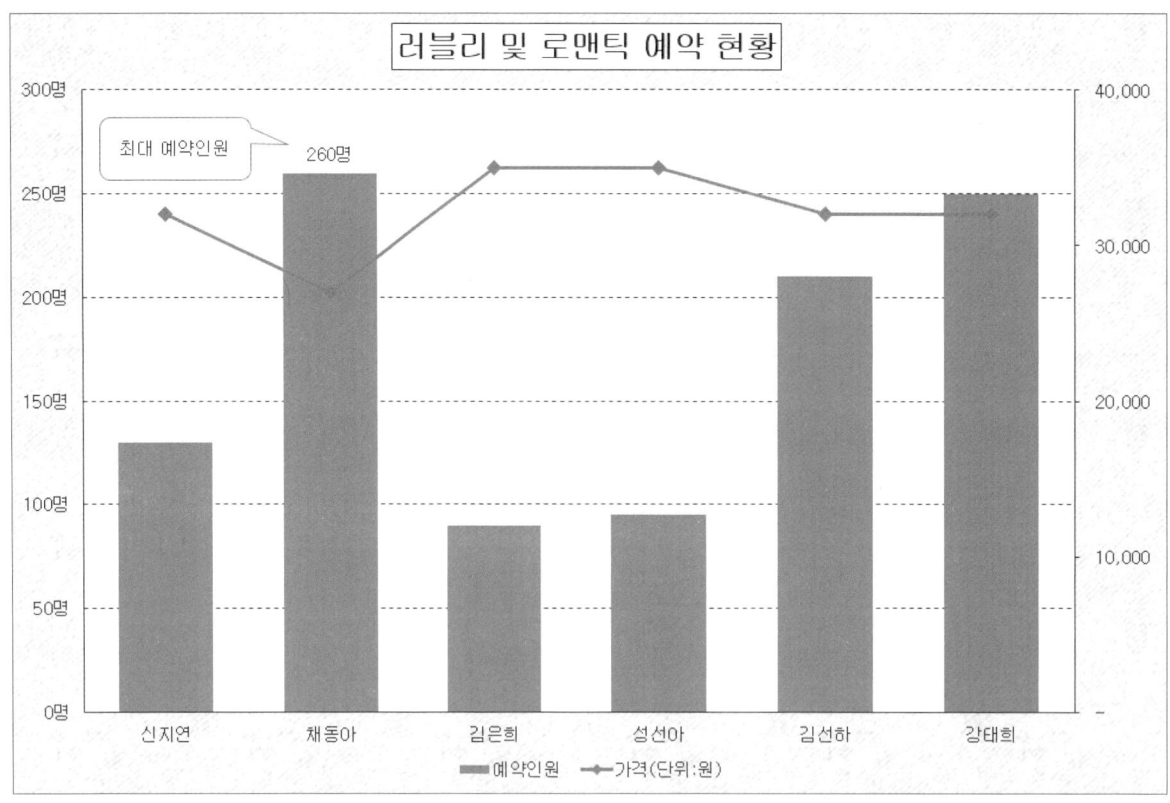

주의 ☞ 시트명 순서가 차례대로 "제1작업", "제2작업", "제3작업", "제4작업"이 되도록 할 것

제24회 최신기출유형 MS오피스

과목	코드	문제유형	시험시간	수험번호	성명
한글엑셀	1122	D	60분		

수험자 유의사항

- 수험자는 문제지를 받는 즉시 문제지와 **수험표상의 시험과목(프로그램)이 동일한지 반드시 확인**하여야 합니다.
- 파일명은 본인의 "수험번호-성명"으로 입력하여 답안폴더(내 PC/문서/ITQ)에 하나의 파일로 저장해야하며, 답안문서 파일명이 "수험번호-성명"과 일치하지 않거나, 답안파일을 전송하지 않아 미제출로 처리될 경우 실격 처리합니다(예:12345678-홍길동.xlsx).
- 답안 작성을 마치면 파일을 저장하고, '답안 전송' 버튼을 선택하여 감독위원 PC로 답안을 전송하십시오. 수험생 정보와 저장한 파일명이 다를 경우 전송되지 않으므로 주의하시기 바랍니다.
- 답안 작성 중에도 **주기적으로 저장하고, '답안 전송'**하여야 문제 발생을 줄일 수 있습니다. 작업한 내용을 저장하지 않고 전송할 경우 이전에 저장된 내용이 전송되오니 이점 유의하시기 바랍니다.
- 답안문서는 지정된 경로 외의 다른 보조기억장치에 저장하는 경우, 지정된 시험 시간 외에 작성된 파일을 활용할 경우, 기타 통신수단(이메일, 메신저, 네트워크 등)을 이용하여 타인에게 전달 또는 외부 반출하는 경우는 부정 처리합니다.
- 시험 중 부주의 또는 고의로 시스템을 파손한 경우는 수험자가 변상해야 하며, 〈수험자 유의사항〉에 기재된 방법대로 이행하지 않아 생기는 불이익은 수험생 당사자의 책임임을 알려 드립니다.
- 문제의 조건은 MS오피스 2021 버전으로 설정되어 있으니 유의하시기 바랍니다.
- 시험을 완료한 수험자는 답안파일이 전송되었는지 확인한 후 감독위원의 지시에 따라 문제지를 제출하고 퇴실합니다.

답안 작성요령

- 온라인 답안 작성 절차
  수험자 등록 ⇒ 시험 시작 ⇒ 답안파일 저장 ⇒ 답안 전송 ⇒ 시험 종료
- 문제는 총 4단계, 즉 제1작업부터 제4작업까지 구성되어 있으며 반드시 제1작업부터 순서대로 작성하고 조건대로 작업하시오.
- 모든 작업시트의 A열은 열 너비 '1'로, 나머지 열은 적당하게 조절하시오.
- 모든 작업시트의 테두리는 《출력형태》와 같이 작업하시오.
- 해당 작업란에서는 각각 제시된 조건에 따라 《출력형태》와 같이 작업하시오.
- 답안 시트 이름은 "제1작업", "제2작업", "제3작업", "제4작업"이어야 하며 답안 시트 이외의 것은 감점 처리됩니다.
- 각 시트를 파일로 나누어 작업해서 저장할 경우 실격 처리됩니다.

[제1작업] 표 서식 작성 및 값 계산(240점)

☞ 다음은 '아멜리에 쇼핑몰 회원 관리'에 대한 자료이다. 자료를 입력하고 조건에 맞도록 작업하시오.

≪출력형태≫

회원번호	이름	가입일	회원등급	전월구매액 (단위:원)	반품건수 (단위:건)	구매건수	성별	순위
AV2-01	박윤정	2018-05-12	꽃길	417,500	4	32	(1)	(2)
GE2-03	조은우	2019-08-19	햇살	317,000	5	23	(1)	(2)
NF1-03	김문아	2018-09-15	새싹	303,700	2	8	(1)	(2)
NS1-01	박윤비	2018-03-21	새싹	285,000	3	13	(1)	(2)
FG2-02	안은희	2017-01-10	햇살	204,000	6	21	(1)	(2)
SG1-01	김선희	2017-10-05	햇살	379,800	2	22	(1)	(2)
AV2-02	정소영	2019-02-23	꽃길	398,000	1	38	(1)	(2)
EN2-02	김정필	2017-04-12	새싹	123,500	1	9	(1)	(2)
햇살등급 회원수			(3)		꽃길등급 회원 전월구매액(단위:원) 평균			(5)
최대 전월구매액(단위:원)			(4)		회원번호	AV2-01	구매건수	(6)

제목 위에 "아멜리에 쇼핑몰 회원 관리" 도형, 우측 상단에 확인/사원/대리/과장 결재란.

≪조건≫

○ 모든 데이터의 서식에는 글꼴(굴림, 11pt), 정렬은 숫자 및 회계 서식은 오른쪽 정렬, 나머지 서식은 가운데 정렬로 작성하며 예외적인 것은 ≪출력형태≫를 참조하시오.

○ 제 목 ⇒ 도형(배지)과 그림자(오프셋 오른쪽)를 이용하여 작성하고
"아멜리에 쇼핑몰 회원 관리"를 입력한 후 다음 서식을 적용하시오
(글꼴-굴림, 24pt, 검정, 굵게, 채우기-노랑).

○ 임의의 셀에 결재란을 작성하여 그림으로 복사 기능을 이용하여 붙이기 하시오(단, 원본 삭제).

○ 「B4:J4, G14, I14」 영역은 '주황'으로 채우기 하시오.

○ 유효성 검사를 이용하여 「H14」 셀에 회원번호(「B5:B12」 영역)가 선택 표시되도록 하시오.

○ 셀 서식 ⇒ 「H5:H12」 영역에 셀 서식을 이용하여 숫자 뒤에 '건'을 표시하시오(예 : 32건).

○ 「E5:E12」 영역에 대해 '회원등급'으로 이름정의를 하시오.

☞ (1)~(6) 셀은 반드시 **주어진 함수를 이용**하여 값을 구하시오(결과값을 직접 입력하면 해당 셀은 0점 처리됨).

(1) 성별 ⇒ 회원번호 세 번째 자리 글자가 1이면 '남성', 2이면 '여성'으로 구하시오
(CHOOSE, MID 함수).

(2) 순위 ⇒ 전월구매액(단위:원)의 내림차순 순위를 구한 결과값에 '위'를 붙이시오
(RANK.EQ 함수, & 연산자)(예 : 1위).

(3) 햇살등급 회원수 ⇒ 정의된 이름(회원등급)을 이용하여 구하시오(COUNTIF 함수).

(4) 최대 전월구매액(단위:원) ⇒ (MAX 함수)

(5) 꽃길등급 회원 전월구매액(단위:원) 평균 ⇒ 올림하여 만원 단위로 구하시오. 단, 조건은 입력데이터를 이용하시오(ROUNDUP, DAVERAGE 함수)
(예 : 523,800 → 530,000).

(6) 구매건수 ⇒ 「H14」 셀에서 선택한 회원번호에 대한 구매건수를 구하시오(VLOOKUP 함수).

(7) 조건부 서식의 수식을 이용하여 반품건수(단위:건)가 '5' 이상인 행 전체에 다음의 서식을 적용하시오
(글꼴 : 파랑, 굵게).

[제2작업] 필터 및 서식(80점)

☞ "제1작업" 시트의 「B4:H12」 영역을 복사하여 "제2작업" 시트의 「B2」 셀부터 모두 붙여넣기를 한 후 다음의 조건과 같이 작업하시오.

≪조건≫

(1) 고급 필터 - 회원번호가 'N'으로 시작하거나, 전월구매액(단위:원)이 '400,000' 이상인 자료의 회원번호, 회원등급, 전월구매액(단위:원), 구매건수 데이터만 추출하시오.
　　- 조건 범위 : 「B14」 셀부터 입력하시오.
　　- 복사 위치 : 「B18」 셀부터 나타나도록 하시오.

(2) 표 서식 - 고급필터의 결과셀을 채우기 없음으로 설정한 후 '표 스타일 보통 6'의 서식을 적용하시오.
　　- 머리글 행, 줄무늬 행을 적용하시오.

[제3작업] 피벗테이블(80점)

☞ "제1작업" 시트를 이용하여 "제3작업" 시트에 조건에 따라 ≪출력형태≫와 같이 작업하시오.

≪조건≫

(1) 구매건수 및 회원등급별 이름의 개수와 전월구매액(단위:원)의 평균을 구하시오.
(2) 구매건수를 그룹화하고, 회원등급을 ≪출력형태≫와 같이 정렬하시오.
(3) 레이블이 있는 셀 병합 및 가운데 맞춤 적용 및 빈 셀은 '**'로 표시하시오.
(4) 행의 총합계는 지우고, 나머지 사항은 ≪출력형태≫에 맞게 작성하시오.

≪출력형태≫

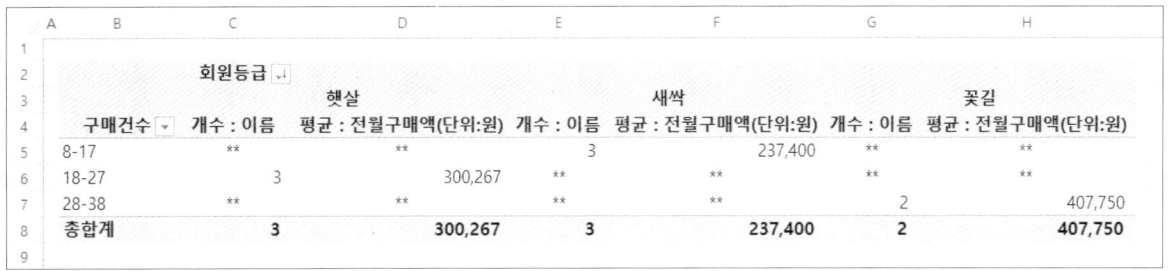

[제4작업] 그래프(100점)

☞ "**제1작업**" 시트를 이용하여 조건에 따라 《출력형태》와 같이 작업하시오.

≪조건≫

(1) 차트 종류 ⇒ 〈묶은 세로 막대형〉으로 작업하시오.
(2) 데이터 범위 ⇒ "제1작업" 시트의 내용을 이용하여 작업하시오.
(3) 위치 ⇒ "새 시트"로 이동하고, "제4작업"으로 시트 이름을 바꾸시오.
(4) 차트 디자인 도구 ⇒ 레이아웃 3, 스타일 1을 선택하여 ≪출력형태≫에 맞게 작업하시오.
(5) 영역 서식 ⇒ 차트 : 글꼴(굴림, 11pt), 채우기 효과(질감-분홍 박엽지)
　　　　　　　　그림 : 채우기(흰색, 배경1)
(6) 제목 서식 ⇒ 차트 제목 : 글꼴(굴림, 굵게, 20pt), 채우기(흰색, 배경1), 테두리
(7) 서식 ⇒ 구매건수 계열의 차트 종류를 〈표식이 있는 꺾은선형〉으로 변경한 후 보조 축으로 지정하시오.
　　　　　계열 : ≪출력형태≫를 참조하여 표식(마름모, 크기 10)과 레이블 값을 표시하시오.
　　　　　눈금선 : 선 스타일-파선
　　　　　축 : ≪출력형태≫를 참조하시오.
(8) 범례 ⇒ 범례명을 변경하고 ≪출력형태≫를 참조하시오.
(9) 도형 ⇒ '말풍선: 모서리가 둥근 사각형 설명선'을 삽입한 후 ≪출력형태≫와 같이 내용을 입력하시오.
(10) 나머지 사항은 ≪출력형태≫에 맞게 작성하시오.

≪출력형태≫

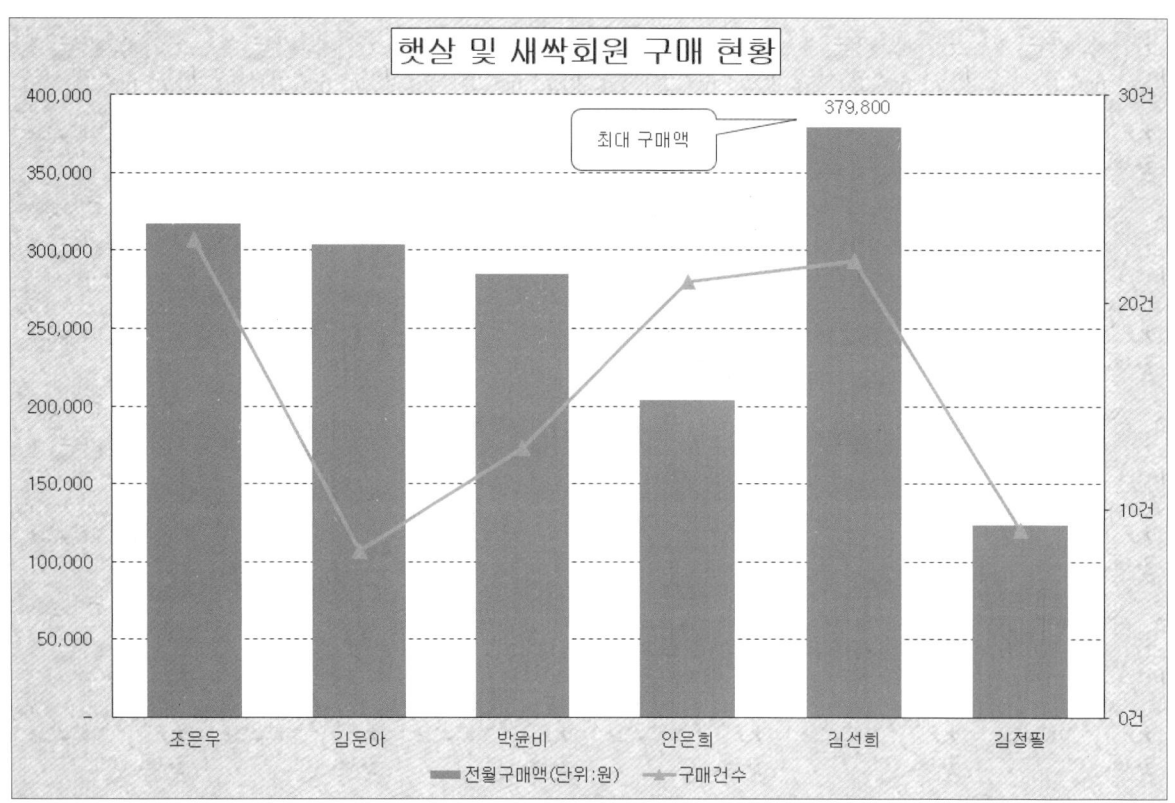

주의 ☞ 시트명 순서가 차례대로 "제1작업", "제2작업", "제3작업", "제4작업"이 되도록 할 것

제25회 최신기출유형 MS오피스

과 목	코드	문제유형	시험시간	수험번호	성 명
한글엑셀	1122	E	60분		

수험자 유의사항

- 수험자는 문제지를 받는 즉시 문제지와 **수험표상의 시험과목(프로그램)이 동일한지 반드시 확인**하여야 합니다.
- 파일명은 본인의 "수험번호-성명"으로 입력하여 답안폴더(내 PC/문서/ITQ)에 하나의 파일로 저장해야하며, 답안문서 파일명이 "수험번호-성명"과 일치하지 않거나, 답안파일을 전송하지 않아 미제출로 처리될 경우 실격 처리합니다(예:12345678-홍길동.xlsx).
- 답안 작성을 마치면 파일을 저장하고, '답안 전송' 버튼을 선택하여 감독위원 PC로 답안을 전송하십시오. 수험생 정보와 저장한 파일명이 다를 경우 전송되지 않으므로 주의하시기 바랍니다.
- 답안 작성 중에도 **주기적으로 저장하고, '답안 전송'**하여야 문제 발생을 줄일 수 있습니다. 작업한 내용을 저장하지 않고 전송할 경우 이전에 저장된 내용이 전송되오니 이점 유의하시기 바랍니다.
- 답안문서는 지정된 경로 외의 다른 보조기억장치에 저장하는 경우, 지정된 시험 시간 외에 작성된 파일을 활용할 경우, 기타 통신수단(이메일, 메신저, 네트워크 등)을 이용하여 타인에게 전달 또는 외부 반출하는 경우는 부정 처리합니다.
- 시험 중 부주의 또는 고의로 시스템을 파손한 경우는 수험자가 변상해야 하며, 〈수험자 유의사항〉에 기재된 방법대로 이행하지 않아 생기는 불이익은 수험생 당사자의 책임임을 알려 드립니다.
- 문제의 조건은 MS오피스 2021 버전으로 설정되어 있으니 유의하시기 바랍니다.
- 시험을 완료한 수험자는 답안파일이 전송되었는지 확인한 후 감독위원의 지시에 따라 문제지를 제출하고 퇴실합니다.

답안 작성요령

- 온라인 답안 작성 절차
  수험자 등록 ⇒ 시험 시작 ⇒ 답안파일 저장 ⇒ 답안 전송 ⇒ 시험 종료
- 문제는 총 4단계, 즉 제1작업부터 제4작업까지 구성되어 있으며 반드시 제1작업부터 순서대로 작성하고 조건대로 작업하시오.
- 모든 작업시트의 A열은 열 너비 '1'로, 나머지 열은 적당하게 조절하시오.
- 모든 작업시트의 테두리는 《출력형태》와 같이 작업하시오.
- 해당 작업란에서는 각각 제시된 조건에 따라 《출력형태》와 같이 작업하시오.
- 답안 시트 이름은 "제1작업", "제2작업", "제3작업", "제4작업"이어야 하며 답안 시트 이외의 것은 감점 처리됩니다.
- 각 시트를 파일로 나누어 작업해서 저장할 경우 실격 처리됩니다.

[제1작업] 표 서식 작성 및 값 계산(240점)

☞ 다음은 '맛나 디저트 쇼핑몰 납품현황'에 대한 자료이다. 자료를 입력하고 조건에 맞도록 작업하시오.

≪출력형태≫

관리번호	종류	디저트명	납품최저가(원)	출시일	전월판매량	거래처수(개)	보관방법	순위
CC-001	케이크	치즈케이크	6,850	2024-10-10	1,020	10	(1)	(2)
BR-001	베이커리	클래식휘낭시에	3,200	2024-01-20	950	8	(1)	(2)
CC-002	케이크	생크림밀크롤	15,530	2024-05-10	675	12	(1)	(2)
MR-001	마카롱	황치즈마카롱	2,850	2024-11-20	1,150	9	(1)	(2)
BR-002	베이커리	크리스피누룽지	4,300	2024-02-10	733	9	(1)	(2)
BC-003	베이커리	대만샌드위치	3,550	2024-07-10	1,230	20	(1)	(2)
CR-003	케이크	딸기크레이프	6,570	2024-01-10	585	10	(1)	(2)
MC-002	마카롱	딸기뚱카롱	3,070	2024-12-20	780	7	(1)	(2)
케이크 납품최저가(원) 평균			(3)		마카롱 제품 개수			(5)
가장 많은 거래처수(개)			(4)		디저트명	치즈케이크	전월판매량	(6)

제목 영역에는 "맛나 디저트 쇼핑몰 납품현황" 및 결재란(결재/사원/팀장/대표)이 포함됨.

≪조건≫

○ 모든 데이터의 서식에는 글꼴(굴림, 11pt), 정렬은 숫자 및 회계 서식은 오른쪽 정렬, 나머지 서식은 가운데 정렬로 작성하며 예외적인 것은 ≪출력형태≫를 참조하시오.

○ 제 목 ⇒ 도형(배지)과 그림자(오프셋 오른쪽)를 이용하여 작성하고
  "맛나 디저트 쇼핑몰 납품현황"을 입력한 후 다음 서식을 적용하시오
  (글꼴-굴림, 24pt, 검정, 굵게, 채우기-노랑).

○ 임의의 셀에 결재란을 작성하여 그림으로 복사 기능을 이용하여 붙이기 하시오(단, 원본 삭제).

○ 「B4:J4, G14, I14」 영역은 '주황'으로 채우기 하시오.

○ 유효성 검사를 이용하여 「H14」 셀에 디저트명(「D5:D12」 영역)이 선택 표시되도록 하시오.

○ 셀 서식 ⇒ 「G5:G12」 영역에 셀 서식을 이용하여 숫자 뒤에 '개'를 표시하시오(예 : 1,020개).

○ 「H5:H12」 영역에 대해 '거래처수'로 이름정의를 하시오.

☞ (1)~(6) 셀은 반드시 **주어진 함수를 이용**하여 값을 구하시오(결과값을 직접 입력하면 해당 셀은 0점 처리됨).

(1) 보관방법 ⇒ 관리번호 두 번째 값이 C이면 '냉장', 그 외에는 '실온'으로 구하시오(IF, MID 함수).

(2) 순위 ⇒ 전월판매량의 내림차순 순위를 구하시오(RANK.EQ 함수).

(3) 케이크 납품최저가(원) 평균 ⇒ 반올림하여 백원 단위까지 구하고, 조건은 입력데이터를 이용하시오
  (ROUND, DAVERAGE 함수)(예 : 4,650 → 4,700).

(4) 가장 많은 거래처수(개) ⇒ 정의된 이름(거래처수)을 이용하여 구하시오(MAX 함수).

(5) 마카롱 제품 개수 ⇒ 결과값에 '개'를 붙이시오(COUNTIF 함수, & 연산자)(예 : 1개).

(6) 전월판매량 ⇒ 「H14」 셀에서 선택한 디저트명에 대한 전월판매량을 구하시오(VLOOKUP 함수).

(7) 조건부 서식의 수식을 이용하여 전월판매량이 '1,000' 이상인 행 전체에 다음의 서식을 적용하시오
  (글꼴 : 파랑, 굵게).

[제2작업] 목표값 찾기 및 필터(80점)

☞ **"제1작업"** 시트의 「B4:H12」 영역을 복사하여 **"제2작업"** 시트의 「B2」 셀부터 모두 붙여넣기를 한 후 다음의 조건과 같이 작업하시오.

≪조건≫

(1) 목표값 찾기 – 「B11:G11」 셀을 병합하고, 가운데 맞춤한 후 "납품최저가(원) 전체 평균"을 입력하고, 「H11」 셀에 납품최저가(원)의 전체 평균을 구하시오(AVERAGE 함수, 테두리).
   – '납품최저가(원)의 전체 평균'이 '5,700'이 되려면 치즈케이크의 납품최저가(원)가 얼마가 되어야 하는지 목표값을 구하시오.

(2) 고급필터 – 종류가 '마카롱'이 아니면서 거래처수(개)가 '10' 이상인 자료의 관리번호, 디저트명, 납품최저가(원), 출시일 데이터만 추출하시오.
   – 조건 범위 : 「B14」 셀부터 입력하시오.
   – 복사 위치 : 「B18」 셀부터 나타나도록 하시오.

[제3작업] 정렬 및 부분합(80점)

☞ **"제1작업"** 시트의 「B4:H12」 영역을 복사하여 **"제3작업"** 시트의 「B2」 셀부터 모두 붙여넣기를 한 후 다음의 조건과 같이 작업하시오.

≪조건≫

(1) 부분합 – ≪출력형태≫처럼 정렬하고, 디저트명의 개수와 전월판매량의 평균을 구하시오.
(2) 개요 – 지우시오.
(3) 나머지 사항은 ≪출력형태≫에 맞게 작성하시오.

≪출력형태≫

관리번호	종류	디저트명	납품최저가(원)	출시일	전월판매량	거래처수(개)
CC-001	케이크	치즈케이크	6,850	2024-10-10	1,020개	10
CC-002	케이크	생크림밀크롤	15,530	2024-05-10	675개	12
CR-003	케이크	딸기크레이프	6,570	2024-01-10	585개	10
	케이크 평균				760개	
	케이크 개수	3				
BR-001	베이커리	클래식휘낭시에	3,200	2024-01-20	950개	8
BR-002	베이커리	크리스피누룽지	4,300	2024-02-10	733개	9
BC-003	베이커리	대만샌드위치	3,550	2024-07-10	1,230개	20
	베이커리 평균				971개	
	베이커리 개수	3				
MR-001	마카롱	황치즈마카롱	2,850	2024-11-20	1,150개	9
MC-002	마카롱	딸기뽕카롱	3,070	2024-12-20	780개	7
	마카롱 평균				965개	
	마카롱 개수	2				
	전체 평균				890개	
	전체 개수	8				

[제4작업] 그래프(100점)

☞ **"제1작업"** 시트를 이용하여 조건에 따라 《출력형태》와 같이 작업하시오.

≪조건≫

(1) 차트 종류 ⇒ 〈묶은 세로 막대형〉으로 작업하시오.
(2) 데이터 범위 ⇒ "제1작업" 시트의 내용을 이용하여 작업하시오.
(3) 위치 ⇒ "새 시트"로 이동하고, "제4작업"으로 시트 이름을 바꾸시오.
(4) 차트 디자인 도구 ⇒ 레이아웃 3, 스타일 1을 선택하여 《출력형태》에 맞게 작업하시오.
(5) 영역 서식 ⇒ 차트 : 글꼴(굴림, 11pt), 채우기 효과(질감-파랑 박엽지)
　　　　　　　 그림 : 채우기(흰색, 배경1)
(6) 제목 서식 ⇒ 차트 제목 : 글꼴(굴림, 굵게, 20pt), 채우기(흰색, 배경1), 테두리
(7) 서식 ⇒ 거래처수(개) 계열의 차트 종류를 〈표식이 있는 꺾은선형〉으로 변경한 후 보조 축으로 지정하시오.
　　　　　 계열 : 《출력형태》를 참조하여 표식(세모, 크기 10)과 레이블 값을 표시하시오.
　　　　　 눈금선 : 선 스타일-파선
　　　　　 축 : 《출력형태》를 참조하시오.
(8) 범례 ⇒ 범례명을 변경하고 《출력형태》를 참조하시오.
(9) 도형 ⇒ '말풍선: 모서리가 둥근 사각형 설명선'을 삽입한 후 《출력형태》와 같이 내용을 입력하시오.
(10) 나머지 사항은 《출력형태》에 맞게 작성하시오.

≪출력형태≫

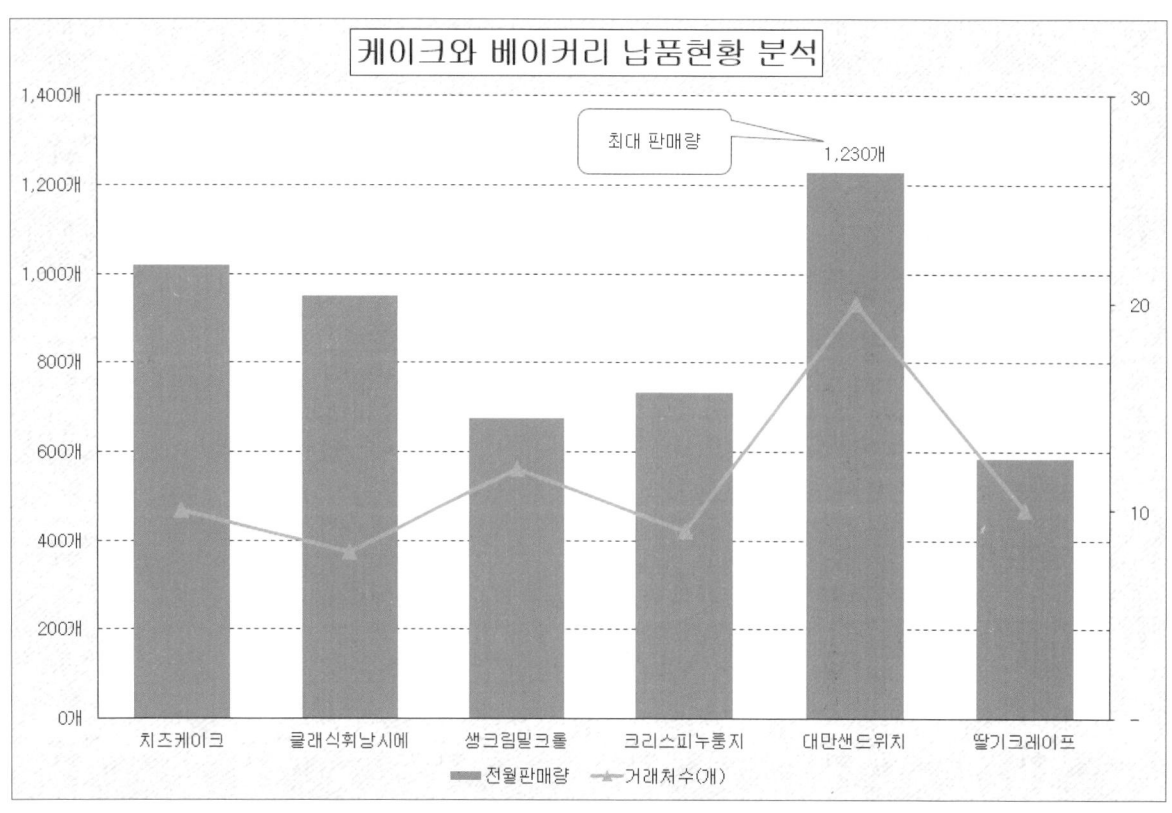

주의 ☞ 시트명 순서가 차례대로 "제1작업", "제2작업", "제3작업", "제4작업"이 되도록 할 것

제26회 최신기출유형 MS오피스

과 목	코드	문제유형	시험시간	수험번호	성 명
한글엑셀	1122	A	60분		

수험자 유의사항

- 수험자는 문제지를 받는 즉시 문제지와 **수험표상의 시험과목(프로그램)이 동일한지 반드시 확인**하여야 합니다.
- 파일명은 본인의 "수험번호-성명"으로 입력하여 답안폴더(내 PC/문서/ITQ)에 하나의 파일로 저장해야하며, 답안문서 파일명이 "수험번호-성명"과 일치하지 않거나, 답안파일을 전송하지 않아 미제출로 처리될 경우 실격 처리합니다(예:12345678-홍길동.xlsx).
- 답안 작성을 마치면 파일을 저장하고, '답안 전송' 버튼을 선택하여 감독위원 PC로 답안을 전송하십시오. 수험생 정보와 저장한 파일명이 다를 경우 전송되지 않으므로 주의하시기 바랍니다.
- 답안 작성 중에도 **주기적으로 저장하고, '답안 전송'**하여야 문제 발생을 줄일 수 있습니다. 작업한 내용을 저장하지 않고 전송할 경우 이전에 저장된 내용이 전송되오니 이점 유의하시기 바랍니다.
- 답안문서는 지정된 경로 외의 다른 보조기억장치에 저장하는 경우, 지정된 시험 시간 외에 작성된 파일을 활용할 경우, 기타 통신수단(이메일, 메신저, 네트워크 등)을 이용하여 타인에게 전달 또는 외부 반출하는 경우는 부정 처리합니다.
- 시험 중 부주의 또는 고의로 시스템을 파손한 경우는 수험자가 변상해야 하며, 〈수험자 유의사항〉에 기재된 방법대로 이행하지 않아 생기는 불이익은 수험생 당사자의 책임임을 알려 드립니다.
- 문제의 조건은 MS오피스 2021 버전으로 설정되어 있으니 유의하시기 바랍니다.
- 시험을 완료한 수험자는 답안파일이 전송되었는지 확인한 후 감독위원의 지시에 따라 문제지를 제출하고 퇴실합니다.

답안 작성요령

- 온라인 답안 작성 절차
  수험자 등록 ⇒ 시험 시작 ⇒ 답안파일 저장 ⇒ 답안 전송 ⇒ 시험 종료
- 문제는 총 4단계, 즉 제1작업부터 제4작업까지 구성되어 있으며 반드시 제1작업부터 순서대로 작성하고 조건대로 작업하시오.
- 모든 작업시트의 A열은 열 너비 '1'로, 나머지 열은 적당하게 조절하시오.
- 모든 작업시트의 테두리는 《출력형태》와 같이 작업하시오.
- 해당 작업란에서는 각각 제시된 조건에 따라 《출력형태》와 같이 작업하시오.
- 답안 시트 이름은 "제1작업", "제2작업", "제3작업", "제4작업"이어야 하며 답안 시트 이외의 것은 감점 처리됩니다.
- 각 시트를 파일로 나누어 작업해서 저장할 경우 실격 처리됩니다.

[제1작업] 표 서식 작성 및 값 계산(240점)

☞ 다음은 'IT제품 구매 현황'에 대한 자료이다. 자료를 입력하고 조건에 맞도록 작업하시오.

≪출력형태≫

제품코드	제품	색상	구매일자	단가	구매수량(단위:대)	전년 구매수량	구매순위	제조사
HN-001	노트북	화이트	2024-10-07	800,000	50	45	(1)	(2)
SN-001	노트북	블랙	2024-10-03	900,000	30	35	(1)	(2)
HM-002	모니터	블랙	2024-08-05	700,000	20	10	(1)	(2)
HT-003	태블릿	블루	2024-09-07	850,000	45	50	(1)	(2)
ON-001	노트북	블루	2024-09-04	600,000	40	10	(1)	(2)
OS-003	태블릿	블랙	2024-03-24	750,000	15	25	(1)	(2)
OM-002	모니터	퍼플	2024-10-08	900,000	10	5	(1)	(2)
OT-003	태블릿	화이트	2024-08-11	800,000	35	35	(1)	(2)
단가 전체 평균				(3)		노트북의 구매수량(단위:대) 합계		(5)
모니터 전년 구매수량 합계				(4)		제품코드	HN-001	구매일자	(6)

결재란: 담당 / 팀장 / 부장

≪조건≫

○ 모든 데이터의 서식에는 글꼴(굴림, 11pt), 정렬은 숫자 및 회계 서식은 오른쪽 정렬, 나머지 서식은 가운데 정렬로 작성하며 예외적인 것은 ≪출력형태≫를 참조하시오.
○ 제 목 ⇒ 도형(육각형)과 그림자(오프셋 오른쪽)를 이용하여 작성하고 "IT제품 구매 현황"을 입력한 후 다음 서식을 적용하시오
(글꼴-굴림, 24pt, 검정, 굵게, 채우기-노랑).
○ 임의의 셀에 결재란을 작성하여 그림으로 복사 기능을 이용하여 붙이기 하시오(단, 원본 삭제).
○ 「B4:J4, G14, I14」 영역은 '주황'으로 채우기 하시오.
○ 유효성 검사를 이용하여 「H14」 셀에 제품코드(「B5:B12」 영역)가 선택 표시되도록 하시오.
○ 셀 서식 ⇒ 「F5:F12」 영역에 셀 서식을 이용하여 숫자 뒤에 '원'을 표시하시오(예 : 800,000원).
○ 「H5:H12」 영역에 대해 '전년구매수량'으로 이름정의를 하시오.

☞ (1)~(6) 셀은 반드시 **주어진 함수를 이용**하여 값을 구하시오(결과값을 직접 입력하면 해당 셀은 0점 처리됨).

(1) 구매순위 ⇒ 구매수량(단위:대)의 내림차순 순위를 구한 결과값에 '위'를 붙이시오
(RANK.EQ 함수, & 연산자)(예 : 1위).
(2) 제조사 ⇒ 제품코드 첫 번째 글자가 H이면 '현성', S이면 '신화', O이면 '오렌지'로 구하시오
(IF, LEFT 함수).
(3) 단가 전체 평균 ⇒ 내림하여 천원 단위까지 구하시오
(ROUNDDOWN, AVERAGE 함수)(예 : 787,500 → 787,000).
(4) 모니터 전년 구매수량 합계 ⇒ 정의된 이름(전년구매수량)을 이용하여 구하시오(SUMIF 함수).
(5) 노트북의 구매수량(단위:대) 합계 ⇒ 조건은 입력데이터를 이용하시오(DSUM 함수).
(6) 구매일자 ⇒ 「H14」 셀에서 선택한 제품코드에 대한 구매일자를 구하시오
(VLOOKUP 함수)(예 : 2024-10-01).
(7) 조건부 서식의 수식을 이용하여 전년 구매수량이 '30' 이상인 행 전체에 다음의 서식을 적용하시오
(글꼴 : 파랑, 굵게).

[제2작업] 필터 및 서식(80점)

☞ **"제1작업"** 시트의 「B4:H12」 영역을 복사하여 **"제2작업"** 시트의 「B2」 셀부터 모두 붙여넣기를 한 후 다음의 조건과 같이 작업하시오.

≪조건≫

(1) 고급 필터 – 제품이 '노트북'이거나, 구매수량(단위:대)이 '40' 이상인 자료의 제품코드, 제품, 단가, 구매수량(단위:대) 데이터만 추출하시오.
 - 조건 범위 : 「B14」 셀부터 입력하시오.
 - 복사 위치 : 「B18」 셀부터 나타나도록 하시오.

(2) 표 서식 – 고급필터의 결과셀을 채우기 없음으로 설정한 후 '표 스타일 보통 6'의 서식을 적용하시오.
 - 머리글 행, 줄무늬 행을 적용하시오.

[제3작업] 피벗테이블(80점)

☞ **"제1작업"** 시트를 이용하여 **"제3작업"** 시트에 조건에 따라 ≪출력형태≫와 같이 작업하시오.

≪조건≫

(1) 단가 및 제품별 제품코드의 개수와 구매수량(단위:대)의 평균을 구하시오.
(2) 단가를 그룹화하고, 제품을 ≪출력형태≫와 같이 정렬하시오.
(3) 레이블이 있는 셀 병합 및 가운데 맞춤 적용 및 빈 셀은 '**'로 표시하시오.
(4) 행의 총합계는 지우고, 나머지 사항은 ≪출력형태≫에 맞게 작성하시오.

≪출력형태≫

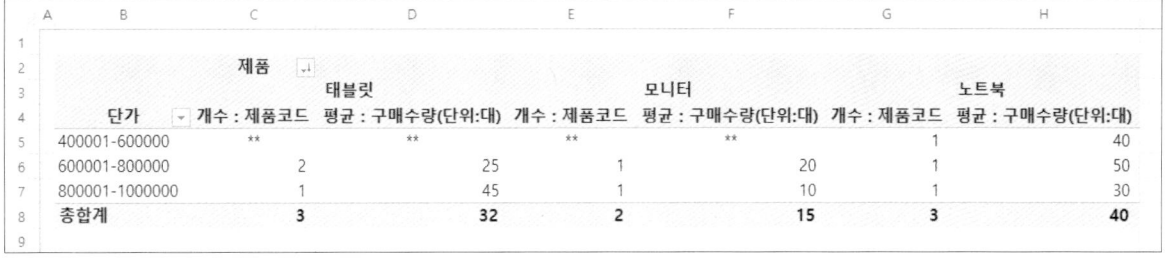

단가	태블릿		모니터		노트북	
	개수 : 제품코드	평균 : 구매수량(단위:대)	개수 : 제품코드	평균 : 구매수량(단위:대)	개수 : 제품코드	평균 : 구매수량(단위:대)
400001-600000	**	**	**	**	1	40
600001-800000	2	25	1	20	1	50
800001-1000000	1	45	1	10	1	30
총합계	3	32	2	15	3	40

[제4작업] 그래프(100점)

☞ "제1작업" 시트를 이용하여 조건에 따라 《출력형태》와 같이 작업하시오.

≪조건≫

(1) 차트 종류 ⇒ 〈묶은 세로 막대형〉으로 작업하시오.
(2) 데이터 범위 ⇒ "제1작업" 시트의 내용을 이용하여 작업하시오.
(3) 위치 ⇒ "새 시트"로 이동하고, "제4작업"으로 시트 이름을 바꾸시오.
(4) 차트 디자인 도구 ⇒ 레이아웃 3, 스타일 1을 선택하여 ≪출력형태≫에 맞게 작업하시오.
(5) 영역 서식 ⇒ 차트 : 글꼴(굴림, 11pt), 채우기 효과(질감-분홍 박엽지)
　　　　　　　　그림 : 채우기(흰색, 배경1)
(6) 제목 서식 ⇒ 차트 제목 : 글꼴(굴림, 굵게, 20pt), 채우기(흰색, 배경1), 테두리
(7) 서식 ⇒ 구매수량(단위:대) 계열의 차트 종류를 〈표식이 있는 꺾은선형〉으로 변경한 후 보조 축으로 지정하시오.
　　　　　계열 : ≪출력형태≫를 참조하여 표식(세모, 크기 10)과 레이블 값을 표시하시오.
　　　　　눈금선 : 선 스타일-파선
　　　　　축 : ≪출력형태≫를 참조하시오.
(8) 범례 ⇒ 범례명을 변경하고 ≪출력형태≫를 참조하시오.
(9) 도형 ⇒ '말풍선: 모서리가 둥근 사각형 설명선'을 삽입한 후 ≪출력형태≫와 같이 내용을 입력하시오.
(10) 나머지 사항은 ≪출력형태≫에 맞게 작성하시오.

≪출력형태≫

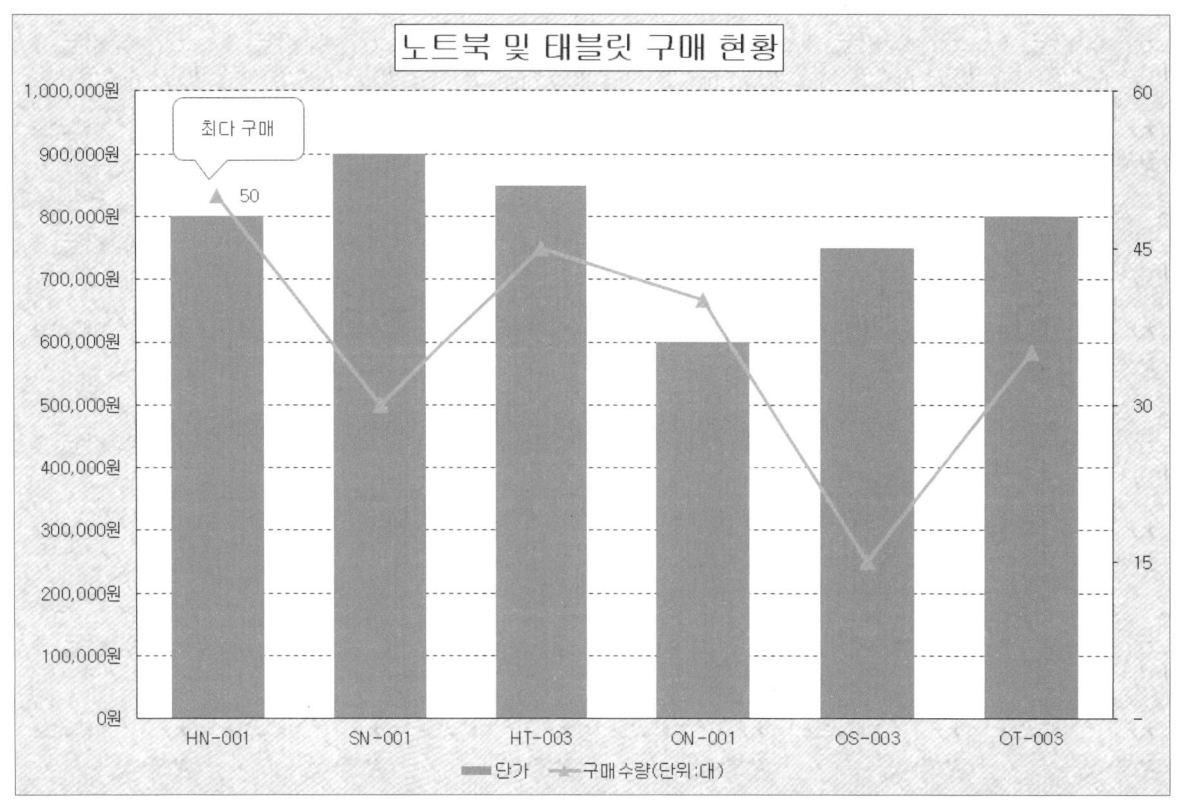

주의 ☞ 시트명 순서가 차례대로 "제1작업", "제2작업", "제3작업", "제4작업"이 되도록 할 것

제27회 최신기출유형

MS오피스

과 목	코드	문제유형	시험시간	수험번호	성 명
한글엑셀	1122	B	60분		

수험자 유의사항

- 수험자는 문제지를 받는 즉시 문제지와 **수험표상의 시험과목(프로그램)이 동일한지 반드시 확인**하여야 합니다.
- 파일명은 본인의 "수험번호-성명"으로 입력하여 답안폴더(내 PC/문서/ITQ)에 하나의 파일로 저장해야하며, 답안문서 파일명이 "수험번호-성명"과 일치하지 않거나, 답안파일을 전송하지 않아 미제출로 처리될 경우 실격 처리합니다(예:12345678-홍길동.xlsx).
- 답안 작성을 마치면 파일을 저장하고, '답안 전송' 버튼을 선택하여 감독위원 PC로 답안을 전송하십시오. 수험생 정보와 저장한 파일명이 다를 경우 전송되지 않으므로 주의하시기 바랍니다.
- 답안 작성 중에도 **주기적으로 저장하고, '답안 전송'**하여야 문제 발생을 줄일 수 있습니다. 작업한 내용을 저장하지 않고 전송할 경우 이전에 저장된 내용이 전송되오니 이점 유의하시기 바랍니다.
- 답안문서는 지정된 경로 외의 다른 보조기억장치에 저장하는 경우, 지정된 시험 시간 외에 작성된 파일을 활용할 경우, 기타 통신수단(이메일, 메신저, 네트워크 등)을 이용하여 타인에게 전달 또는 외부 반출하는 경우는 부정 처리합니다.
- 시험 중 부주의 또는 고의로 시스템을 파손한 경우는 수험자가 변상해야 하며, 〈수험자 유의사항〉에 기재된 방법대로 이행하지 않아 생기는 불이익은 수험생 당사자의 책임임을 알려 드립니다.
- 문제의 조건은 MS오피스 2021 버전으로 설정되어 있으니 유의하시기 바랍니다.
- 시험을 완료한 수험자는 답안파일이 전송되었는지 확인한 후 감독위원의 지시에 따라 문제지를 제출하고 퇴실합니다.

답안 작성요령

- 온라인 답안 작성 절차
  수험자 등록 ⇒ 시험 시작 ⇒ 답안파일 저장 ⇒ 답안 전송 ⇒ 시험 종료
- 문제는 총 4단계, 즉 제1작업부터 제4작업까지 구성되어 있으며 반드시 제1작업부터 순서대로 작성하고 조건대로 작업하시오.
- 모든 작업시트의 A열은 열 너비 '1'로, 나머지 열은 적당하게 조절하시오.
- 모든 작업시트의 테두리는 《출력형태》와 같이 작업하시오.
- 해당 작업란에서는 각각 제시된 조건에 따라 《출력형태》와 같이 작업하시오.
- 답안 시트 이름은 "제1작업", "제2작업", "제3작업", "제4작업"이어야 하며 답안 시트 이외의 것은 감점 처리됩니다.
- 각 시트를 파일로 나누어 작업해서 저장할 경우 실격 처리됩니다.

[제1작업] 표 서식 작성 및 값 계산(240점)

☞ 다음은 '다련 유통 제품별 판매 현황'에 대한 자료이다. 자료를 입력하고 조건에 맞도록 작업하시오.

≪출력형태≫

	A	B	C	D	E	F	G	H	I	J
1				다련 유통 제품별 판매 현황				결재	팀장	과장	대표
2											
3											
4		제품코드	제품명	분류	출시일	가격	11월매출(단위:만원)	12월매출(단위:만원)	순위	제조방식
5		HW-032	콜라겐	건강식품	2021-05-10	45,000	29,850	34,000	(1)	(2)
6		CR-083	아이크림	화장품	2023-05-10	53,000	29,800	31,200	(1)	(2)
7		HE-071	멀티비타민	건강식품	2022-02-10	43,000	37,890	114,500	(1)	(2)
8		CS-053	에센스	화장품	2023-04-10	49,000	6,540	9,250	(1)	(2)
9		HS-011	홍삼	건강식품	2022-01-10	81,500	115,000	185,000	(1)	(2)
10		PH-022	탈모샴푸	퍼스널케어	2021-02-10	52,000	7,500	7,300	(1)	(2)
11		PR-062	고급비누	퍼스널케어	2022-10-10	25,000	2,600	2,700	(1)	(2)
12		CV-041	선크림	화장품	2021-03-10	37,000	9,960	11,200	(1)	(2)
13		퍼스널케어 제품 수			(3)			최대 12월매출(단위:만원)		(5)
14		건강식품의 12월매출(단위:만원) 평균			(4)		제품명	콜라겐	가격	(6)

≪조건≫

○ 모든 데이터의 서식에는 글꼴(굴림, 11pt), 정렬은 숫자 및 회계 서식은 오른쪽 정렬, 나머지 서식은 가운데 정렬로 작성하며 예외적인 것은 ≪출력형태≫를 참조하시오.

○ 제 목 ⇒ 도형(배지)과 그림자(오프셋 오른쪽)를 이용하여 작성하고
"다련 유통 제품별 판매 현황"을 입력한 후 다음 서식을 적용하시오
(글꼴-굴림, 24pt, 검정, 굵게, 채우기-노랑).

○ 임의의 셀에 결재란을 작성하여 그림으로 복사 기능을 이용하여 붙이기 하시오(단, 원본 삭제).

○ 「B4:J4, G14, I14」 영역은 '주황'으로 채우기 하시오.

○ 유효성 검사를 이용하여 「H14」 셀에 제품명(「C5:C12」 영역)이 선택 표시되도록 하시오.

○ 셀 서식 ⇒ 「F5:F12」 영역에 셀 서식을 이용하여 숫자 뒤에 '원'을 표시하시오(예 : 45,000원).

○ 「D5:D12」 영역에 대해 '분류'로 이름정의를 하시오.

☞ (1)~(6) 셀은 반드시 **주어진 함수를 이용**하여 값을 구하시오(결과값을 직접 입력하면 해당 셀은 0점 처리됨).

(1) 순위 ⇒ 12월매출(단위:만원)의 내림차순 순위를 구하시오(RANK.EQ 함수).

(2) 제조방식 ⇒ 제품코드의 마지막 숫자가 1이면 '직접', 2이면 'OEM', 3이면 '제휴'로 표시하시오
(CHOOSE, RIGHT 함수).

(3) 퍼스널케어 제품 수 ⇒ 정의된 이름(분류)을 이용하여 구한 결과값에 '개'를 붙이시오
(COUNTIF 함수, & 연산자)(예 : 1개).

(4) 건강식품의 12월매출(단위:만원) 평균 ⇒ 반올림하여 예와 같이 구하시오. 단, 조건은 입력데이터를 이용하시오
(ROUND, DAVERAGE 함수)(예 : 256,265 → 256,300).

(5) 최대 12월매출(단위:만원) ⇒ (MAX 함수)

(6) 가격 ⇒ 「H14」 셀에서 선택한 제품명에 대한 가격을 구하시오(VLOOKUP 함수).

(7) 조건부 서식의 수식을 이용하여 가격이 '50,000' 이상인 행 전체에 다음의 서식을 적용하시오
(글꼴 : 파랑, 굵게).

[제2작업] 목표값 찾기 및 필터(80점)

☞ **"제1작업"** 시트의 「B4:H12」 영역을 복사하여 **"제2작업"** 시트의 「B2」 셀부터 모두 붙여넣기를 한 후 다음의 조건과 같이 작업하시오.

≪조건≫

(1) 목표값 찾기 – 「B11:G11」 셀을 병합하고, 가운데 맞춤한 후 "11월매출(단위:만원) 전체 평균"을 입력하고, 「H11」 셀에 11월매출(단위:만원) 전체 평균을 구하시오
(AVERAGE 함수, 테두리).
– '11월매출(단위:만원) 전체 평균'이 '30,000'이 되려면 콜라겐의 11월매출(단위:만원)이 얼마가 되어야 하는지 목표값을 구하시오.

(2) 고급필터 – 분류가 '건강식품'이 아니면서 가격이 '50,000' 이하인 자료의 제품명, 출시일, 가격, 12월매출(단위:만원) 데이터만 추출하시오.
– 조건 범위 : 「B14」 셀부터 입력하시오.
– 복사 위치 : 「B18」 셀부터 나타나도록 하시오.

[제3작업] 정렬 및 부분합(80점)

☞ **"제1작업"** 시트의 「B4:H12」 영역을 복사하여 **"제3작업"** 시트의 「B2」 셀부터 모두 붙여넣기를 한 후 다음의 조건과 같이 작업하시오.

≪조건≫

(1) 부분합 – ≪출력형태≫처럼 정렬하고, 제품명의 개수와 12월매출(단위:만원)의 평균을 구하시오.
(2) 개요 – 지우시오.
(3) 나머지 사항은 ≪출력형태≫에 맞게 작성하시오.

≪출력형태≫

	B	C	D	E	F	G	H
2	제품코드	제품명	분류	출시일	가격	11월매출 (단위:만원)	12월매출 (단위:만원)
3	CR-083	아이크림	화장품	2023-05-10	53,000원	29,800	31,200
4	CS-053	에센스	화장품	2023-04-10	49,000원	6,540	9,250
5	CV-041	선크림	화장품	2021-03-10	37,000원	9,960	11,200
6			화장품 평균				17,217
7		3	화장품 개수				
8	PH-022	탈모샴푸	퍼스널케어	2021-02-10	52,000원	7,500	7,300
9	PR-062	고급비누	퍼스널케어	2022-10-10	25,000원	2,600	2,700
10			퍼스널케어 평균				5,000
11		2	퍼스널케어 개수				
12	HW-032	콜라겐	건강식품	2021-05-10	45,000원	29,850	34,000
13	HE-071	멀티비타민	건강식품	2022-02-10	43,000원	37,890	114,500
14	HS-011	홍삼	건강식품	2022-01-10	81,500원	115,000	185,000
15			건강식품 평균				111,167
16		3	건강식품 개수				
17			전체 평균				49,394
18		8	전체 개수				

[제4작업] 그래프 (100점)

☞ "제1작업" 시트를 이용하여 조건에 따라 《출력형태》와 같이 작업하시오.

≪조건≫

(1) 차트 종류 ⇒ 〈묶은 세로 막대형〉으로 작업하시오.
(2) 데이터 범위 ⇒ "제1작업" 시트의 내용을 이용하여 작업하시오.
(3) 위치 ⇒ "새 시트"로 이동하고, "제4작업"으로 시트 이름을 바꾸시오.
(4) 차트 디자인 도구 ⇒ 레이아웃 3, 스타일 1을 선택하여 ≪출력형태≫에 맞게 작업하시오.
(5) 영역 서식 ⇒ 차트 : 글꼴(굴림, 11pt), 채우기 효과(질감-파랑 박엽지)
        그림 : 채우기(흰색, 배경1)
(6) 제목 서식 ⇒ 차트 제목 : 글꼴(굴림, 굵게, 20pt), 채우기(흰색, 배경1), 테두리
(7) 서식 ⇒ 가격 계열의 차트 종류를 〈표식이 있는 꺾은선형〉으로 변경한 후 보조 축으로 지정하시오.
        계열 : ≪출력형태≫를 참조하여 표식(세모, 크기 10)과 레이블 값을 표시하시오.
        눈금선 : 선 스타일-파선
        축 : ≪출력형태≫를 참조하시오.
(8) 범례 ⇒ 범례명을 변경하고 ≪출력형태≫를 참조하시오.
(9) 도형 ⇒ '말풍선: 모서리가 둥근 사각형 설명선'을 삽입한 후 ≪출력형태≫와 같이 내용을 입력하시오.
(10) 나머지 사항은 ≪출력형태≫에 맞게 작성하시오.

≪출력형태≫

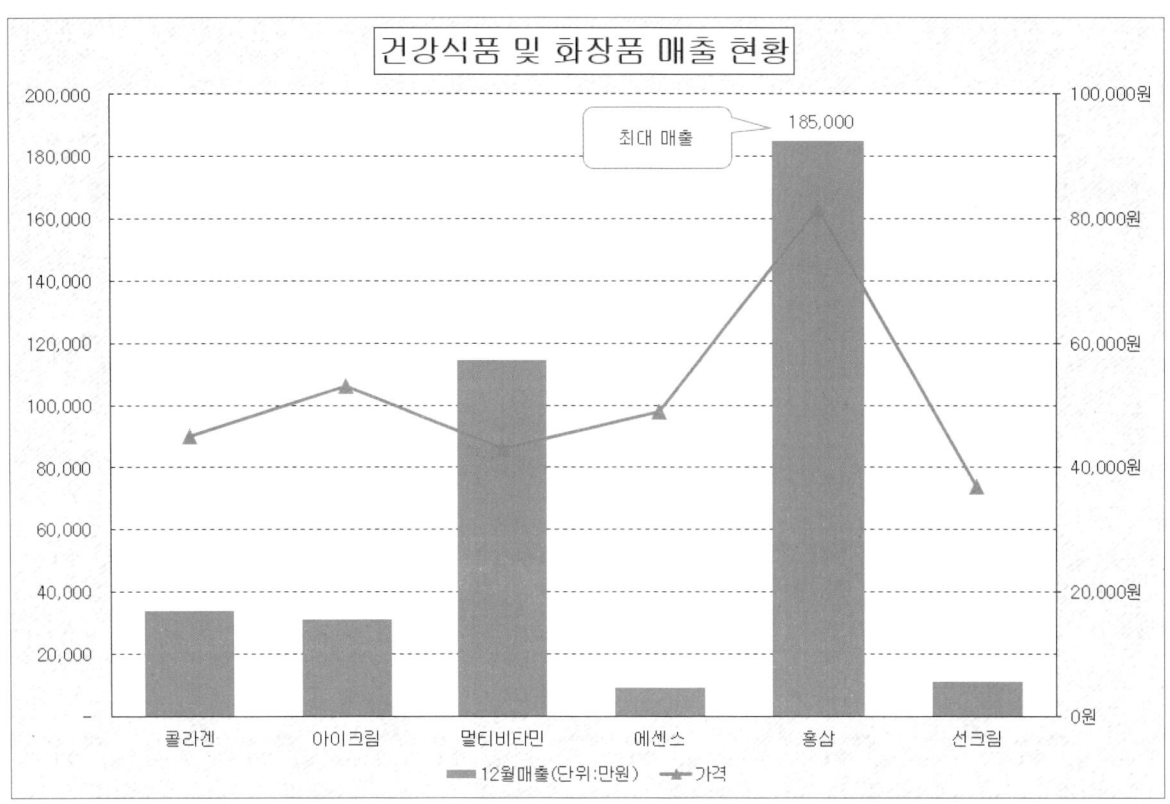

주의 ☞ 시트명 순서가 차례대로 "제1작업", "제2작업", "제3작업", "제4작업"이 되도록 할 것

제28회 최신기출유형 MS오피스

과 목	코드	문제유형	시험시간	수험번호	성 명
한글엑셀	1122	C	60분		

수험자 유의사항

- 수험자는 문제지를 받는 즉시 문제지와 **수험표상의 시험과목(프로그램)이 동일한지 반드시 확인**하여야 합니다.
- 파일명은 본인의 "수험번호-성명"으로 입력하여 답안폴더(내 PC/문서/ITQ)에 하나의 파일로 저장해야하며, 답안문서 파일명이 "수험번호-성명"과 일치하지 않거나, 답안파일을 전송하지 않아 미제출로 처리될 경우 실격 처리합니다(예:12345678-홍길동.xlsx).
- 답안 작성을 마치면 파일을 저장하고, '답안 전송' 버튼을 선택하여 감독위원 PC로 답안을 전송하십시오. 수험생 정보와 저장한 파일명이 다를 경우 전송되지 않으므로 주의하시기 바랍니다.
- 답안 작성 중에도 **주기적으로 저장하고, '답안 전송'**하여야 문제 발생을 줄일 수 있습니다. 작업한 내용을 저장하지 않고 전송할 경우 이전에 저장된 내용이 전송되오니 이점 유의하시기 바랍니다.
- 답안문서는 지정된 경로 외의 다른 보조기억장치에 저장하는 경우, 지정된 시험 시간 외에 작성된 파일을 활용할 경우, 기타 통신수단(이메일, 메신저, 네트워크 등)을 이용하여 타인에게 전달 또는 외부 반출하는 경우는 부정 처리합니다.
- 시험 중 부주의 또는 고의로 시스템을 파손한 경우는 수험자가 변상해야 하며, 〈수험자 유의사항〉에 기재된 방법대로 이행하지 않아 생기는 불이익은 수험생 당사자의 책임임을 알려 드립니다.
- 문제의 조건은 MS오피스 2021 버전으로 설정되어 있으니 유의하시기 바랍니다.
- 시험을 완료한 수험자는 답안파일이 전송되었는지 확인한 후 감독위원의 지시에 따라 문제지를 제출하고 퇴실합니다.

답안 작성요령

- 온라인 답안 작성 절차
  수험자 등록 ⇒ 시험 시작 ⇒ 답안파일 저장 ⇒ 답안 전송 ⇒ 시험 종료
- 문제는 총 4단계, 즉 제1작업부터 제4작업까지 구성되어 있으며 반드시 제1작업부터 순서대로 작성하고 조건대로 작업하시오.
- 모든 작업시트의 A열은 열 너비 '1'로, 나머지 열은 적당하게 조절하시오.
- 모든 작업시트의 테두리는 《출력형태》와 같이 작업하시오.
- 해당 작업란에서는 각각 제시된 조건에 따라 《출력형태》와 같이 작업하시오.
- 답안 시트 이름은 "제1작업", "제2작업", "제3작업", "제4작업"이어야 하며 답안 시트 이외의 것은 감점 처리됩니다.
- 각 시트를 파일로 나누어 작업해서 저장할 경우 실격 처리됩니다.

[제1작업] 표 서식 작성 및 값 계산(240점)

☞ 다음은 '편의점 김밥 비교'에 대한 자료이다. 자료를 입력하고 조건에 맞도록 작업하시오.

≪출력형태≫

코드	제품명	분류	출시일	지방(g)	나트륨(mg)	판매가격	판매처	순위
DF-219	오징어볶음	볶음	2019-05-04	3.3	459	2,300	(1)	(2)
FU-321	묵은지참치	참치	2021-11-04	5.1	328	2,500	(1)	(2)
TU-122	참치마요	참치	2020-06-22	4.7	321	2,600	(1)	(2)
BF-115	듬뿍소고기	소고기	2024-03-22	2.2	282	2,900	(1)	(2)
CB-106	멸치볶음	볶음	2021-07-01	2.4	511	2,200	(1)	(2)
BF-314	바싹불고기	소고기	2024-07-03	2.9	377	3,200	(1)	(2)
DB-213	스팸볶음김치	볶음	2021-06-15	2.3	328	2,400	(1)	(2)
TA-347	양배추참치	참치	2021-08-09	6.3	268	2,700	(1)	(2)
참치김밥 개수			(3)			최대 판매가격		(5)
볶음김밥 지방(g) 평균			(4)			코드	DF-219	판매가격	(6)

제목 결재란: 담당 / 대리 / 팀장

≪조건≫

○ 모든 데이터의 서식에는 글꼴(굴림, 11pt), 정렬은 숫자 및 회계 서식은 오른쪽 정렬, 나머지 서식은 가운데 정렬로 작성하며 예외적인 것은 ≪출력형태≫를 참조하시오.
○ 제 목 ⇒ 도형(육각형)과 그림자(오프셋 오른쪽)를 이용하여 작성하고
 "편의점 김밥 비교"를 입력한 후 다음 서식을 적용하시오
 (글꼴-굴림, 24pt, 검정, 굵게, 채우기-노랑).
○ 임의의 셀에 결재란을 작성하여 그림으로 복사 기능을 이용하여 붙이기 하시오(단, 원본 삭제).
○ 「B4:J4, G14, I14」 영역은 '주황'으로 채우기 하시오.
○ 유효성 검사를 이용하여 「H14」 셀에 코드(「B5:B12」 영역)가 선택 표시되도록 하시오.
○ 셀 서식 ⇒ 「H5:H12」 영역에 셀 서식을 이용하여 숫자 뒤에 '원'을 표시하시오(예 : 2,300원).
○ 「D5:D12」 영역에 대해 '분류'로 이름정의를 하시오.

☞ (1)~(6) 셀은 반드시 **주어진 함수를 이용**하여 값을 구하시오(결과값을 직접 입력하면 해당 셀은 0점 처리됨).

(1) 판매처 ⇒ 코드의 네 번째 글자가 1이면 'AU', 2이면 'ES25', 3이면 '디마트24'로 표시하시오
 (CHOOSE, MID 함수).
(2) 순위 ⇒ 판매가격의 내림차순 순위를 구하시오(RANK.EQ 함수).
(3) 참치김밥 개수 ⇒ 정의된 이름(분류)을 이용하여 구한 결과값에 '개'를 붙이시오
 (COUNTIF 함수, & 연산자)(예 : 1개).
(4) 볶음김밥 지방(g) 평균 ⇒ 반올림하여 예와 같이 구하시오. 단, 조건은 입력데이터를 이용하시오
 (ROUND, DAVERAGE 함수)(예 : 12.347 → 12.35).
(5) 최대 판매가격 ⇒ (MAX 함수)
(6) 판매가격 ⇒ 「H14」 셀에서 선택한 코드에 대한 판매가격을 구하시오(VLOOKUP 함수).
(7) 조건부 서식의 수식을 이용하여 판매가격이 '2,800' 이상인 행 전체에 다음의 서식을 적용하시오
 (글꼴 : 파랑, 굵게).

[제2작업] 필터 및 서식(80점)

☞ "**제1작업**" 시트의 「B4:H12」 영역을 복사하여 "**제2작업**" 시트의 「B2」 셀부터 모두 붙여넣기를 한 후 다음의 조건과 같이 작업하시오.

≪조건≫

(1) 고급 필터 – 분류가 '참치'이거나, 판매가격이 '3,000' 이상인 자료의 제품명, 지방(g), 나트륨(mg), 판매가격 데이터만 추출하시오.
– 조건 범위 : 「B14」셀부터 입력하시오.
– 복사 위치 : 「B18」셀부터 나타나도록 하시오.

(2) 표 서식 – 고급필터의 결과셀을 채우기 없음으로 설정한 후 '표 스타일 보통 6'의 서식을 적용하시오.
– 머리글 행, 줄무늬 행을 적용하시오.

[제3작업] 피벗테이블(80점)

☞ "**제1작업**" 시트를 이용하여 "**제3작업**" 시트에 조건에 따라 ≪출력형태≫와 같이 작업하시오.

≪조건≫

(1) 나트륨(mg) 및 분류별 제품명의 개수와 판매가격의 평균을 구하시오.
(2) 나트륨(mg)을 그룹화하고, 분류를 ≪출력형태≫와 같이 정렬하시오.
(3) 레이블이 있는 셀 병합 및 가운데 맞춤 적용 및 빈 셀은 '**'로 표시하시오.
(4) 행의 총합계는 지우고, 나머지 사항은 ≪출력형태≫에 맞게 작성하시오.

≪출력형태≫

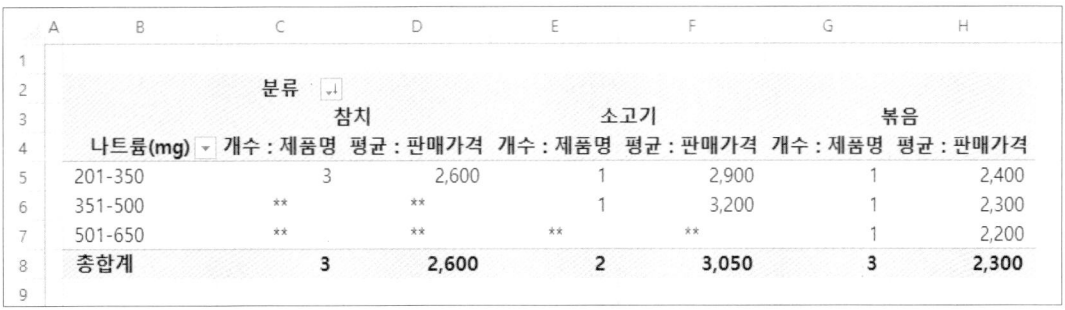

[제4작업] 그래프(100점)

☞ **"제1작업"** 시트를 이용하여 조건에 따라《출력형태》와 같이 작업하시오.

≪조건≫

(1) 차트 종류 ⇒〈묶은 세로 막대형〉으로 작업하시오.
(2) 데이터 범위 ⇒ "제1작업" 시트의 내용을 이용하여 작업하시오.
(3) 위치 ⇒ "새 시트"로 이동하고, "제4작업"으로 시트 이름을 바꾸시오.
(4) 차트 디자인 도구 ⇒ 레이아웃 3, 스타일 1을 선택하여 ≪출력형태≫에 맞게 작업하시오.
(5) 영역 서식 ⇒ 차트 : 글꼴(굴림, 11pt), 채우기 효과(질감-분홍 박엽지)
      그림 : 채우기(흰색, 배경1)
(6) 제목 서식 ⇒ 차트 제목 : 글꼴(굴림, 굵게, 20pt), 채우기(흰색, 배경1), 테두리
(7) 서식 ⇒ 판매가격 계열의 차트 종류를〈표식이 있는 꺾은선형〉으로 변경한 후 보조 축으로 지정하시오.
      계열 : ≪출력형태≫를 참조하여 표식(마름모, 크기 10)과 레이블 값을 표시하시오.
      눈금선 : 선 스타일-파선
      축 : ≪출력형태≫를 참조하시오.
(8) 범례 ⇒ 범례명을 변경하고 ≪출력형태≫를 참조하시오.
(9) 도형 ⇒ '말풍선: 모서리가 둥근 사각형 설명선'을 삽입한 후 ≪출력형태≫와 같이 내용을 입력하시오.
(10) 나머지 사항은 ≪출력형태≫에 맞게 작성하시오.

≪출력형태≫

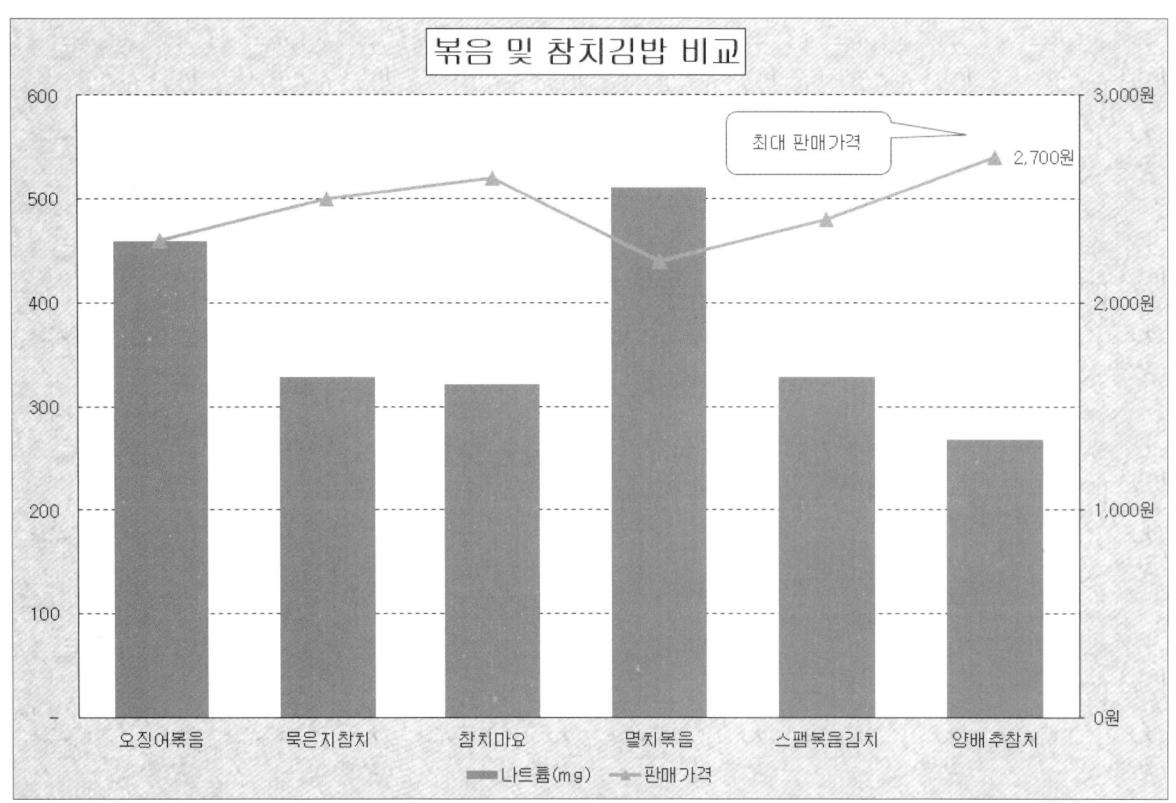

주의 ☞ 시트명 순서가 차례대로 "제1작업", "제2작업", "제3작업", "제4작업"이 되도록 할 것

제29회 최신기출유형 MS오피스

과 목	코드	문제유형	시험시간	수험번호	성 명
한글엑셀	1122	D	60분		

수험자 유의사항

- 수험자는 문제지를 받는 즉시 문제지와 **수험표상의 시험과목(프로그램)이 동일한지 반드시 확인**하여야 합니다.
- 파일명은 본인의 "수험번호-성명"으로 입력하여 답안폴더(내 PC/문서/ITQ)에 하나의 파일로 저장해야하며, 답안문서 파일명이 "수험번호-성명"과 일치하지 않거나, 답안파일을 전송하지 않아 미제출로 처리될 경우 실격 처리합니다(예:12345678-홍길동.xlsx).
- 답안 작성을 마치면 파일을 저장하고, '답안 전송' 버튼을 선택하여 감독위원 PC로 답안을 전송하십시오. 수험생 정보와 저장한 파일명이 다를 경우 전송되지 않으므로 주의하시기 바랍니다.
- 답안 작성 중에도 **주기적으로 저장하고, '답안 전송'**하여야 문제 발생을 줄일 수 있습니다. 작업한 내용을 저장하지 않고 전송할 경우 이전에 저장된 내용이 전송되오니 이점 유의하시기 바랍니다.
- 답안문서는 지정된 경로 외의 다른 보조기억장치에 저장하는 경우, 지정된 시험 시간 외에 작성된 파일을 활용할 경우, 기타 통신수단(이메일, 메신저, 네트워크 등)을 이용하여 타인에게 전달 또는 외부 반출하는 경우는 부정 처리합니다.
- 시험 중 부주의 또는 고의로 시스템을 파손한 경우는 수험자가 변상해야 하며, 〈수험자 유의사항〉에 기재된 방법대로 이행하지 않아 생기는 불이익은 수험생 당사자의 책임임을 알려 드립니다.
- 문제의 조건은 MS오피스 2021 버전으로 설정되어 있으니 유의하시기 바랍니다.
- 시험을 완료한 수험자는 답안파일이 전송되었는지 확인한 후 감독위원의 지시에 따라 문제지를 제출하고 퇴실합니다.

답안 작성요령

- 온라인 답안 작성 절차
  수험자 등록 ⇒ 시험 시작 ⇒ 답안파일 저장 ⇒ 답안 전송 ⇒ 시험 종료
- 문제는 총 4단계, 즉 제1작업부터 제4작업까지 구성되어 있으며 반드시 제1작업부터 순서대로 작성하고 조건대로 작업하시오.
- 모든 작업시트의 A열은 열 너비 '1'로, 나머지 열은 적당하게 조절하시오.
- 모든 작업시트의 테두리는 《출력형태》와 같이 작업하시오.
- 해당 작업란에서는 각각 제시된 조건에 따라 《출력형태》와 같이 작업하시오.
- 답안 시트 이름은 "제1작업", "제2작업", "제3작업", "제4작업"이어야 하며 답안 시트 이외의 것은 감점 처리됩니다.
- 각 시트를 파일로 나누어 작업해서 저장할 경우 실격 처리됩니다.

[제1작업] 표 서식 작성 및 값 계산(240점)

☞ 다음은 '국내 인기 유튜브 현황'에 대한 자료이다. 자료를 입력하고 조건에 맞도록 작업하시오.

≪출력형태≫

유튜브	채널명	가입일	카테고리	게시 된 비디오수	구독자수	조회수 (최근 7일간)	순위	가입연도
KE-115	한국셀럽	2016-05-03	피플앤블로그	235	28,053	9,964	(1)	(2)
KH-541	칸바이트	2017-12-05	엔터테인먼트	1,908	6,632	3,201	(1)	(2)
MR-213	코리아이슈	2018-01-03	피플앤블로그	348	3,996	658	(1)	(2)
PW-245	한국TV	2017-06-04	엔터테인먼트	981	3,331	754	(1)	(2)
LQ-712	마이소코리아	2016-04-03	과학과 기술	375	1,142	347	(1)	(2)
AL-432	코스모코리아	2018-03-04	과학과 기술	1,506	16,588	8,261	(1)	(2)
KG-312	투데이경제	2017-05-26	피플앤블로그	605	1,913	1,988	(1)	(2)
CK-123	러브캣	2017-03-07	엔터테인먼트	809	20,356	8,044	(1)	(2)
최대 조회수			(3)			엔터테인먼트에 게시 된 비디오수 합계		(5)
피플앤블로그 구독자수 평균			(4)			채널명	한국셀럽	구독자수	(6)

제목: 국내 인기 유튜브 현황

결재: 담당 / 팀장 / 본부장

≪조건≫

○ 모든 데이터의 서식에는 글꼴(굴림, 11pt), 정렬은 숫자 및 회계 서식은 오른쪽 정렬, 나머지 서식은 가운데 정렬로 작성하며 예외적인 것은 ≪출력형태≫를 참조하시오.

○ 제 목 ⇒ 도형(배지)과 그림자(오프셋 오른쪽)를 이용하여 작성하고
"국내 인기 유튜브 현황"을 입력한 후 다음 서식을 적용하시오
(글꼴-굴림, 24pt, 검정, 굵게, 채우기-노랑).

○ 임의의 셀에 결재란을 작성하여 그림으로 복사 기능을 이용하여 붙이기 하시오(단, 원본 삭제).

○ 「B4:J4, G14, I14」 영역은 '주황'으로 채우기 하시오.

○ 유효성 검사를 이용하여 「H14」 셀에 채널명(「C5:C12」 영역)이 선택 표시되도록 하시오.

○ 셀 서식 ⇒ 「H5:H12」 영역에 셀 서식을 이용하여 숫자 뒤에 '천회'를 표시하시오(예 : 9,964천회).

○ 「H5:H12」 영역에 대해 '조회수'로 이름정의를 하시오.

☞ (1)~(6) 셀은 반드시 **주어진 함수를 이용**하여 값을 구하시오(결과값을 직접 입력하면 해당 셀은 0점 처리됨).

(1) 순위 ⇒ 구독자수의 내림차순 순위를 1~3까지 구하고, 그 외에는 공백으로 표시하시오
(IF, RANK.EQ 함수).

(2) 가입연도 ⇒ 가입일의 연도를 구한 결과값에 '년'을 붙이시오(YEAR 함수, & 연산자)(예 : 2025년).

(3) 최대 조회수 ⇒ 정의된 이름(조회수)을 이용하여 구하시오(MAX 함수).

(4) 피플앤블로그 구독자수 평균 ⇒ 반올림하여 예와 같이 구하시오. 단, 조건은 입력데이터를 이용하시오
(ROUND, DAVERAGE 함수)(예 : 10,367.4 → 10,370).

(5) 엔터테인먼트에 게시 된 비디오수 합계 ⇒ (SUMIF 함수)

(6) 구독자수 ⇒ 「H14」 셀에서 선택한 채널명에 대한 구독자수를 구하시오(VLOOKUP 함수).

(7) 조건부 서식의 수식을 이용하여 구독자수가 '10,000' 이상인 행 전체에 다음의 서식을 적용하시오
(글꼴 : 파랑, 굵게).

[제2작업] 목표값 찾기 및 필터(80점)

☞ "제1작업" 시트의 「B4:H12」 영역을 복사하여 "제2작업" 시트의 「B2」 셀부터 모두 붙여넣기를 한 후 다음의 조건과 같이 작업하시오.

≪조건≫

(1) 목표값 찾기 - 「B11:G11」 셀을 병합하고, 가운데 맞춤한 후 "구독자수 전체 평균"을 입력하고, 「H11」 셀에 구독자수 전체 평균을 구하시오(AVERAGE 함수, 테두리).
- '구독자수 전체 평균'이 '10,300'이 되려면 한국셀럽의 구독자수가 얼마가 되어야 하는지 목표값을 구하시오.

(2) 고급필터 - 카테고리가 '피플앤블로그'가 아니면서 조회수(최근 7일간)가 '5,000' 이하인 자료의 채널명, 가입일, 구독자수, 조회수(최근 7일간) 데이터만 추출하시오.
- 조건 범위 : 「B14」 셀부터 입력하시오.
- 복사 위치 : 「B18」 셀부터 나타나도록 하시오.

[제3작업] 정렬 및 부분합(80점)

☞ "제1작업" 시트의 「B4:H12」 영역을 복사하여 "제3작업" 시트의 「B2」 셀부터 모두 붙여넣기를 한 후 다음의 조건과 같이 작업하시오.

≪조건≫

(1) 부분합 - ≪출력형태≫처럼 정렬하고, 채널명의 개수와 조회수(최근 7일간)의 평균을 구하시오.
(2) 개요 - 지우시오.
(3) 나머지 사항은 ≪출력형태≫에 맞게 작성하시오.

≪출력형태≫

	B	C	D	E	F	G	H
1							
2	유튜브	채널명	가입일	카테고리	게시된 비디오수	구독자수	조회수 (최근 7일간)
3	KE-115	한국셀럽	2016-05-03	피플앤블로그	235	28,053	9,964천회
4	MR-213	코리아이슈	2018-01-03	피플앤블로그	348	3,996	658천회
5	KG-312	투데이경제	2017-05-26	피플앤블로그	605	1,913	1,988천회
6				피플앤블로그 평균			4,203천회
7		3		피플앤블로그 개수			
8	KH-541	칸바이트	2017-12-05	엔터테인먼트	1,908	6,632	3,201천회
9	PW-245	한국TV	2017-06-04	엔터테인먼트	981	3,331	754천회
10	CK-123	러브캣	2017-03-07	엔터테인먼트	809	20,356	8,044천회
11				엔터테인먼트 평균			4,000천회
12		3		엔터테인먼트 개수			
13	LQ-712	마이소코리아	2016-04-03	과학과 기술	375	1,142	347천회
14	AL-432	코스모코리아	2018-03-04	과학과 기술	1,506	16,588	8,261천회
15				과학과 기술 평균			4,304천회
16		2		과학과 기술 개수			
17				전체 평균			4,152천회
18		8		전체 개수			
19							

[제4작업] 그래프 (100점)

☞ **"제1작업"** 시트를 이용하여 조건에 따라 ≪출력형태≫와 같이 작업하시오.

≪조건≫

(1) 차트 종류 ⇒ 〈묶은 세로 막대형〉으로 작업하시오.
(2) 데이터 범위 ⇒ "제1작업" 시트의 내용을 이용하여 작업하시오.
(3) 위치 ⇒ "새 시트"로 이동하고, "제4작업"으로 시트 이름을 바꾸시오.
(4) 차트 디자인 도구 ⇒ 레이아웃 3, 스타일 1을 선택하여 ≪출력형태≫에 맞게 작업하시오.
(5) 영역 서식 ⇒ 차트 : 글꼴(굴림, 11pt), 채우기 효과(질감-파랑 박엽지)
　　　　　　　 그림 : 채우기(흰색, 배경1)
(6) 제목 서식 ⇒ 차트 제목 : 글꼴(굴림, 굵게, 20pt), 채우기(흰색, 배경1), 테두리
(7) 서식 ⇒ 구독자수 계열의 차트 종류를 〈표식이 있는 꺾은선형〉으로 변경한 후 보조 축으로 지정하시오.
　　　　계열 : ≪출력형태≫를 참조하여 표식(세모, 크기 10)과 레이블 값을 표시하시오.
　　　　눈금선 : 선 스타일-파선
　　　　축 : ≪출력형태≫를 참조하시오.
(8) 범례 ⇒ 범례명을 변경하고 ≪출력형태≫를 참조하시오.
(9) 도형 ⇒ '말풍선: 모서리가 둥근 사각형 설명선'을 삽입한 후 ≪출력형태≫와 같이 내용을 입력하시오.
(10) 나머지 사항은 ≪출력형태≫에 맞게 작성하시오.

≪출력형태≫

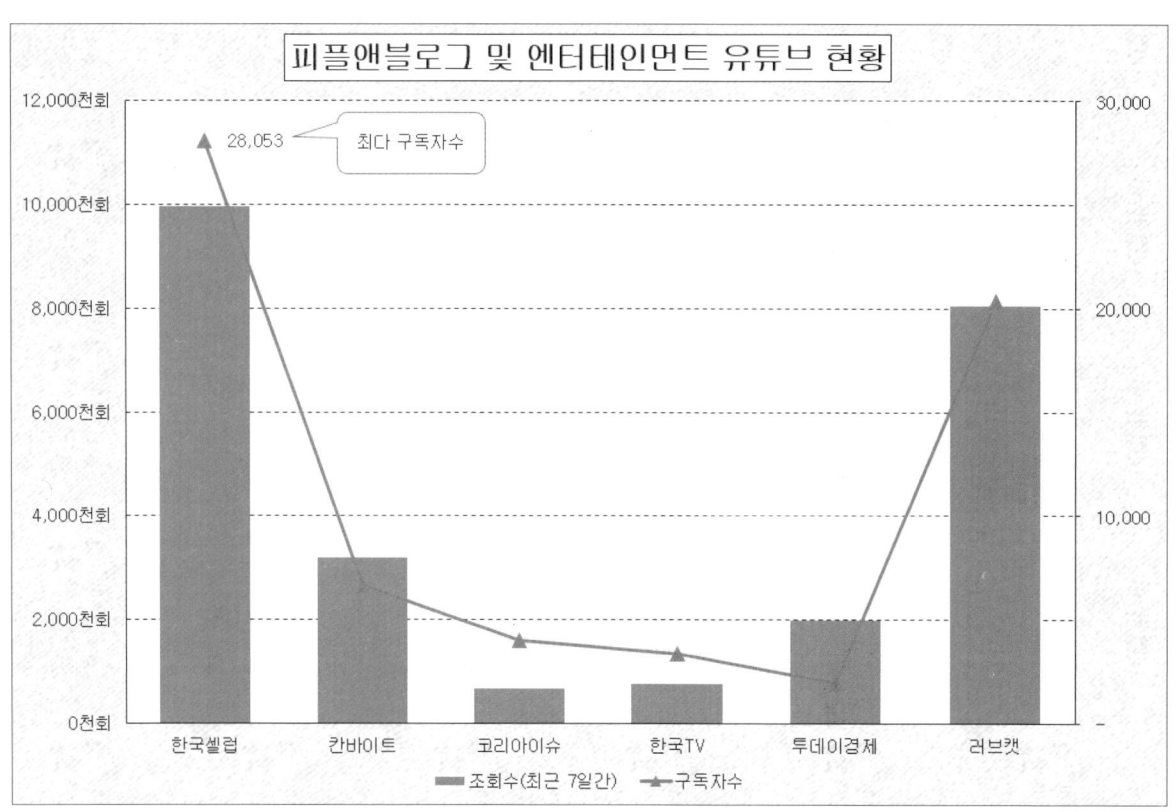

주의 ☞ 시트명 순서가 차례대로 "제1작업", "제2작업", "제3작업", "제4작업"이 되도록 할 것

제30회 최신기출유형 MS오피스

과 목	코드	문제유형	시험시간	수험번호	성 명
한글엑셀	1122	E	60분		

수험자 유의사항

- 수험자는 문제지를 받는 즉시 문제지와 **수험표상의 시험과목(프로그램)이 동일한지 반드시 확인**하여야 합니다.
- 파일명은 본인의 "수험번호-성명"으로 입력하여 답안폴더(내 PC/문서/ITQ)에 하나의 파일로 저장해야하며, 답안문서 파일명이 "수험번호-성명"과 일치하지 않거나, 답안파일을 전송하지 않아 미제출로 처리될 경우 실격 처리합니다(예:12345678-홍길동.xlsx).
- 답안 작성을 마치면 파일을 저장하고, '답안 전송' 버튼을 선택하여 감독위원 PC로 답안을 전송하십시오. 수험생 정보와 저장한 파일명이 다를 경우 전송되지 않으므로 주의하시기 바랍니다.
- 답안 작성 중에도 **주기적으로 저장하고, '답안 전송'**하여야 문제 발생을 줄일 수 있습니다. 작업한 내용을 저장하지 않고 전송할 경우 이전에 저장된 내용이 전송되오니 이점 유의하시기 바랍니다.
- 답안문서는 지정된 경로 외의 다른 보조기억장치에 저장하는 경우, 지정된 시험 시간 외에 작성된 파일을 활용할 경우, 기타 통신수단(이메일, 메신저, 네트워크 등)을 이용하여 타인에게 전달 또는 외부 반출하는 경우는 부정 처리합니다.
- 시험 중 부주의 또는 고의로 시스템을 파손한 경우는 수험자가 변상해야 하며, 〈수험자 유의사항〉에 기재된 방법대로 이행하지 않아 생기는 불이익은 수험생 당사자의 책임임을 알려 드립니다.
- 문제의 조건은 MS오피스 2021 버전으로 설정되어 있으니 유의하시기 바랍니다.
- 시험을 완료한 수험자는 답안파일이 전송되었는지 확인한 후 감독위원의 지시에 따라 문제지를 제출하고 퇴실합니다.

답안 작성요령

- 온라인 답안 작성 절차
  수험자 등록 ⇒ 시험 시작 ⇒ 답안파일 저장 ⇒ 답안 전송 ⇒ 시험 종료
- 문제는 총 4단계, 즉 제1작업부터 제4작업까지 구성되어 있으며 반드시 제1작업부터 순서대로 작성하고 조건대로 작업하시오.
- 모든 작업시트의 A열은 열 너비 '1'로, 나머지 열은 적당하게 조절하시오.
- 모든 작업시트의 테두리는 《출력형태》와 같이 작업하시오.
- 해당 작업란에서는 각각 제시된 조건에 따라 《출력형태》와 같이 작업하시오.
- 답안 시트 이름은 "제1작업", "제2작업", "제3작업", "제4작업"이어야 하며 답안 시트 이외의 것은 감점 처리됩니다.
- 각 시트를 파일로 나누어 작업해서 저장할 경우 실격 처리됩니다.

[제1작업] 표 서식 작성 및 값 계산(240점)

☞ 다음은 '베이커리마당 판매 현황'에 대한 자료이다. 자료를 입력하고 조건에 맞도록 작업하시오.

≪출력형태≫

제품번호	제품명	구분	제조일	판매가(단위:원)	판매량	전월실적(단위:원)	적립포인트	판매순위
BA-103	스탠드믹서	도구	2023-07-01	158,000	59	7,426,000	(1)	(2)
BC-202	호두분태1K	재료	2024-11-03	21,300	108	3,195,000	(1)	(2)
PC-201	다크청크10K	재료	2024-12-09	178,000	87	8,544,000	(1)	(2)
AP-302	쿠키봉투20매	포장	2023-11-26	3,800	127	532,000	(1)	(2)
AP-301	케잌박스10개	포장	2023-09-16	23,000	94	2,760,000	(1)	(2)
BD-101	구겔호프	도구	2022-06-07	7,200	98	864,000	(1)	(2)
AD-102	로프팬	도구	2022-05-16	15,700	68	892,500	(1)	(2)
BP-203	팥배기2K	재료	2024-12-20	8,500	112	1,105,000	(1)	(2)
포장 제품 전월실적(단위:원) 평균				(3)		최저 판매가(단위:원)		(5)
도구 제품 판매량 합계				(4)		제품번호	BA-103	판매량	(6)

제목 영역에 결재란(팀장, 과장, 대표)이 있으며, "베이커리마당 판매 현황"이라는 제목이 있음.

≪조건≫

○ 모든 데이터의 서식에는 글꼴(굴림, 11pt), 정렬은 숫자 및 회계 서식은 오른쪽 정렬, 나머지 서식은 가운데 정렬로 작성하며 예외적인 것은 ≪출력형태≫를 참조하시오.

○ 제 목 ⇒ 도형(육각형)과 그림자(오프셋 오른쪽)를 이용하여 작성하고
"베이커리마당 판매 현황"을 입력한 후 다음 서식을 적용하시오
(글꼴-굴림, 24pt, 검정, 굵게, 채우기-노랑).

○ 임의의 셀에 결재란을 작성하여 그림으로 복사 기능을 이용하여 붙이기 하시오(단, 원본 삭제).

○ 「B4:J4, G14, I14」 영역은 '주황'으로 채우기 하시오.

○ 유효성 검사를 이용하여 「H14」 셀에 제품번호(「B5:B12」 영역)가 선택 표시되도록 하시오.

○ 셀 서식 ⇒ 「G5:G12」 영역에 셀 서식을 이용하여 숫자 뒤에 '개'를 표시하시오(예 : 59개).

○ 「F5:F12」 영역에 대해 '판매가'로 이름정의를 하시오.

☞ (1)~(6) 셀은 반드시 **주어진 함수를 이용**하여 값을 구하시오(결과값을 직접 입력하면 해당 셀은 0점 처리됨).

(1) 적립포인트 ⇒ 「판매가(단위:원)×비율」로 구하시오. 단, 비율은 제품번호의 4번째 글자가 1이면 '0.03', 2이면 '0.02', 3이면 '0.01'로 계산하시오(CHOOSE, MID 함수).

(2) 판매순위 ⇒ 판매량의 내림차순 순위를 구한 결과값에 '위'를 붙이시오
(RANK.EQ 함수, & 연산자)(예 : 1위).

(3) 포장 제품 전월실적(단위:원) 평균 ⇒ (SUMIF, COUNTIF 함수)

(4) 도구 제품 판매량 합계 ⇒ 조건은 입력데이터를 이용하시오(DSUM 함수).

(5) 최저 판매가(단위:원) ⇒ 정의된 이름(판매가)을 이용하여 구하시오(MIN 함수).

(6) 판매량 ⇒ 「H14」 셀에서 선택한 제품번호에 대한 판매량을 구하시오(VLOOKUP 함수).

(7) 조건부 서식의 수식을 이용하여 판매량이 '100' 이상인 행 전체에 다음의 서식을 적용하시오
(글꼴 : 파랑, 굵게).

[제2작업] 필터 및 서식(80점)

☞ "제1작업" 시트의 「B4:H12」 영역을 복사하여 "제2작업" 시트의 「B2」 셀부터 모두 붙여넣기를 한 후 다음의 조건과 같이 작업하시오.

≪조건≫

(1) 고급 필터 – 구분이 '재료'이거나, 판매가(단위:원)가 '100,000' 이상인 자료의 제품번호, 제품명, 판매가(단위:원), 판매량 데이터만 추출하시오.
– 조건 범위 : 「B14」셀부터 입력하시오.
– 복사 위치 : 「B18」셀부터 나타나도록 하시오.

(2) 표 서식 – 고급필터의 결과셀을 채우기 없음으로 설정한 후 '표 스타일 보통 6'의 서식을 적용하시오.
– 머리글 행, 줄무늬 행을 적용하시오.

[제3작업] 피벗테이블(80점)

☞ "제1작업" 시트를 이용하여 "제3작업" 시트에 조건에 따라 ≪출력형태≫와 같이 작업하시오.

≪조건≫

(1) 판매가(단위:원) 및 구분별 제품명의 개수와 판매량의 평균을 구하시오.
(2) 판매가(단위:원)를 그룹화하고, 구분을 ≪출력형태≫와 같이 정렬하시오.
(3) 레이블이 있는 셀 병합 및 가운데 맞춤 적용 및 빈 셀은 '**'로 표시하시오.
(4) 행의 총합계는 지우고, 나머지 사항은 ≪출력형태≫에 맞게 작성하시오.

≪출력형태≫

[제4작업] 그래프(100점)

☞ "제1작업" 시트를 이용하여 조건에 따라 《출력형태》와 같이 작업하시오.

≪조건≫

(1) 차트 종류 ⇒ 〈묶은 세로 막대형〉으로 작업하시오.

(2) 데이터 범위 ⇒ "제1작업" 시트의 내용을 이용하여 작업하시오.

(3) 위치 ⇒ "새 시트"로 이동하고, "제4작업"으로 시트 이름을 바꾸시오.

(4) 차트 디자인 도구 ⇒ 레이아웃 3, 스타일 1을 선택하여 《출력형태》에 맞게 작업하시오.

(5) 영역 서식 ⇒ 차트 : 글꼴(굴림, 11pt), 채우기 효과(질감-분홍 박엽지)
    그림 : 채우기(흰색, 배경1)

(6) 제목 서식 ⇒ 차트 제목 : 글꼴(굴림, 굵게, 20pt), 채우기(흰색, 배경1), 테두리

(7) 서식 ⇒ 판매가(단위:원) 계열의 차트 종류를 〈표식이 있는 꺾은선형〉으로 변경한 후 보조 축으로 지정하시오.
    계열 : 《출력형태》를 참조하여 표식(세모, 크기 10)과 레이블 값을 표시하시오..
    눈금선 : 선 스타일-파선
    축 : 《출력형태》를 참조하시오.

(8) 범례 ⇒ 범례명을 변경하고 《출력형태》를 참조하시오.

(9) 도형 ⇒ '말풍선: 모서리가 둥근 사각형 설명선'을 삽입한 후 《출력형태》와 같이 내용을 입력하시오.

(10) 나머지 사항은 《출력형태》에 맞게 작성하시오.

≪출력형태≫

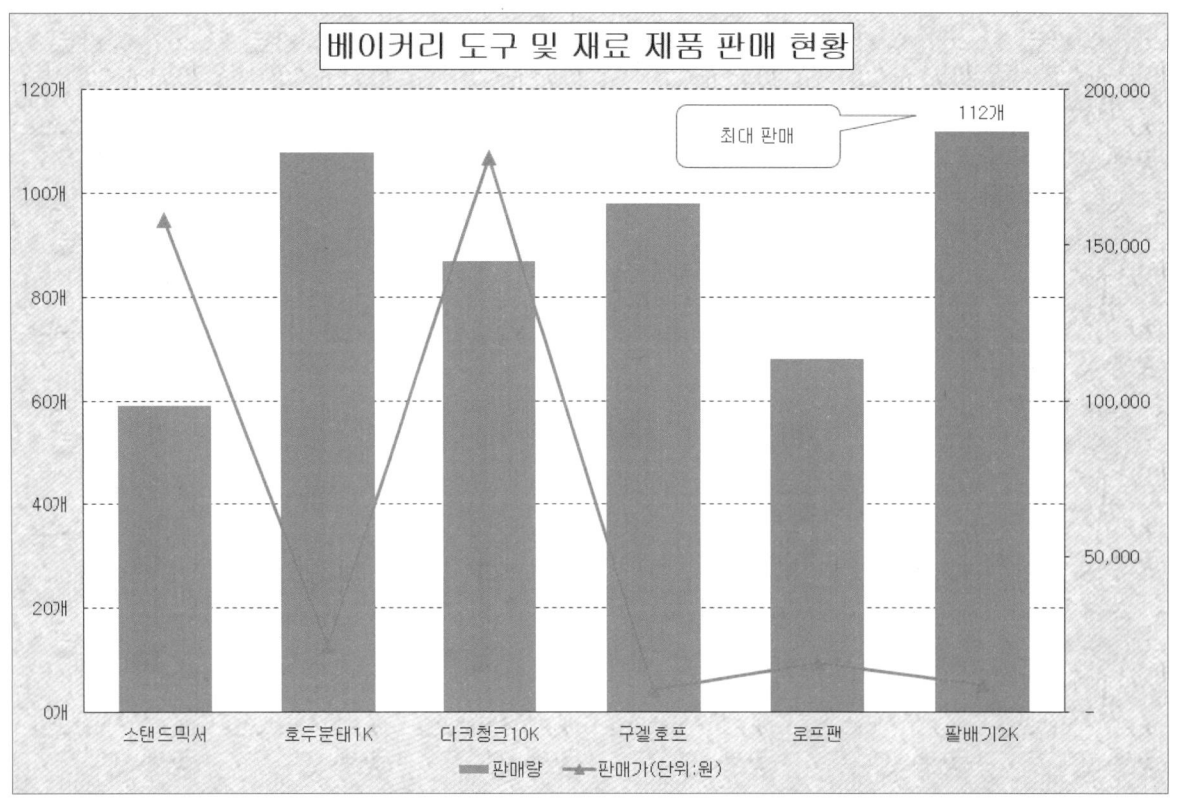

주의 ☞ 시트명 순서가 차례대로 "제1작업", "제2작업", "제3작업", "제4작업"이 되도록 할 것

제31회 최신기출유형 　MS오피스

과 목	코드	문제유형	시험시간	수험번호	성 명
한글엑셀	1122	A	60분		

수험자 유의사항

- 수험자는 문제지를 받는 즉시 문제지와 **수험표상의 시험과목(프로그램)이 동일한지 반드시 확인**하여야 합니다.
- 파일명은 본인의 "수험번호-성명"으로 입력하여 답안폴더(내 PC₩문서₩ITQ)에 하나의 파일로 저장해야하며, 답안문서 파일명이 "수험번호-성명"과 일치하지 않거나, 답안파일을 전송하지 않아 미제출로 처리될 경우 실격 처리합니다(예:12345678-홍길동.xlsx).
- 답안 작성을 마치면 파일을 저장하고, '답안 전송' 버튼을 선택하여 감독위원 PC로 답안을 전송하십시오. 수험생 정보와 저장한 파일명이 다를 경우 전송되지 않으므로 주의하시기 바랍니다.
- 답안 작성 중에도 **주기적으로 저장하고, '답안 전송'**하여야 문제 발생을 줄일 수 있습니다. 작업한 내용을 저장하지 않고 전송할 경우 이전에 저장된 내용이 전송되오니 이점 유의하시기 바랍니다.
- 답안문서는 지정된 경로 외의 다른 보조기억장치에 저장하는 경우, 지정된 시험 시간 외에 작성된 파일을 활용할 경우, 기타 통신수단(이메일, 메신저, 네트워크 등)을 이용하여 타인에게 전달 또는 외부 반출하는 경우는 부정 처리합니다.
- 시험 중 부주의 또는 고의로 시스템을 파손한 경우는 수험자가 변상해야 하며, 〈수험자 유의사항〉에 기재된 방법대로 이행하지 않아 생기는 불이익은 수험생 당사자의 책임임을 알려 드립니다.
- 문제의 조건은 MS오피스 2021 버전으로 설정되어 있으니 유의하시기 바랍니다.
- 시험을 완료한 수험자는 답안파일이 전송되었는지 확인한 후 감독위원의 지시에 따라 문제지를 제출하고 퇴실합니다.

답안 작성요령

- 온라인 답안 작성 절차
  수험자 등록 ⇒ 시험 시작 ⇒ 답안파일 저장 ⇒ 답안 전송 ⇒ 시험 종료
- 문제는 총 4단계, 즉 제1작업부터 제4작업까지 구성되어 있으며 반드시 제1작업부터 순서대로 작성하고 조건대로 작업하시오.
- 모든 작업시트의 A열은 열 너비 '1'로, 나머지 열은 적당하게 조절하시오.
- 모든 작업시트의 테두리는 《출력형태》와 같이 작업하시오.
- 해당 작업란에서는 각각 제시된 조건에 따라 《출력형태》와 같이 작업하시오.
- 답안 시트 이름은 "제1작업", "제2작업", "제3작업", "제4작업"이어야 하며 답안 시트 이외의 것은 감점 처리됩니다.
- 각 시트를 파일로 나누어 작업해서 저장할 경우 실격 처리됩니다.

[제1작업] 표 서식 작성 및 값 계산(240점)

☞ 다음은 '지방특산물 판매 현황'에 대한 자료이다. 자료를 입력하고 조건에 맞도록 작업하시오.

≪출력형태≫

상품코드	상품명	지역	단가	단위	전월판매량 (단위:EA)	당월판매량 (단위:EA)	판매순위	비고
MC-20243	취나물	평창	198,000	4kg	1,250	1,644	(1)	(2)
BA-20243	곤드레	홍천	32,000	150g	3,745	3,254	(1)	(2)
MG-20242	단호박	홍천	21,500	4kg	2,450	2,784	(1)	(2)
MP-20247	메밀나물	평창	50,000	5kg	1,596	1,533	(1)	(2)
BB-20241	실속더덕	횡성	155,000	10kg	1,850	3,254	(1)	(2)
MQ-20242	알짜더덕	횡성	200,000	10kg	1,257	1,656	(1)	(2)
BL-20245	서리태	평창	45,000	3kg	2,688	3,247	(1)	(2)
DC-20246	찰옥수수	홍천	19,500	30개	1,287	2,668	(1)	(2)
평창지역 당월판매량(단위:EA) 합계			(3)		최대 전월판매량(단위:EA)			(5)
횡성지역 당월판매량(단위:EA) 평균			(4)		상품명	취나물	단가	(6)

확인: 담당 / 대리 / 이사

≪조건≫

○ 모든 데이터의 서식에는 글꼴(굴림, 11pt), 정렬은 숫자 및 회계 서식은 오른쪽 정렬, 나머지 서식은 가운데 정렬로 작성하며 예외적인 것은 ≪출력형태≫를 참조하시오.

○ 제 목 ⇒ 도형(사각형: 잘린 위쪽 모서리)과 그림자(오프셋 오른쪽)를 이용하여 작성하고
"지방특산물 판매 현황"을 입력한 후 다음 서식을 적용하시오
(글꼴-굴림, 24pt, 검정, 굵게, 채우기-노랑).

○ 임의의 셀에 결재란을 작성하여 그림으로 복사 기능을 이용하여 붙이기 하시오(단, 원본 삭제).

○ 「B4:J4, G14, I14」 영역은 '주황'으로 채우기 하시오.

○ 유효성 검사를 이용하여 「H14」 셀에 상품명(「C5:C12」 영역)이 선택 표시되도록 하시오.

○ 셀 서식 ⇒ 「E5:E12」 영역에 셀 서식을 이용하여 숫자 뒤에 '원'을 표시하시오(예 : 198,000원).

○ 「G5:G12」 영역에 대해 '전월판매량'으로 이름정의를 하시오.

☞ (1)~(6) 셀은 반드시 **주어진 함수를 이용**하여 값을 구하시오(결과값을 직접 입력하면 해당 셀은 0점 처리됨).

(1) 판매순위 ⇒ 당월판매량(단위:EA)의 내림차순 순위를 구한 결과값에 '위'를 붙이시오
(RANK.EQ 함수, & 연산자)(예 : 1위).

(2) 비고 ⇒ 전월판매량(단위:EA)이 2,000 이상이면서 당월판매량(단위:EA)이 2,000 이상이면
'베스트 상품', 그 외에는 공백으로 구하시오(IF, AND 함수).

(3) 평창지역 당월판매량(단위:EA) 합계 ⇒ 조건은 입력데이터를 이용하시오(DSUM 함수).

(4) 횡성지역 당월판매량(단위:EA) 평균 ⇒ (SUMIF, COUNTIF 함수)

(5) 최대 전월판매량(단위:EA) ⇒ 정의된 이름(전월판매량)을 이용하여 구하시오(MAX 함수).

(6) 단가 ⇒ 「H14」 셀에서 선택한 상품명에 대한 단가를 구하시오(VLOOKUP 함수).

(7) 조건부 서식의 수식을 이용하여 단가가 '100,000' 이상인 행 전체에 다음의 서식을 적용하시오.
(글꼴 : 파랑, 굵게).

[제2작업] 목표값 찾기 및 필터(80점)

☞ **"제1작업"** 시트의 「B4:H12」 영역을 복사하여 **"제2작업"** 시트의 「B2」 셀부터 모두 붙여넣기를 한 후 다음의 조건과 같이 작업하시오.

≪조건≫

(1) 목표값 찾기 - 「B11:G11」 셀을 병합하고, 가운데 맞춤한 후 "평창지역 당월판매량(단위:EA) 평균"을 입력하고, 「H11」 셀에 평창지역 당월판매량(단위:EA) 평균을 구하시오. 단, 조건은 입력데이터를 이용하시오(DAVERAGE 함수, 테두리).
　- '평창지역 당월판매량(단위:EA) 평균'이 '2,150'이 되려면 취나물의 당월판매량(단위:EA)이 얼마가 되어야 하는지 목표값을 구하시오.

(2) 고급필터 - 상품코드가 'B'로 시작하거나 단가가 '30,000' 이하인 자료의 상품코드, 상품명, 단가, 당월판매량(단위:EA) 데이터만 추출하시오.
　- 조건 범위 : 「B14」 셀부터 입력하시오.
　- 복사 위치 : 「B18」 셀부터 나타나도록 하시오.

[제3작업] 정렬 및 부분합(80점)

☞ **"제1작업"** 시트의 「B4:H12」 영역을 복사하여 **"제3작업"** 시트의 「B2」 셀부터 모두 붙여넣기를 한 후 다음의 조건과 같이 작업하시오.

≪조건≫

(1) 부분합 - ≪출력형태≫처럼 정렬하고, 상품명의 개수와 당월판매량(단위:EA)의 평균을 구하시오.
(2) 개요 - 지우시오.
(3) 나머지 사항은 ≪출력형태≫에 맞게 작성하시오.

≪출력형태≫

A	B	C	D	E	F	G	H
1							
2	상품코드	상품명	지역	단가	단위	전월판매량(단위:EA)	당월판매량(단위:EA)
3	BB-20241	실속더덕	횡성	155,000원	10kg	1,850	3,254
4	MQ-20242	알짜더덕	횡성	200,000원	10kg	1,257	1,656
5			횡성 평균				2,455
6		2	횡성 개수				
7	BA-20243	곤드레	홍천	32,000원	150g	3,745	3,254
8	MG-20242	단호박	홍천	21,500원	4kg	2,450	2,784
9	DC-20246	찰옥수수	홍천	19,500원	30개	1,287	2,668
10			홍천 평균				2,902
11		3	홍천 개수				
12	MC-20243	취나물	평창	198,000원	4kg	1,250	1,644
13	MP-20247	메밀나물	평창	50,000원	5kg	1,596	1,533
14	BL-20245	서리태	평창	45,000원	3kg	2,688	3,247
15			평창 평균				2,141
16		3	평창 개수				
17			전체 평균				2,505
18		8	전체 개수				
19							

[제4작업] 그래프(100점)

☞ "제1작업" 시트를 이용하여 조건에 따라 《출력형태》와 같이 작업하시오.

≪조건≫

(1) 차트 종류 ⇒ 〈묶은 세로 막대형〉으로 작업하시오.
(2) 데이터 범위 ⇒ "제1작업" 시트의 내용을 이용하여 작업하시오.
(3) 위치 ⇒ "새 시트"로 이동하고, "제4작업"으로 시트 이름을 바꾸시오.
(4) 차트 디자인 도구 ⇒ 레이아웃 3, 스타일 1을 선택하여 ≪출력형태≫에 맞게 작업하시오.
(5) 영역 서식 ⇒ 차트 : 글꼴(굴림, 11pt), 채우기 효과(질감-파랑 박엽지)
　　　　　　　　 그림 : 채우기(흰색, 배경1)
(6) 제목 서식 ⇒ 차트 제목 : 글꼴(굴림, 굵게, 20pt), 채우기(흰색, 배경1), 테두리
(7) 서식 ⇒ 당월판매량(단위:EA) 계열의 차트 종류를 〈표식이 있는 꺾은선형〉으로 변경한 후
　　　　　　보조 축으로 지정하시오.
　　　　　　계열 : ≪출력형태≫를 참조하여 표식(마름모, 크기 10)과 레이블 값을 표시하시오.
　　　　　　눈금선 : 선 스타일-파선
　　　　　　축 : ≪출력형태≫를 참조하시오.
(8) 범례 ⇒ 범례명을 변경하고 ≪출력형태≫를 참조하시오.
(9) 도형 ⇒ '말풍선: 모서리가 둥근 사각형 설명선'을 삽입한 후 ≪출력형태≫와 같이 내용을 입력하시오.
(10) 나머지 사항은 ≪출력형태≫에 맞게 작성하시오.

≪출력형태≫

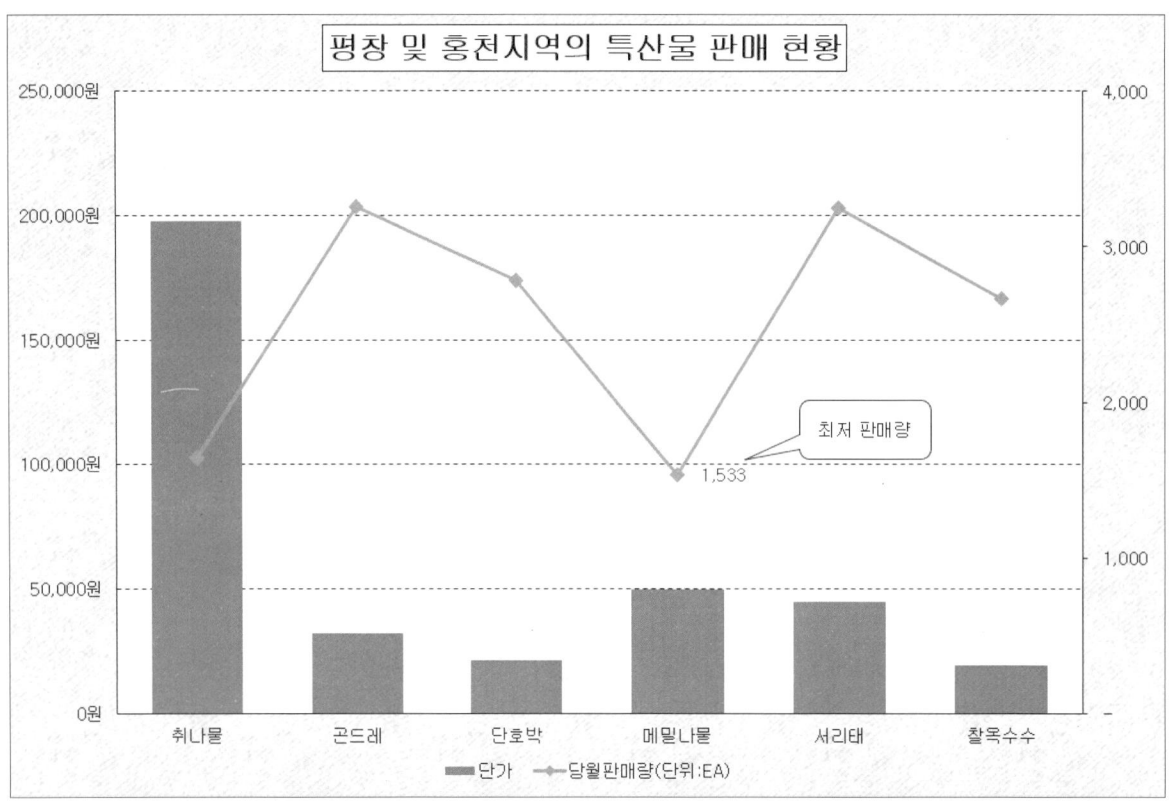

주의 ☞ 시트명 순서가 차례대로 "제1작업", "제2작업", "제3작업", "제4작업"이 되도록 할 것

제32회 최신기출유형 MS오피스

과 목	코드	문제유형	시험시간	수험번호	성 명
한글엑셀	1122	B	60분		

수험자 유의사항

- 수험자는 문제지를 받는 즉시 문제지와 **수험표상의 시험과목(프로그램)이 동일한지 반드시 확인**하여야 합니다.
- 파일명은 본인의 "수험번호-성명"으로 입력하여 답안폴더(내 PC\문서\ITQ)에 하나의 파일로 저장해야하며, 답안문서 파일명이 "수험번호-성명"과 일치하지 않거나, 답안파일을 전송하지 않아 미제출로 처리될 경우 실격 처리합니다(예:12345678-홍길동.xlsx).
- 답안 작성을 마치면 파일을 저장하고, '답안 전송' 버튼을 선택하여 감독위원 PC로 답안을 전송하십시오. 수험생 정보와 저장한 파일명이 다를 경우 전송되지 않으므로 주의하시기 바랍니다.
- 답안 작성 중에도 **주기적으로 저장하고, '답안 전송'**하여야 문제 발생을 줄일 수 있습니다. 작업한 내용을 저장하지 않고 전송할 경우 이전에 저장된 내용이 전송되오니 이점 유의하시기 바랍니다.
- 답안문서는 지정된 경로 외의 다른 보조기억장치에 저장하는 경우, 지정된 시험 시간 외에 작성된 파일을 활용할 경우, 기타 통신수단(이메일, 메신저, 네트워크 등)을 이용하여 타인에게 전달 또는 외부 반출하는 경우는 부정 처리합니다.
- 시험 중 부주의 또는 고의로 시스템을 파손한 경우는 수험자가 변상해야 하며, 〈수험자 유의사항〉에 기재된 방법대로 이행하지 않아 생기는 불이익은 수험생 당사자의 책임임을 알려 드립니다.
- 문제의 조건은 MS오피스 2021 버전으로 설정되어 있으니 유의하시기 바랍니다.
- 시험을 완료한 수험자는 답안파일이 전송되었는지 확인한 후 감독위원의 지시에 따라 문제지를 제출하고 퇴실합니다.

답안 작성요령

- 온라인 답안 작성 절차
  수험자 등록 ⇒ 시험 시작 ⇒ 답안파일 저장 ⇒ 답안 전송 ⇒ 시험 종료
- 문제는 총 4단계, 즉 제1작업부터 제4작업까지 구성되어 있으며 반드시 제1작업부터 순서대로 작성하고 조건대로 작업하시오.
- 모든 작업시트의 A열은 열 너비 '1'로, 나머지 열은 적당하게 조절하시오.
- 모든 작업시트의 테두리는 《출력형태》와 같이 작업하시오.
- 해당 작업란에서는 각각 제시된 조건에 따라 《출력형태》와 같이 작업하시오.
- 답안 시트 이름은 "제1작업", "제2작업", "제3작업", "제4작업"이어야 하며 답안 시트 이외의 것은 감점 처리됩니다.
- 각 시트를 파일로 나누어 작업해서 저장할 경우 실격 처리됩니다.

[제1작업] 표 서식 작성 및 값 계산(240점)

☞ 다음은 '미래 박물관 체험학습 현황'에 대한 자료이다. 자료를 입력하고 조건에 맞도록 작업하시오.

≪출력형태≫

코드	체험 유형	담당자	학습 대상자	신청인원(명)	정원(명)	누적 참여인원	순위	학습 장소
E2432	응급처치	손미진	성인	42	50	12,500	(1)	(2)
A2512	미술체험	이경희	유아	38	40	22,500	(1)	(2)
S1531	과학실험	김경동	초등학생	28	30	13,500	(1)	(2)
S1341	증강현실	이정빈	성인	32	40	14,259	(1)	(2)
L3603	문학체험	김미영	초등학생	45	50	8,950	(1)	(2)
S2102	로봇만들기	박정훈	유아	31	35	7,840	(1)	(2)
S1551	가상현실	장우진	성인	27	30	6,200	(1)	(2)
P2842	사진촬영	정다영	초등학생	29	30	5,580	(1)	(2)
성인 대상자 체험학습 개수			(3)			최대 누적 참여인원		(5)
유아 대상자 누적 참여인원 합계			(4)		체험 유형	응급처치	학습 대상자	(6)

확인 / 담당 / 팀장 / 부장

≪조건≫

○ 모든 데이터의 서식에는 글꼴(굴림, 11pt), 정렬은 숫자 및 회계 서식은 오른쪽 정렬, 나머지 서식은 가운데 정렬로 작성하며 예외적인 것은 ≪출력형태≫를 참조하시오.

○ 제 목 ⇒ 도형(사다리꼴)과 그림자(오프셋 오른쪽)를 이용하여 작성하고
"미래 박물관 체험학습 현황"을 입력한 후 다음 서식을 적용하시오
(글꼴-굴림, 24pt, 검정, 굵게, 채우기-노랑).

○ 임의의 셀에 결재란을 작성하여 그림으로 복사 기능을 이용하여 붙이기 하시오(단, 원본 삭제).

○ 「B4:J4, G14, I14」 영역은 '주황'으로 채우기 하시오.

○ 유효성 검사를 이용하여 「H14」 셀에 체험 유형(「C5:C12」 영역)이 선택 표시되도록 하시오.

○ 셀 서식 ⇒ 「H5:H12」 영역에 셀 서식을 이용하여 숫자 뒤에 '명'을 표시하시오(예 : 12,500명).

○ 「E5:E12」 영역에 대해 '대상자'로 이름정의를 하시오.

☞ (1)~(6) 셀은 반드시 **주어진 함수를 이용**하여 값을 구하시오(결과값을 직접 입력하면 해당 셀은 0점 처리됨).

(1) 순위 ⇒ 누적 참여인원의 내림차순 순위를 1~3까지 구하고, 그 외에는 공백으로 나타내시오
(IF, RANK.EQ 함수).

(2) 학습 장소 ⇒ 코드의 두 번째 글자가 1이면 '실험실', 2이면 '강당', 3이면 '강의실'로 구하시오
(CHOOSE, MID 함수).

(3) 성인 대상자 체험학습 개수 ⇒ 조건은 입력데이터를 이용하여 구한 후 결과값에 '개'를 붙이시오
(DCOUNTA 함수, & 연산자)(예 : 5개).

(4) 유아 대상자 누적 참여인원 합계 ⇒ 정의된 이름(대상자)을 이용하여 구하시오(SUMIF 함수).

(5) 최대 누적 참여인원 ⇒ (LARGE 함수)

(6) 학습 대상자 ⇒ 「H14」 셀에서 선택한 체험 유형에 대한 학습 대상자를 구하시오(VLOOKUP 함수).

(7) 조건부 서식의 수식을 이용하여 누적 참여인원이 '14,000' 이상인 행 전체에 다음의 서식을 적용하시오.
(글꼴 : 파랑, 굵게).

[제2작업] 필터 및 서식(80점)

☞ "제1작업" 시트의 「B4:H12」 영역을 복사하여 "제2작업" 시트의 「B2」 셀부터 모두 붙여넣기를 한 후 다음의 조건과 같이 작업하시오.

≪조건≫

(1) 고급 필터 – 학습 대상자가 '성인'이거나, 누적 참여인원이 '20,000' 이상인 자료의 체험 유형, 담당자, 신청인원(명), 누적 참여인원 데이터만 추출하시오.
  – 조건 범위 : 「B14」 셀부터 입력하시오.
  – 복사 위치 : 「B18」 셀부터 나타나도록 하시오.

(2) 표 서식 – 고급필터의 결과셀을 채우기 없음으로 설정한 후 '표 스타일 보통 6'의 서식을 적용하시오.
  – 머리글 행, 줄무늬 행을 적용하시오.

[제3작업] 피벗테이블(80점)

☞ "제1작업" 시트를 이용하여 "제3작업" 시트에 조건에 따라 ≪출력형태≫와 같이 작업하시오.

≪조건≫

(1) 신청인원(명) 및 학습 대상자별 체험 유형의 개수와 누적 참여인원의 평균을 구하시오.
(2) 신청인원(명)을 그룹화하고, 학습 대상자를 ≪출력형태≫와 같이 정렬하시오.
(3) 레이블이 있는 셀 병합 및 가운데 맞춤 적용 및 빈 셀은 '**'로 표시하시오.
(4) 행의 총합계는 지우고, 나머지 사항은 ≪출력형태≫에 맞게 작성하시오.

≪출력형태≫

신청인원(명)	학습 대상자						
	초등학생		유아		성인		
	개수 : 체험 유형	평균 : 누적 참여인원	개수 : 체험 유형	평균 : 누적 참여인원	개수 : 체험 유형	평균 : 누적 참여인원	
21-30	2	9,540	**	**	1	6,200	
31-40	**	**	2	15,170	1	14,259	
41-50	1	8,950	**	**	1	12,500	
총합계	3	9,343	2	15,170	3	10,986	

[제4작업] 그래프 (100점)

☞ "제1작업" 시트를 이용하여 조건에 따라 《출력형태》와 같이 작업하시오.

≪조건≫

(1) 차트 종류 ⇒ 〈묶은 세로 막대형〉으로 작업하시오.
(2) 데이터 범위 ⇒ "제1작업" 시트의 내용을 이용하여 작업하시오.
(3) 위치 ⇒ "새 시트"로 이동하고, "제4작업"으로 시트 이름을 바꾸시오.
(4) 차트 디자인 도구 ⇒ 레이아웃 3, 스타일 1을 선택하여 《출력형태》에 맞게 작업하시오.
(5) 영역 서식 ⇒ 차트 : 글꼴(굴림, 11pt), 채우기 효과(질감-파랑 박엽지)
　　　　　　　　그림 : 채우기(흰색, 배경1)
(6) 제목 서식 ⇒ 차트 제목 : 글꼴(굴림, 굵게, 20pt), 채우기(흰색, 배경1), 테두리
(7) 서식 ⇒ 누적 참여인원 계열의 차트 종류를 〈표식이 있는 꺾은선형〉으로 변경한 후
　　　　　　 보조 축으로 지정하시오.
　　　　　　 계열 : 《출력형태》를 참조하여 표식(마름모, 크기 10)과 레이블 값을 표시하시오.
　　　　　　 눈금선 : 선 스타일-파선
　　　　　　 축 : 《출력형태》를 참조하시오.
(8) 범례 ⇒ 범례명을 변경하고 《출력형태》를 참조하시오.
(9) 도형 ⇒ '말풍선: 모서리가 둥근 사각형 설명선'을 삽입한 후 《출력형태》와 같이 내용을 입력하시오.
(10) 나머지 사항은 《출력형태》에 맞게 작성하시오.

≪출력형태≫

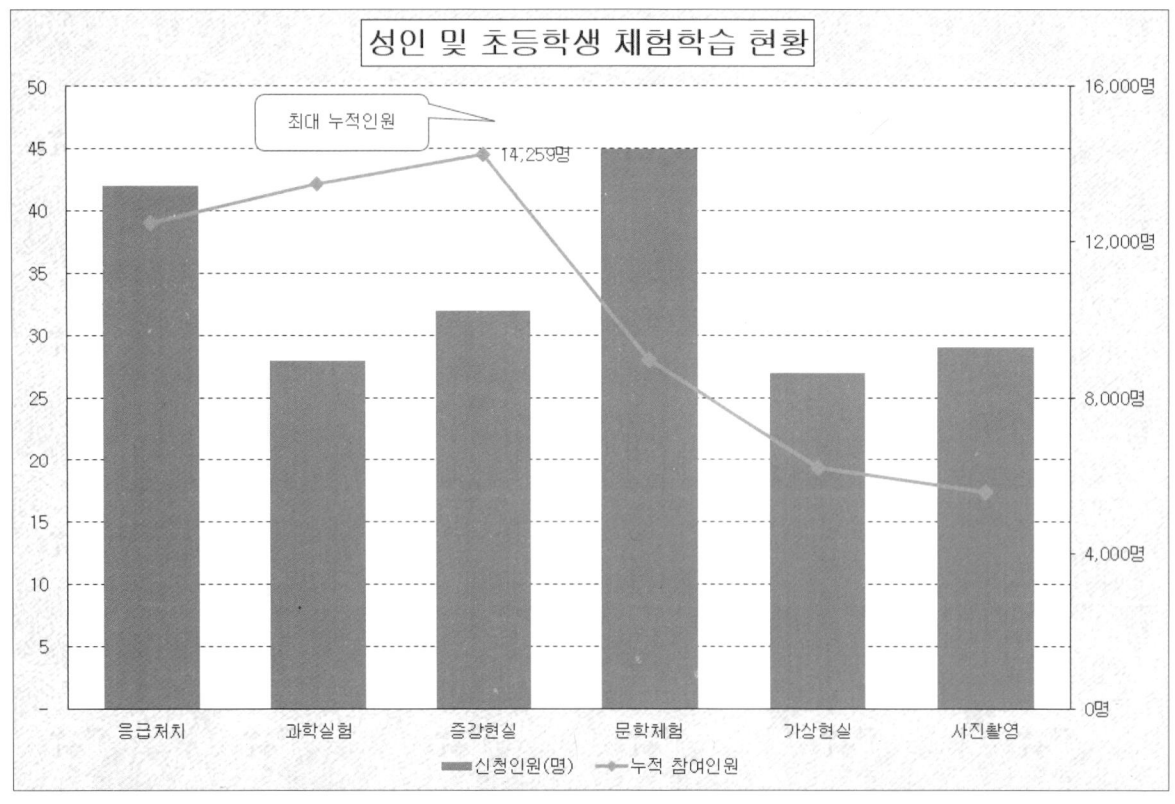

주의 ☞ 시트명 순서가 차례대로 "제1작업", "제2작업", "제3작업", "제4작업"이 되도록 할 것

제33회 최신기출유형 MS오피스

과목	코드	문제유형	시험시간	수험번호	성명
한글엑셀	1122	C	60분		

수험자 유의사항

- 수험자는 문제지를 받는 즉시 문제지와 **수험표상의 시험과목(프로그램)이 동일한지 반드시 확인**하여야 합니다.
- 파일명은 본인의 "수험번호-성명"으로 입력하여 답안폴더(내 PC\문서\ITQ)에 하나의 파일로 저장해야하며, 답안문서 파일명이 "수험번호-성명"과 일치하지 않거나, 답안파일을 전송하지 않아 미제출로 처리될 경우 실격 처리합니다(예:12345678-홍길동.xlsx).
- 답안 작성을 마치면 파일을 저장하고, '답안 전송' 버튼을 선택하여 감독위원 PC로 답안을 전송하십시오. 수험생 정보와 저장한 파일명이 다를 경우 전송되지 않으므로 주의하시기 바랍니다.
- 답안 작성 중에도 **주기적으로 저장하고, '답안 전송'**하여야 문제 발생을 줄일 수 있습니다. 작업한 내용을 저장하지 않고 전송할 경우 이전에 저장된 내용이 전송되오니 이점 유의하시기 바랍니다.
- 답안문서는 지정된 경로 외의 다른 보조기억장치에 저장하는 경우, 지정된 시험 시간 외에 작성된 파일을 활용할 경우, 기타 통신수단(이메일, 메신저, 네트워크 등)을 이용하여 타인에게 전달 또는 외부 반출하는 경우는 부정 처리합니다.
- 시험 중 부주의 또는 고의로 시스템을 파손한 경우는 수험자가 변상해야 하며, 〈수험자 유의사항〉에 기재된 방법대로 이행하지 않아 생기는 불이익은 수험생 당사자의 책임임을 알려 드립니다.
- 문제의 조건은 MS오피스 2021 버전으로 설정되어 있으니 유의하시기 바랍니다.
- 시험을 완료한 수험자는 답안파일이 전송되었는지 확인한 후 감독위원의 지시에 따라 문제지를 제출하고 퇴실합니다.

답안 작성요령

- 온라인 답안 작성 절차
  수험자 등록 ⇒ 시험 시작 ⇒ 답안파일 저장 ⇒ 답안 전송 ⇒ 시험 종료
- 문제는 총 4단계, 즉 제1작업부터 제4작업까지 구성되어 있으며 반드시 제1작업부터 순서대로 작성하고 조건대로 작업하시오.
- 모든 작업시트의 A열은 열 너비 '1'로, 나머지 열은 적당하게 조절하시오.
- 모든 작업시트의 테두리는 《출력형태》와 같이 작업하시오.
- 해당 작업란에서는 각각 제시된 조건에 따라 《출력형태》와 같이 작업하시오.
- 답안 시트 이름은 "제1작업", "제2작업", "제3작업", "제4작업"이어야 하며 답안 시트 이외의 것은 감점 처리됩니다.
- 각 시트를 파일로 나누어 작업해서 저장할 경우 실격 처리됩니다.

[제1작업] 표 서식 작성 및 값 계산(240점)

☞ 다음은 '2024년 모바일 쇼핑 동향'에 대한 자료이다. 자료를 입력하고 조건에 맞도록 작업하시오.

≪출력형태≫

2024년 모바일 쇼핑 동향

분류번호	분류	상품	2023년 거래액	2024년 거래액	전년 대비 증감액 (단위:억원)	전년 대비 증감률	증감액 순위	운영형태
LF2024-1	생활	가구	3,436	3,703	267	7.8%	(1)	(2)
FB2024-2	패션	가방	1,658	1,608	-50	-3.0%	(1)	(2)
LD2024-1	생활	생활용품	11,782	11,558	-224	-1.9%	(1)	(2)
FS2024-1	패션	신발	2,520	1,816	-704	-27.9%	(1)	(2)
LF2024-2	생활	애완용품	1,856	1,847	-9	-0.5%	(1)	(2)
SF2024-1	서비스	음식서비스	23,812	22,152	-1,660	-7.5%	(1)	(2)
SE2024-2	서비스	이쿠폰서비스	8,175	6,594	-1,581	-24.0%	(1)	(2)
FC2024-2	패션	화장품	8,588	8,638	50	0.6%	(1)	(2)
분류가 패션인 상품 수			(3)		분류가 생활인 상품의 2024년 거래액 평균			(5)
최대 전년 대비 증감액(단위:억원)			(4)		상품	가구	2024년 거래액	(6)

≪조건≫

○ 모든 데이터의 서식에는 글꼴(굴림, 11pt), 정렬은 숫자 및 회계 서식은 오른쪽 정렬, 나머지 서식은 가운데 정렬로 작성하며 예외적인 것은 ≪출력형태≫를 참조하시오.

○ 제 목 ⇒ 도형(사각형: 잘린 위쪽 모서리)과 그림자(오프셋 오른쪽)를 이용하여 작성하고
"2024년 모바일 쇼핑 동향"을 입력한 후 다음 서식을 적용하시오
(글꼴-굴림, 24pt, 검정, 굵게, 채우기-노랑).

○ 임의의 셀에 결재란을 작성하여 그림으로 복사 기능을 이용하여 붙이기 하시오(단, 원본 삭제).

○ 「B4:J4, G14, I14」 영역은 '주황'으로 채우기 하시오.

○ 유효성 검사를 이용하여 「H14」 셀에 상품(「D5:D12」 영역)이 선택 표시되도록 하시오.

○ 셀 서식 ⇒ 「E5:F12」 영역에 셀 서식을 이용하여 숫자 뒤에 '억원'을 표시하시오(예 : 3,436억원).

○ 「C5:C12」 영역에 대해 '분류'로 이름정의를 하시오.

☞ (1)~(6) 셀은 반드시 **주어진 함수를 이용**하여 값을 구하시오(결과값을 직접 입력하면 해당 셀은 0점 처리됨).

(1) 증감액 순위 ⇒ 전년 대비 증감액(단위:억원)의 내림차순 순위를 구하시오(RANK.EQ 함수).

(2) 운영형태 ⇒ 분류번호의 마지막 값이 1이면 '전용몰', 2이면 '병행몰'로 구하시오.
(CHOOSE, RIGHT 함수).

(3) 분류가 패션인 상품 수 ⇒ 정의된 이름(분류)을 이용하여 구한 결과값에 '개'를 붙이시오
(COUNTIF 함수, & 연산자)(예 : 1개).

(4) 최대 전년 대비 증감액(단위:억원) ⇒ (MAX 함수)

(5) 분류가 생활인 상품의 2024년 거래액 평균 ⇒ 반올림하여 정수로 구하시오.
단, 조건은 입력데이터를 이용하시오
(ROUND, DAVERAGE 함수)(9,473.6 → 9,474).

(6) 2024년 거래액 ⇒ 「H14」 셀에서 선택한 상품에 대한 2024년 거래액을 구하시오(VLOOKUP 함수).

(7) 조건부 서식의 수식을 이용하여 2024년 거래액이 '10,000' 이상인 행 전체에 다음의 서식을 적용하시오
(글꼴 : 파랑, 굵게).

[제2작업] 목표값 찾기 및 필터(80점)

☞ **"제1작업"** 시트의 「B4:H12」 영역을 복사하여 **"제2작업"** 시트의 「B2」 셀부터 모두 붙여넣기를 한 후 다음의 조건과 같이 작업하시오.

≪조건≫

(1) 목표값 찾기 – 「B11:G11」 셀을 병합하고, 가운데 맞춤한 후 "생활상품 2024년 거래액 평균"을 입력하고, 「H11」 셀에 생활상품 2024년 거래액 평균을 구하시오.
   단, 조건은 입력데이터를 이용하시오(DAVERAGE 함수, 테두리).
   – '생활상품 2024년 거래액 평균'이 '5,900'이 되려면 가구의 2024년 거래액이 얼마가 되어야 하는지 목표값을 구하시오.

(2) 고급필터 – 분류번호가 'F'로 시작하거나 2023년 거래액이 '2,000' 이하인 자료의 분류번호, 2023년 거래액, 2024년 거래액, 전년 대비 증감률 데이터만 추출하시오.
   – 조건 범위 : 「B14」 셀부터 입력하시오.
   – 복사 위치 : 「B18」 셀부터 나타나도록 하시오.

[제3작업] 정렬 및 부분합(80점)

☞ **"제1작업"** 시트의 「B4:H12」 영역을 복사하여 **"제3작업"** 시트의 「B2」 셀부터 모두 붙여넣기를 한 후 다음의 조건과 같이 작업하시오.

≪조건≫

(1) 부분합 – ≪출력형태≫처럼 정렬하고, 상품의 개수와 2024년 거래액의 평균을 구하시오.
(2) 개요 – 지우시오.
(3) 나머지 사항은 ≪출력형태≫에 맞게 작성하시오.

≪출력형태≫

분류번호	분류	상품	2023년 거래액	2024년 거래액	전년 대비 증감액 (단위:억원)	전년 대비 증감률
FB2024-2	패션	가방	1,658억원	1,608억원	-50	-3.0%
FS2024-1	패션	신발	2,520억원	1,816억원	-704	-27.9%
FC2024-2	패션	화장품	8,588억원	8,638억원	50	0.6%
	패션 평균			4,021억원		
	패션 개수	3				
SF2024-1	서비스	음식서비스	23,812억원	22,152억원	-1,660	-7.5%
SE2024-2	서비스	이쿠폰서비스	8,175억원	6,594억원	-1,581	-24.0%
	서비스 평균			14,373억원		
	서비스 개수	2				
LF2024-1	생활	가구	3,436억원	3,703억원	267	7.8%
LD2024-1	생활	생활용품	11,782억원	11,558억원	-224	-1.9%
LF2024-2	생활	애완용품	1,856억원	1,847억원	-9	-0.5%
	생활 평균			5,703억원		
	생활 개수	3				
	전체 평균			7,240억원		
	전체 개수	8				

[제4작업] 그래프(100점)

☞ "**제1작업**" 시트를 이용하여 조건에 따라 《출력형태》와 같이 작업하시오.

≪조건≫

(1) 차트 종류 ⇒ 〈묶은 세로 막대형〉으로 작업하시오.
(2) 데이터 범위 ⇒ "제1작업" 시트의 내용을 이용하여 작업하시오.
(3) 위치 ⇒ "새 시트"로 이동하고, "제4작업"으로 시트 이름을 바꾸시오.
(4) 차트 디자인 도구 ⇒ 레이아웃 3, 스타일 1을 선택하여 ≪출력형태≫에 맞게 작업하시오.
(5) 영역 서식 ⇒ 차트 : 글꼴(굴림, 11pt), 채우기 효과(질감-파랑 박엽지)
    그림 : 채우기(흰색, 배경1)
(6) 제목 서식 ⇒ 차트 제목 : 글꼴(굴림, 굵게, 20pt), 채우기(흰색, 배경1), 테두리
(7) 서식 ⇒ 전년 대비 증감액(단위:억원) 계열의 차트 종류를 〈표식이 있는 꺾은선형〉으로 변경한 후
    보조 축으로 지정하시오.
    계열 : ≪출력형태≫를 참조하여 표식(마름모, 크기 10)과 레이블 값을 표시하시오.
    눈금선 : 선 스타일-파선
    축 : ≪출력형태≫를 참조하시오.
(8) 범례 ⇒ 범례명을 변경하고 ≪출력형태≫를 참조하시오.
(9) 도형 ⇒ '말풍선: 모서리가 둥근 사각형 설명선'을 삽입한 후 ≪출력형태≫와 같이 내용을 입력하시오.
(10) 나머지 사항은 ≪출력형태≫에 맞게 작성하시오.

≪출력형태≫

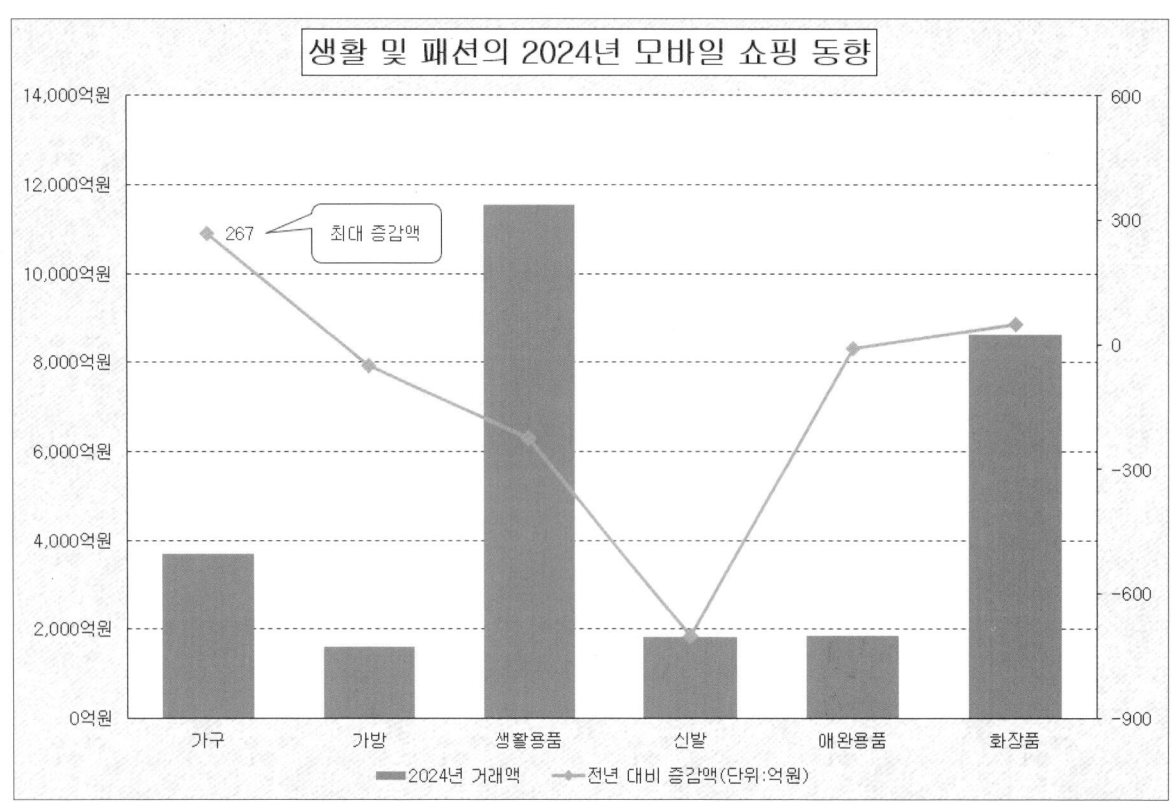

주의 ☞ 시트명 순서가 차례대로 "제1작업", "제2작업", "제3작업", "제4작업"이 되도록 할 것

제34회 최신기출유형 MS오피스

과목	코드	문제유형	시험시간	수험번호	성명
한글엑셀	1122	D	60분		

수험자 유의사항

- 수험자는 문제지를 받는 즉시 문제지와 **수험표상의 시험과목(프로그램)이 동일한지 반드시 확인**하여야 합니다.
- 파일명은 본인의 "수험번호-성명"으로 입력하여 답안폴더(내 PC\문서\ITQ)에 하나의 파일로 저장해야하며, 답안문서 파일명이 "수험번호-성명"과 일치하지 않거나, 답안파일을 전송하지 않아 미제출로 처리될 경우 실격 처리합니다(예:12345678-홍길동.xlsx).
- 답안 작성을 마치면 파일을 저장하고, '답안 전송' 버튼을 선택하여 감독위원 PC로 답안을 전송하십시오. 수험생 정보와 저장한 파일명이 다를 경우 전송되지 않으므로 주의하시기 바랍니다.
- 답안 작성 중에도 **주기적으로 저장하고, '답안 전송'**하여야 문제 발생을 줄일 수 있습니다. 작업한 내용을 저장하지 않고 전송할 경우 이전에 저장된 내용이 전송되오니 이점 유의하시기 바랍니다.
- 답안문서는 지정된 경로 외의 다른 보조기억장치에 저장하는 경우, 지정된 시험 시간 외에 작성된 파일을 활용할 경우, 기타 통신수단(이메일, 메신저, 네트워크 등)을 이용하여 타인에게 전달 또는 외부 반출하는 경우는 부정 처리합니다.
- 시험 중 부주의 또는 고의로 시스템을 파손한 경우는 수험자가 변상해야 하며, 〈수험자 유의사항〉에 기재된 방법대로 이행하지 않아 생기는 불이익은 수험생 당사자의 책임임을 알려 드립니다.
- 문제의 조건은 MS오피스 2021 버전으로 설정되어 있으니 유의하시기 바랍니다.
- 시험을 완료한 수험자는 답안파일이 전송되었는지 확인한 후 감독위원의 지시에 따라 문제지를 제출하고 퇴실합니다.

답안 작성요령

- 온라인 답안 작성 절차
  수험자 등록 ⇒ 시험 시작 ⇒ 답안파일 저장 ⇒ 답안 전송 ⇒ 시험 종료
- 문제는 총 4단계, 즉 제1작업부터 제4작업까지 구성되어 있으며 반드시 제1작업부터 순서대로 작성하고 조건대로 작업하시오.
- 모든 작업시트의 A열은 열 너비 '1'로, 나머지 열은 적당하게 조절하시오.
- 모든 작업시트의 테두리는 《출력형태》와 같이 작업하시오.
- 해당 작업란에서는 각각 제시된 조건에 따라 《출력형태》와 같이 작업하시오.
- 답안 시트 이름은 "제1작업", "제2작업", "제3작업", "제4작업"이어야 하며 답안 시트 이외의 것은 감점 처리됩니다.
- 각 시트를 파일로 나누어 작업해서 저장할 경우 실격 처리됩니다.

[제1작업] 표 서식 작성 및 값 계산(240점)

☞ 다음은 '취업정보 회원사 현황'에 대한 자료이다. 자료를 입력하고 조건에 맞도록 작업하시오.

≪출력형태≫

관리코드	업체명	대표자	주력업종	설립일	매출액 (단위:만원)	사원수	매출순위	업력
E1901	캐롯	정동수	서비스업	2014-06-29	1,356,900	132	(1)	(2)
R4558	서정이앤지	오은희	소방	2019-04-08	2,258,000	157	(1)	(2)
N2951	새론리이트	김의진	건축설계	2015-10-11	750,000	31	(1)	(2)
C8153	태현방재	정지훈	소방	2017-10-15	1,146,000	91	(1)	(2)
H1395	윤솔루션	한은지	소방	2018-04-05	653,000	47	(1)	(2)
C3778	알리이엔씨	김정아	건축설계	2013-05-02	1,589,000	150	(1)	(2)
N4757	아폴론디자인	채운성	건축설계	2015-04-15	856,500	62	(1)	(2)
C1427	은아테크	최현정	서비스업	2012-05-22	2,658,000	120	(1)	(2)
서비스업 매출액(단위:만원) 평균			(3)		건축설계 사원수 합계			(5)
최대 매출액(단위:만원)			(4)		관리코드	E1901	사원수	(6)

제목: 취업정보 회원사 현황
확인: 사원 / 대리 / 팀장

≪조건≫

○ 모든 데이터의 서식에는 글꼴(굴림, 11pt), 정렬은 숫자 및 회계 서식은 오른쪽 정렬, 나머지 서식은 가운데 정렬로 작성하며 예외적인 것은 ≪출력형태≫를 참조하시오.

○ 제 목 ⇒ 도형(사다리꼴)과 그림자(오프셋 오른쪽)를 이용하여 작성하고 "취업정보 회원사 현황"을 입력한 후 다음 서식을 적용하시오
(글꼴-굴림, 24pt, 검정, 굵게, 채우기-노랑).

○ 임의의 셀에 결재란을 작성하여 그림으로 복사 기능을 이용하여 붙이기 하시오(단, 원본 삭제).

○ 「B4:J4, G14, I14」 영역은 '주황'으로 채우기 하시오.

○ 유효성 검사를 이용하여 「H14」 셀에 관리코드(「B5:B12」 영역)가 선택 표시되도록 하시오.

○ 셀 서식 ⇒ 「H5:H12」 영역에 셀 서식을 이용하여 숫자 뒤에 '명'을 표시하시오(예 : 132명).

○ 「H5:H12」 영역에 대해 '사원수'로 이름정의를 하시오.

☞ (1)~(6) 셀은 반드시 **주어진 함수를 이용**하여 값을 구하시오(결과값을 직접 입력하면 해당 셀은 0점 처리됨).

(1) 매출순위 ⇒ 매출액(단위:만원)의 내림차순 순위를 1~3까지 구하고, 그 외에는 공백으로 나타내시오
(IF, RANK.EQ 함수).

(2) 업력 ⇒ 「024-설립일의 연도」로 계산한 값 뒤에 '년'을 붙이시오
(YEAR 함수, & 연산자)(예 : 1년).

(3) 서비스업 매출액(단위:만원) 평균 ⇒ 반올림하여 천원 단위로 구하시오. 단, 조건은 입력데이터를 이용하시오
(ROUND, DAVERAGE 함수)(예 : 2,301,650 → 2,302,000).

(4) 최대 매출액(단위:만원) ⇒ (MAX 함수)

(5) 건축설계 사원수 합계 ⇒ 정의된 이름(사원수)을 이용하여 구하시오(SUMIF 함수).

(6) 사원수 ⇒ 「H14」 셀에서 선택한 관리코드에 대한 사원수를 구하시오(VLOOKUP 함수).

(7) 조건부 서식의 수식을 이용하여 매출액(단위:만원)이 '2,000,000' 이상인 행 전체에 다음의 서식을 적용하시오(글꼴 : 파랑, 굵게).

[제2작업] 필터 및 서식(80점)

☞ **"제1작업"** 시트의 「B4:H12」 영역을 복사하여 **"제2작업"** 시트의 「B2」 셀부터 모두 붙여넣기를 한 후 다음의 조건과 같이 작업하시오.

≪조건≫

(1) 고급 필터 – 주력업종이 '소방'이거나, 매출액(단위:만원)이 '2,000,000' 이상인 자료의 업체명, 대표자, 주력업종, 매출액(단위:만원) 데이터만 추출하시오.
 – 조건 범위 : 「B14」 셀부터 입력하시오.
 – 복사 위치 : 「B18」 셀부터 나타나도록 하시오.

(2) 표 서식 – 고급필터의 결과셀을 채우기 없음으로 설정한 후 '표 스타일 보통 6'의 서식을 적용하시오.
 – 머리글 행, 줄무늬 행을 적용하시오.

[제3작업] 피벗테이블(80점)

☞ **"제1작업"** 시트를 이용하여 **"제3작업"** 시트에 조건에 따라 ≪출력형태≫와 같이 작업하시오.

≪조건≫

(1) 사원수 및 주력업종별 업체명의 개수와 매출액(단위:만원)의 평균을 구하시오.
(2) 사원수를 그룹화하고, 주력업종을 ≪출력형태≫와 같이 정렬하시오.
(3) 레이블이 있는 셀 병합 및 가운데 맞춤 적용 및 빈 셀은 '**'로 표시하시오.
(4) 행의 총합계는 지우고, 나머지 사항은 ≪출력형태≫에 맞게 작성하시오.

≪출력형태≫

사원수	주력업종 ↓						
	소방		서비스업		건축설계		
	개수 : 업체명	평균 : 매출액(단위:만원)	개수 : 업체명	평균 : 매출액(단위:만원)	개수 : 업체명	평균 : 매출액(단위:만원)
31-80	1	653,000	**	**	2	803,250
81-130	1	1,146,000	1	2,658,000	**	**
131-180	1	2,258,000	1	1,356,900	1	1,589,000
총합계	3	1,352,333	2	2,007,450	3	1,065,167

[제4작업] 그래프(100점)

☞ "**제1작업**" 시트를 이용하여 조건에 따라 《출력형태》와 같이 작업하시오.

≪조건≫

(1) 차트 종류 ⇒ 〈묶은 세로 막대형〉으로 작업하시오.
(2) 데이터 범위 ⇒ "제1작업" 시트의 내용을 이용하여 작업하시오.
(3) 위치 ⇒ "새 시트"로 이동하고, "제4작업"으로 시트 이름을 바꾸시오.
(4) 차트 디자인 도구 ⇒ 레이아웃 3, 스타일 1을 선택하여 ≪출력형태≫에 맞게 작업하시오.
(5) 영역 서식 ⇒ 차트 : 글꼴(굴림, 11pt), 채우기 효과(질감-파랑 박엽지)
　　　　　　　　그림 : 채우기(흰색, 배경1)
(6) 제목 서식 ⇒ 차트 제목 : 글꼴(굴림, 굵게, 20pt), 채우기(흰색, 배경1), 테두리
(7) 서식 ⇒ 매출액(단위:만원) 계열의 차트 종류를 〈표식이 있는 꺾은선형〉으로 변경한 후
　　　　　　보조 축으로 지정하시오.
　　　　　계열 : ≪출력형태≫를 참조하여 표식(마름모, 크기 10)과 레이블 값을 표시하시오.
　　　　　눈금선 : 선 스타일-파선
　　　　　축 : ≪출력형태≫를 참조하시오.
(8) 범례 ⇒ 범례명을 변경하고 ≪출력형태≫를 참조하시오.
(9) 도형 ⇒ '말풍선: 모서리가 둥근 사각형 설명선'을 삽입한 후 ≪출력형태≫와 같이 내용을 입력하시오.
(10) 나머지 사항은 ≪출력형태≫에 맞게 작성하시오.

≪출력형태≫

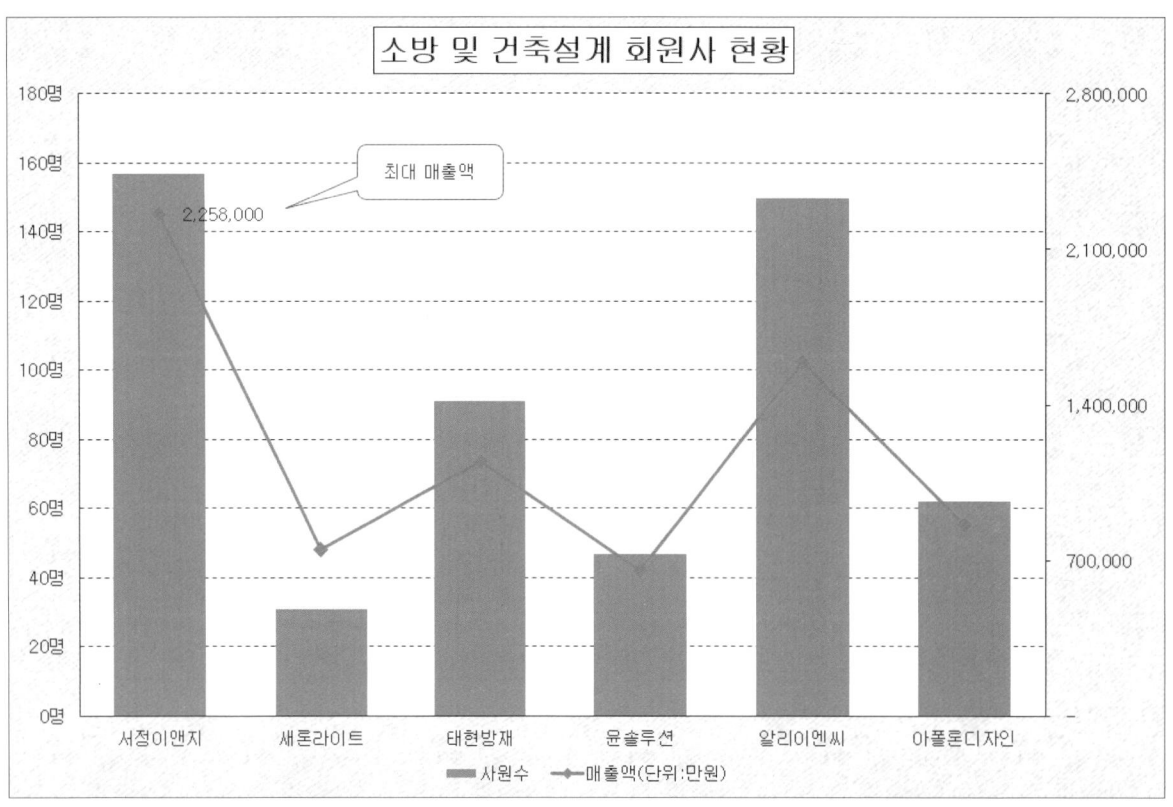

주의 ☞ 시트명 순서가 차례대로 "제1작업", "제2작업", "제3작업", "제4작업"이 되도록 할 것

제35회 최신기출유형 MS오피스

과목	코드	문제유형	시험시간	수험번호	성명
한글엑셀	1122	E	60분		

수험자 유의사항

- 수험자는 문제지를 받는 즉시 문제지와 **수험표상의 시험과목(프로그램)이 동일한지 반드시 확인**하여야 합니다.
- 파일명은 본인의 "수험번호-성명"으로 입력하여 답안폴더(내 PC\문서\ITQ)에 하나의 파일로 저장해야하며, 답안문서 파일명이 "수험번호-성명"과 일치하지 않거나, 답안파일을 전송하지 않아 미제출로 처리될 경우 실격 처리합니다(예:12345678-홍길동.xlsx).
- 답안 작성을 마치면 파일을 저장하고, '답안 전송' 버튼을 선택하여 감독위원 PC로 답안을 전송하십시오. 수험생 정보와 저장한 파일명이 다를 경우 전송되지 않으므로 주의하시기 바랍니다.
- 답안 작성 중에도 **주기적으로 저장하고, '답안 전송'**하여야 문제 발생을 줄일 수 있습니다. 작업한 내용을 저장하지 않고 전송할 경우 이전에 저장된 내용이 전송되오니 이점 유의하시기 바랍니다.
- 답안문서는 지정된 경로 외의 다른 보조기억장치에 저장하는 경우, 지정된 시험 시간 외에 작성된 파일을 활용할 경우, 기타 통신수단(이메일, 메신저, 네트워크 등)을 이용하여 타인에게 전달 또는 외부 반출하는 경우는 부정 처리합니다.
- 시험 중 부주의 또는 고의로 시스템을 파손한 경우는 수험자가 변상해야 하며, 〈수험자 유의사항〉에 기재된 방법대로 이행하지 않아 생기는 불이익은 수험생 당사자의 책임임을 알려 드립니다.
- 문제의 조건은 MS오피스 2021 버전으로 설정되어 있으니 유의하시기 바랍니다.
- 시험을 완료한 수험자는 답안파일이 전송되었는지 확인한 후 감독위원의 지시에 따라 문제지를 제출하고 퇴실합니다.

답안 작성요령

- 온라인 답안 작성 절차
  수험자 등록 ⇒ 시험 시작 ⇒ 답안파일 저장 ⇒ 답안 전송 ⇒ 시험 종료
- 문제는 총 4단계, 즉 제1작업부터 제4작업까지 구성되어 있으며 반드시 제1작업부터 순서대로 작성하고 조건대로 작업하시오.
- 모든 작업시트의 A열은 열 너비 '1'로, 나머지 열은 적당하게 조절하시오.
- 모든 작업시트의 테두리는 《출력형태》와 같이 작업하시오.
- 해당 작업란에서는 각각 제시된 조건에 따라 《출력형태》와 같이 작업하시오.
- 답안 시트 이름은 "제1작업", "제2작업", "제3작업", "제4작업"이어야 하며 답안 시트 이외의 것은 감점 처리됩니다.
- 각 시트를 파일로 나누어 작업해서 저장할 경우 실격 처리됩니다.

[제1작업] 표 서식 작성 및 값 계산(240점)

☞ 다음은 '올해 쇼핑 매출액 현황'에 대한 자료이다. 자료를 입력하고 조건에 맞도록 작업하시오.

≪출력형태≫

코드	상품	분류	상반기 매출액	7월 매출액	8월 매출액	9월 매출액	운영형태	9월 매출액 순위
AL-3541	가구	생활	725	2,323,200	2,914,500	3,503,200	(1)	(2)
CB-9213	서적	도서	692	638,000	762,100	823,740	(1)	(2)
BF-6842	의복	패션	1,320	4,515,000	3,972,300	3,778,000	(1)	(2)
AF-6291	신발	패션	722	1,004,100	1,075,000	1,349,700	(1)	(2)
BF-8262	화장품	패션	2,426	5,786,900	6,776,000	4,749,100	(1)	(2)
AL-5041	청소용품	생활	2,527	7,530,000	8,975,300	8,247,800	(1)	(2)
CB-3123	잡지	도서	215	624,700	710,300	715,800	(1)	(2)
BL-8702	애완용품	생활	1,450	63,400	76,700	98,400	(1)	(2)
생활상품 7월 매출액 합계			(3)		최대 상반기 매출액			(5)
도서상품 9월 매출액 평균			(4)		상품	가구	9월 매출액	(6)

확인: 담당 / 팀장 / 이사

≪조건≫

○ 모든 데이터의 서식에는 글꼴(굴림, 11pt), 정렬은 숫자 및 회계 서식은 오른쪽 정렬, 나머지 서식은 가운데 정렬로 작성하며 예외적인 것은 ≪출력형태≫를 참조하시오.

○ 제 목 ⇒ 도형(사각형: 잘린 위쪽 모서리)과 그림자(오프셋 오른쪽)를 이용하여 작성하고
　　　　"올해 쇼핑 매출액 현황"을 입력한 후 다음 서식을 적용하시오
　　　　(글꼴-굴림, 24pt, 검정, 굵게, 채우기-노랑).

○ 임의의 셀에 결재란을 작성하여 그림으로 복사 기능을 이용하여 붙이기 하시오(단, 원본 삭제).

○ 「B4:J4, G14, I14」 영역은 '주황'으로 채우기 하시오.

○ 유효성 검사를 이용하여 「H14」 셀에 상품(「C5:C12」 영역)이 선택 표시되도록 하시오.

○ 셀 서식 ⇒ 「E5:E12」 영역에 셀 서식을 이용하여 숫자 뒤에 '만원'을 표시하시오(예 : 725만원).

○ 「D5:D12」 영역에 대해 '분류'로 이름정의를 하시오.

☞ (1)~(6) 셀은 반드시 **주어진 함수를 이용**하여 값을 구하시오(결과값을 직접 입력하면 해당 셀은 0점 처리됨).

(1) 운영형태 ⇒ 코드의 마지막 글자가 1이면 '온라인', 2이면 '오프라인', 3이면 '온/오프라인'으로 표시하시오
　　　(CHOOSE, RIGHT 함수).

(2) 9월 매출액 순위 ⇒ 9월 매출액의 내림차순 순위를 구한 결과값에 '위'를 붙이시오
　　　(RANK.EQ 함수, & 연산자)(예 : 1위).

(3) 생활상품 7월 매출액 합계 ⇒ 조건은 입력데이터를 이용하여 구하시오(DSUM 함수).

(4) 도서상품 9월 매출액 평균 ⇒ 정의된 이름(분류)을 이용하여 구하시오(SUMIF, COUNTIF 함수).

(5) 최대 상반기 매출액 ⇒ (MAX 함수)

(6) 9월 매출액 ⇒ 「H14」 셀에서 선택한 상품에 대한 9월 매출액을 구하시오(VLOOKUP 함수).

(7) 조건부 서식의 수식을 이용하여 상반기 매출액이 '2,000' 이상인 행 전체에 다음의 서식을 적용하시오(글꼴 : 파랑, 굵게).

[제2작업] 목표값 찾기 및 필터(80점)

☞ **"제1작업"** 시트의 「B4:H12」 영역을 복사하여 **"제2작업"** 시트의 「B2」 셀부터 모두 붙여넣기를 한 후 다음의 조건과 같이 작업하시오.

≪조건≫

(1) 목표값 찾기 - 「B11:G11」 셀을 병합하고, 가운데 맞춤한 후 "생활상품 9월 매출액 평균"을 입력하고, 「H11」 셀에 생활상품 9월 매출액 평균을 구하시오.
　　　　　　　　단, 조건은 입력데이터를 이용하시오(DAVERAGE 함수, 테두리).
　　　　　 - '생활상품 9월 매출액 평균'이 '4,000,000'이 되려면 가구의 9월 매출액이 얼마가 되어야 하는지 목표값을 구하시오.

(2) 고급필터 - 코드가 'C'로 시작하거나 상반기 매출액이 '2,000' 이상인 자료의 코드, 상품, 상반기 매출액, 9월 매출액 데이터만 추출하시오.
　　　　　 - 조건 범위 : 「B14」 셀부터 입력하시오.
　　　　　 - 복사 위치 : 「B18」 셀부터 나타나도록 하시오.

[제3작업] 정렬 및 부분합(80점)

☞ **"제1작업"** 시트의 「B4:H12」 영역을 복사하여 **"제3작업"** 시트의 「B2」 셀부터 모두 붙여넣기를 한 후 다음의 조건과 같이 작업하시오.

≪조건≫

(1) 부분합 - ≪출력형태≫처럼 정렬하고, 상품의 개수와 9월 매출액의 평균을 구하시오.
(2) 개요 - 지우시오.
(3) 나머지 사항은 ≪출력형태≫에 맞게 작성하시오.

≪출력형태≫

코드	상품	분류	상반기 매출액	7월 매출액	8월 매출액	9월 매출액
BF-6842	의복	패션	1,320만원	4,515,000	3,972,300	3,778,000
AF-6291	신발	패션	722만원	1,004,100	1,075,000	1,349,700
BF-8262	화장품	패션	2,426만원	5,786,900	6,776,000	4,749,100
		패션 평균				3,292,267
	3	패션 개수				
AL-3541	가구	생활	725만원	2,323,200	2,914,500	3,503,200
AL-5041	청소용품	생활	2,527만원	7,530,000	8,975,300	8,247,800
BL-8702	애완용품	생활	1,450만원	63,400	76,700	98,400
		생활 평균				3,949,800
	3	생활 개수				
CB-9213	서적	도서	692만원	638,000	762,100	823,740
CB-3123	잡지	도서	215만원	624,700	710,300	715,800
		도서 평균				769,770
	2	도서 개수				
		전체 평균				2,908,218
	8	전체 개수				

[제4작업] 그래프(100점)

☞ "제1작업" 시트를 이용하여 조건에 따라 《출력형태》와 같이 작업하시오.

≪조건≫

(1) 차트 종류 ⇒ 〈묶은 세로 막대형〉으로 작업하시오.
(2) 데이터 범위 ⇒ "제1작업" 시트의 내용을 이용하여 작업하시오.
(3) 위치 ⇒ "새 시트"로 이동하고, "제4작업"으로 시트 이름을 바꾸시오.
(4) 차트 디자인 도구 ⇒ 레이아웃 3, 스타일 1을 선택하여 ≪출력형태≫에 맞게 작업하시오.
(5) 영역 서식 ⇒ 차트 : 글꼴(굴림, 11pt), 채우기 효과(질감-파랑 박엽지)
    그림 : 채우기(흰색, 배경1)
(6) 제목 서식 ⇒ 차트 제목 : 글꼴(굴림, 굵게, 20pt), 채우기(흰색, 배경1), 테두리
(7) 서식 ⇒ 9월 매출액 계열의 차트 종류를 〈표식이 있는 꺾은선형〉으로 변경한 후 보조 축으로 지정하시오.
    계열 : ≪출력형태≫를 참조하여 표식(마름모, 크기 10)과 레이블 값을 표시하시오.
    눈금선 : 선 스타일-파선
    축 : ≪출력형태≫를 참조하시오.
(8) 범례 ⇒ 범례명을 변경하고 ≪출력형태≫를 참조하시오.
(9) 도형 ⇒ '말풍선: 모서리가 둥근 사각형 설명선'을 삽입한 후 ≪출력형태≫와 같이 내용을 입력하시오.
(10) 나머지 사항은 ≪출력형태≫에 맞게 작성하시오.

≪출력형태≫

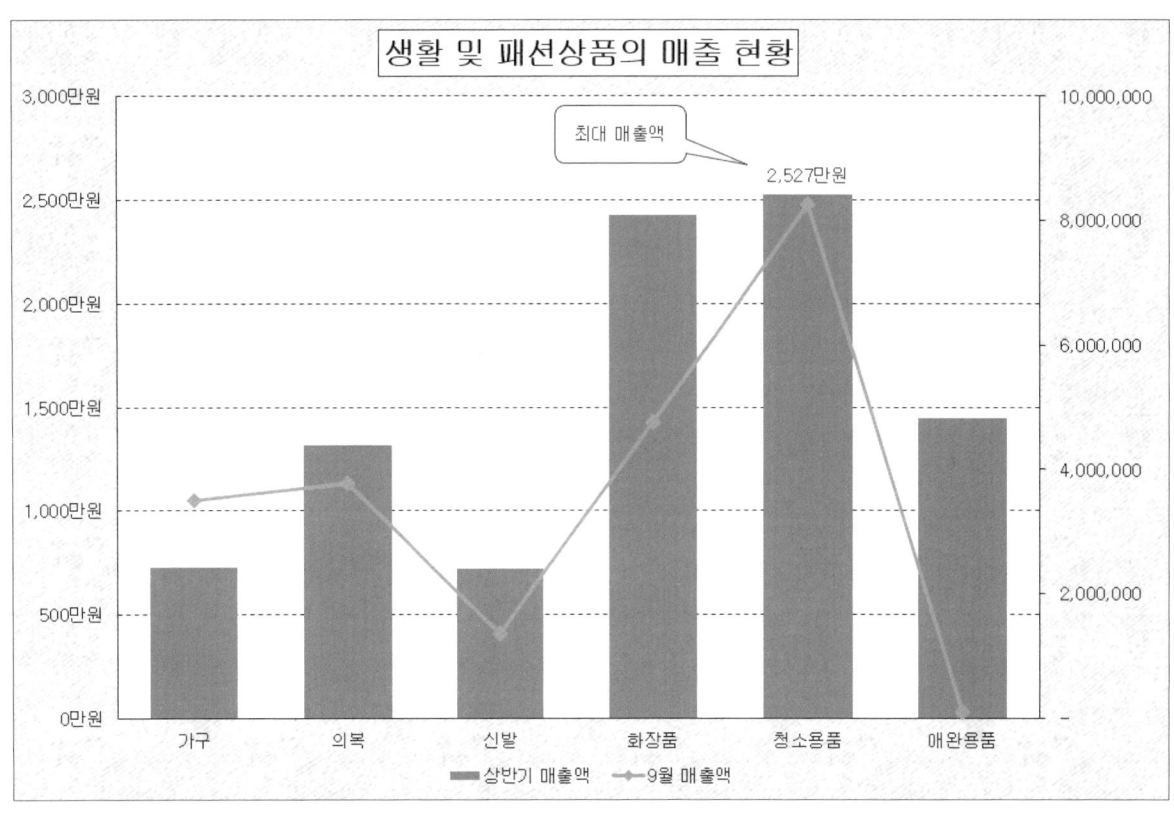

주의 ☞ 시트명 순서가 차례대로 "제1작업", "제2작업", "제3작업", "제4작업"이 되도록 할 것

memo

memo